本研究受到广东省普通高校人文社会科学重点研究基地·华南师范大学

系统科学与系统管理研究中心资助

华南师范大学民办教育公共政策系统管理研究中心

Center for Systems Management of Private Education,
South China Normal University

广东民办教育
发展报告

（2019）

主编／范冬萍

ANNUAL REPORT ON PRIVATE EDUCATION
OF GUANGDONG (2019)

社会科学文献出版社
SOCIAL SCIENCES ACADEMIC PRESS (CHINA)

广东民办教育发展报告（2019）

编写人员名单

顾　问　颜泽贤　林广志

主　编　范冬萍

副主编　陈友芳　刘剑玲

撰稿人　范冬萍　陈友芳　刘剑玲　刘志华　胡劲松
　　　　　　刘益宇　吴　玫　秦洪雷　魏天翔　张　涛
　　　　　　胡　梭　赵　伟　李小鹏　梁淑雯　何德贵
　　　　　　郭隆玉　黄　文　高昌林　李玮舜　任亚杰
　　　　　　伍汗飞　徐安琪　李英哲　邓素怡

主编简介

范冬萍　哲学博士、博士生导师，华南师范大学科学技术与社会研究院院长，曾任公共管理学院院长。广东省高校人文社科重点研究基地"华南师范大学系统科学与系统管理研究中心"主任，"华南师范大学粤港澳协同发展与地方治理研究中心"常务副主任，"华南师范大学民办教育与公共政策系统管理研究中心""华南师范大学粤港澳大湾区科技创新与绿色发展研究中心"负责人。主要从事科技哲学、科学与技术教育、系统方法论与系统管理等领域的教学与研究。曾是美国哈佛大学哲学系访问学者、英国赫尔大学系统研究中心高级研究学者、美国加州州立大学北岭分校人文学院访问学者。正在主持国家社科基金重大项目一项，主持完成国家社科基金、省部级科研项目二十多项。在国内外权威学术刊物发表论文六十余篇，出版著作、译著多部，获第六届教育部高等学校人文社科研究优秀成果奖三等奖及广东省人文社科研究优秀成果奖多项。是国家"万人计划"哲学社会科学领军人才，中宣部文化名家暨"四个一批"人才工程入选者，享受国务院政府特殊津贴专家，第十二届全国人大代表。

目 录

Ⅳ　案例篇

Ⅴ　借鉴篇

总 报 告

《中华人民共和国民办教育促进法》的修订与中国民办教育的发展

范冬萍　何德贵*

摘　要：　《中华人民共和国民办教育促进法》（简称《民办教育促进
法》）的修订是我国教育改革的一部分，标志着我国民办教育法制化的逐渐完善，以及我国民办教育迈入一个新阶段。我国民办教育自改革开放复兴，表现出办学规模不断扩大、质量不断提高、法制不断完善等特点。随着我国民办教育的法制化和规范化不断推进，特别是《民办教育促进法》的修订，我国民办教育也将迎来新的发展契机。

关键词：　《民办教育促进法》　民办教育　发展契机

* 范冬萍，哲学博士，华南师范大学科学技术与社会研究院院长、教授、博士生导师，主要研究领域为系统科学与系统管理、系统方法论与社会发展；何德贵，华南师范大学科学技术与社会研究院研究生。

一　中国改革开放与中国民办教育的复兴

（一）民办教育的复兴——始于改革开放

我国民办教育历史由来已久。夏、商和西周时期学校教育制度主要体现为官学，私学最早约于春秋战国时期形成。特定的社会经济文化对办学形式有重要影响。夏、商和西周的奴隶制使学校为贵族所特有，普通百姓很少接受教育，是谓"学在官府"。到了春秋战国时期，以铁器牛耕的出现为代表，社会生产力大幅提高。周天子权力缩小，诸侯混战，社会变革巨大，出现了"学在四夷"的现象。在此期间，儒家私学和墨家私学成为显学。秦焚书坑儒，私学受到打击，汉代逐渐恢复。经魏晋南北朝至唐代，私学逐渐繁荣，宋代实现了制度化。可见我国古代私学和官学一直共存，统治阶级通过官学学习知识和管理技能，民间则先通过私学学习知识和劳动技术，两者通过"学而优则仕"来实现连接。私学不仅减轻政府的财政负担，还起到了传承文化、巩固思想统治等作用。民办教育在历史上一直发挥重要作用，是教育的重要组成部分。到了近代，国门洞开，外国神职人员被允许在中国办学，加之国人自办的私立学校，一时涌现出大量学校，覆盖了小学、初中、学院到大学等阶段。

新中国成立后，曾一度强调学校公办，几乎所有私立学校均被收归国有，民办教育发展缓慢，虽然在20世纪50年代末60年代初获得一些发展，但受到了"十年动乱"的强烈冲击。因此，直到改革开放，民办教育才逐渐开始复兴并繁荣起来。1978年以后，非公有经济开始迅速发展，以公有制为主体、多种经济成分共同发展的所有制开始形成，为民办教育重新登上历史舞台提供了基础。1982年第五届全国人民代表大会第五次会议通过新的《中华人民共和国宪法》，其中规定"国家鼓励集体经济组织、国家企业事业组织和其他社会力量依照法律规定举办各种教育事业"，从根本大法的高度为我国民办教育事业的发展给出原则性规定。1986年的《中华人民共和国义务教育法》也做出了类似的规定。宪法所确定的"允许和鼓励社会力量办学"使我国民办教育开始复兴。到了 20 世纪 80 ~ 90 年代,民办学校逐步被纳入国家的管理体系,民办教育进入一段稳定的发展时期。特别是 1993 年颁布的《中国教育改革和发展纲要》针对民办教育明确提出了"积极鼓励、大力支持、正确引导、加强管理"的十六字方针,在很大程度上促进了民办教育的发展。但是,民办学校在数量不断增长的同时也暴露出许多问题。例如,许多民办学校内部管理较为混乱,加之 90 年代末部分公立学校"转制"和普通高校扩招也对民办学校形成压力,当时不少民办学校经营不善,甚至倒闭。

2002 年 12 月 28 日《民办教育促进法》出台,该法调整范围包括非经营性民办学校和民办培训机构。该法是为了促进民办教育事业的健康发展,维护民办学校和受教育者的合法权益而专门制定的法律,"促进"二字也为我国民办教育事业的发展在法律层面奠定了基调。伴随着民办教育的发展壮大,该法于 2013 年 6 月进行了第一次修订。

2016 年 11 月 7 日,第十二届全国人大常委会第二十四次会议做出关于修改《民办教育促进法》决定。此次修订力度很大,比如取消了"合理回报"制度、允许举办营利性学校、实施差异化扶持政策等。特别是第一次提出"实施分类管理"的原则,使民办教育的发展站在了一个新的起点,进入一个新的阶段。

(二)我国民办教育的发展与现状

自《民办教育促进法》出台十余年来,无论是民办教育机构的数量还是各类学历教育在校学生的数量,都呈现高速增长的态势。这不仅得益于国家与政府的法律和政策扶持,也得益于舆论导向和办学者的热情。从图 1 可以看到,我国民办教育机构数量由 2003 年的 7.202 万所增加至 2013 年的 14.9 万所,十年间翻了一番,至 2017 年已达 17.76 万所。各类民办学历教育在校生则从 2003 年的 1416.16 万人增长至 2017 年的 5120.47 万人,年均增长率近 10%,民办教育空前活跃。民办教育已发展成为我国教育事业中的重要组成部分。

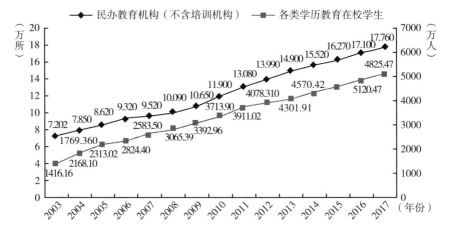

图1 2003～2017年全国民办教育机构（不含培训机构）统计

资料来源：根据教育部2003～2017年《全国教育事业发展统计公报》整理。*

* 后续各统计图皆根据教育部每年公布的《全国教育事业发展统计公报》的数据整理得到，不再逐一标注。

——民办幼儿园

2007年我国民办幼儿园数量共计7.76万所，2017年已发展到16.04万所，占全国幼儿园数量的比例从60.12%变化为62.90%。在园儿童也从868.75万人增长到2572.34万人，占全国在园儿童的比例从36.99%变化为55.92%（见图2）。2017年，民办幼儿园数量占民办学校总数的90.32%，在园儿童人数占民办学校在校生的50.24%，可见，我国民办幼儿园在民办教育中一直占据很大部分。

——民办小学

我国民办普通小学数量2007年为5798所，到2011年下降为5286所，之后又开始增长，2017年已增长至6107所，占全国普通小学数量的比例从2007年的1.81%变化为2017年的3.66%。虽然民办普通小学数量变化呈现"V"字形，但民办小学在校生逐年增加，从2007年的448.79万人发展到2017年的814.17万人，占全国在校小学生数量的比例则从4.25%变化为8.07%（见图3）。2017年，民办小学数量占民办学校的3.44%，在校小学生人数占民办学校在校生的15.90%。

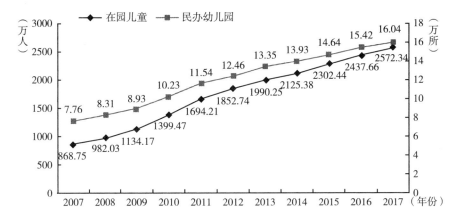

图 2　2007～2017 年全国民办幼儿园统计

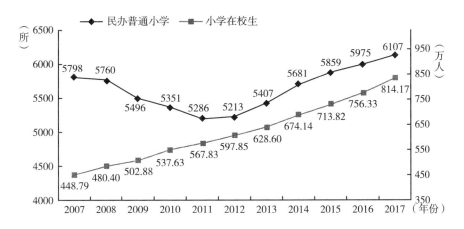

图 3　2007～2017 年全国民办普通小学统计

——民办普通初中

我国民办普通初中数量从 2007 年的 4482 所下降到 2010 年的 4259 所，继而又开始增长至 2017 年的 5277 所，数量变化也呈现"V"字形，占全国普通初中数量的比例从 2007 年的 7.55% 变化为 2017 年的 10.17%。民办初中在校生则逐年递增，从 2007 年的 412.55 万人发展到 2017 年的 577.68 万人，占全国普通初中在校生的比例从 7.20% 变化为 13.00%（见图 4）。

2017 年，民办普通初中数量占民办学校的 2.97%，在校学生人数占民办学校在校生的 11.28%。

图 4 2007～2017 全国民办普通初中统计

——民办普通高中

我国民办普通高中数量从 2007 年的 3101 所持续下降至 2012 年的 2371 所，自 2012 年起逐年增加，到 2017 年已发展为 3002 所，占全国普通高中数量的比例从 2007 年的 19.78% 变化为 2017 年的 22.07%。而民办高中在校生数量从 2007 年的 245.96 万人持续下降至 2009 年的 230.13 万人，之后几年变化不大，但从 2014 年起逐年增长，增速较快，到 2017 年已发展至 306.26 万人，占全国普通高中在校生的比例则从 2007 年的 9.75% 变化为 12.90%（见图 5）。2017 年，民办普通高中数量占民办学校的 1.69%，在校学生人数占民办学校在校生的 5.98%。

——民办中等职业学校

我国民办中等职业学校数量从 2007 年的 2958 所增长至 2008 年的 3234 所，继而逐年下降至 2017 年的 2069 所，占全国中等职业学校数量的比例从 2007 年的 19.94% 变化为 2017 年的 19.34%。民办中等职业在校生的变化趋势与学校数量变化类似，从 2007 年的 257.54 万人发展到 2009 年的 318.1 万人，继而逐年下降至 2015 年的 183.37 万人，2016 年后稍有增长，2017

图5 2007～2017全国民办普通高中统计

年数量为197.33万人,占全国中等职业在校生的比例从2007年的12.96%变化为2017年的12.40%。2017年,民办中等职业学校数量占民办学校的1.16%,在校学生人数占民办学校在校生的3.85%(见图6)。

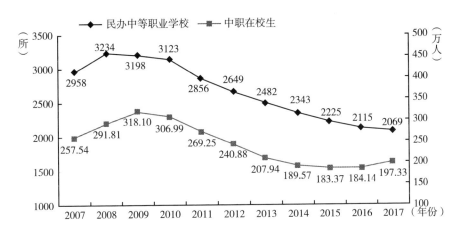

图6 2007～2017全国民办中等职业学校统计

——民办高校

我国民办高校数量从2006年的596所逐年增长,2016年已发展到742所,占全国高校数量的比例从31.92%变化为28.58%,2017年民办高校数量为747所。民办高校在校生人数从2006年的280.49万人，发展到2016年的634.06万人，年均增长率为8.50%，规模不断扩大，占比则从16.13%变化为23.52%（见图7）。2016年，民办高校数量占民办学校的0.43%，在校学生人数占民办学校在校生的13.14%。

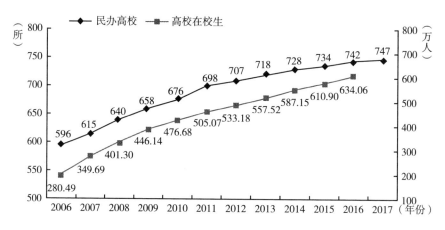

图7　2006～2017全国民办高校统计

（三）我国民办教育发展的特征

自改革开放民办教育开始复兴，办学规模不断扩大，法律政策不断完善，民办教育的定位也发生了改变。1999年6月党中央国务院召开改革开放以来的第三次全国教育工作会议，将民办教育由"对公办教育的补充"改为"与公办教育共同发展"。民办学校与公办学校都是公益事业，几十年来，民办教育已成为我国教育事业的重要组成部分，与公办学校相比，我国民办学校的发展呈现以下特征。

1. 起点虽低，但发展较快

在改革开放初期，我国民办教育根基并不雄厚，整体占比较小，学校规模不大，属于对公办学校的补充，但是民办教育发展速度非常快，特别是随着《民办教育促进法》等法律政策的出台，民办教育近十几年表现出迅猛发展的态势。以各类民办学历教育在校生为例，在2003年至2017年的十几年间，年均增长率近 10%，增长速度很快。特别是在一些沿海发达省份，民办教育的规模化发展更加显著，对当地教育做出很大的贡献。以广东为例，从广东民办教育网①公布的数据看，2017 年全省有各类民办学校（不含培训机构）1.5 万所，占全省学校总数的 45%；在校生 693 万人，占全省在校生总数的 29%，民办教育在当地教育中的分量可见一斑。

2. 办学质量不断提高

民办教育经过几十年的发展，办学质量不断提高。特别是近些年出现了一批办学质量较高、学校声誉较好、管理较为规范的民办学校。它们注重教师队伍的建设，注重学生培养。有些民办小学还能以国际化和特色教学方式形成自己的品牌，在当地有较强的竞争力。民办学校积极参与教育教学改革和人才培养模式改革，在适度宽松的法律政策环境下，发挥了制度优势，为我国教育水平的提高发挥了应有的作用。

3. 发展环境持续改善

随着宪法和相关法律对民办教育发展定位的明确化，特别是《民办教育促进法》对民办教育进行专门立法，配合以国务院及各部委出台的一系列法规规章以及地方制定的地方性法规和出台的一系列政策，目前从中央到地方构建起了一套逐渐完善的民办教育法制化规范化体系。从法律政策的变化中亦可发现，民办教育的定位逐渐清晰，体制机制不断创新，办学自主性不断扩大，政府的扶持力度显著加大。这些法律政策的变化体现了我国民办教育发展环境在持续改善。

二　我国民办教育规范化和法制化发展

我国民办教育事业的发展与壮大过程，也是我国民办教育规范化和法制化的过程。1978 年至今，民办教育规范化和法制化进程大致可分为以下四个阶段。

---

① 广东民办教育网，http：//www.gdmbjy.cn/html/2018/s_ 0926/4028.html。

（一）积极探索阶段（1978～1986年）

1978年党的十一届三中全会后社会主义市场经济逐渐取代传统计划经济体制，单一的公办教育模式已不适应新兴经济模式的发展。多元化所有制为多元化办学体制提供了制度基础，而人们对更好更多样化教育需求的不断扩大也促使办学模式不断变革。

1982年全国人大五届五次会议通过新的《中华人民共和国宪法》（简称《宪法》），其中第十九条第四款规定："国家鼓励集体经济组织、国家企业事业组织和其他社会力量依照法律规定举办各种教育事业。"这为后续法律政策的出台奠定了根本的原则。

1985年《中共中央关于教育体制改革的决定》指出："地方要鼓励和指导国有企业、社会团体和个人办学，并在自愿的基础上，鼓励单位、集体和个人捐资助学，但不得强迫摊派。"同时，针对职业技术教育，该决定还指出："发展职业技术教育，要充分调动企事业单位和业务部门的积极性。并且鼓励集体、个人和其他社会力量办学。"同年，《中华人民共和国教育法》（简称《教育法》）规定："国家鼓励企业事业组织、社会团体、其他社会组织及公民个人依法举办学校及其他教育机构。"

1986年《中华人民共和国义务教育法》颁布，其中第九条规定："国家鼓励企业、事业单位和其他社会力量，在当地人民政府统一管理下，按照国家规定的基本要求，举办本法规定的各类学校。"

早期探索阶段主要体现为宪法法律对原则性问题和导向的规定。国家对民办教育的允许和鼓励也向社会和个人释放了信号，引发了广泛关注，民办教育重新兴起并开始发展。《宪法》《教育法》等为我国民办教育的法制化奠定了基础。

（二）稳定发展阶段（1987～2002年）

1987年国家教育委员会颁布《关于社会力量办学的若干暂行规定》，为民办教育注入了强劲的动力。其中第三条规定："社会力量办学是我国教育事业的组成部分，是国家办学的补充。各级人民政府及教育行政部门应鼓励和支持社会力量举办各种教育事业，维护学校正当权益，保护办学积极性……"这明确了民办学校的定位。第十五条"社会力量办学的经费自行筹集。学校可向学员收取合理金额的学杂费，但不得以办学为名非法牟利……"和第十六条"社会力量举办学校的全部收入以及固定资产，归学校所有……"等对具体问题进行了较为细致的规定，对鼓励和支持社会力量办学、加强对民办教育的宏观管理并促进其健康发展起到了很大作用，20世纪80年代末，民办教育的发展迎来了一次小高潮。

1993年中共中央、国务院印发《中国教育改革和发展纲要》明确提出："国家对社会团体和公民个人依法办学，采取积极鼓励、大力支持、正确引导、加强管理的方针。"这个十六字方针对促进民办教育的发展起到了很大作用，明确的定位和宽松的政策环境使民办教育迎来了空前的发展期。

1997年国务院颁布《社会力量办学条例》，这是一部真正意义上的专门为规范管理民办教育而制定的行政法规，不仅在管理民办教育上起到了积极作用，还为后来《民办教育促进法》的出台奠定了基础。《社会力量办学条例》在1993年的十六字方针基础上，对民办教育的基本原则、教育机构的设立、教学、行政管理、财产财务管理、变更、解散等各方面都进行了规定。比如，第三十七条规定："教育机构的积累只能用于增加教育投入和改善办学条件，不得用于分配，不得用于校外投资。"第四十三条规定："教育机构清算后的剩余财产，返还或者折价返还举办者的投入后，其余部分由审批机关统筹安排，用于发展社会力量办学事业。"

20世纪80年代末以及90年代，我国民办教育健康稳步发展，但也开始出现一些管理问题。《关于社会力量办学的若干暂行规定》和《社会力量办学条例》等法规规章的适时出台，对这一阶段民办教育积极有序发展起到了重要作用。特别是《社会力量办学条例》作为第一部专门为民办教育而制定的行政法规，其颁布与施行为后续的法律制定积累了大量实践经验，一部专门调整民办教育的法律呼之欲出。

（三）基本成型阶段（2003～2015年）

2002年12月28日，第九届全国人大常委会第三十一次会议通过《民办教育促进法》，对民办教育的基本原则以及民办学校的设立、组织与活动、教师与受教育者、资产与财务管理、管理与监督、扶持与奖励、变更与终止、法律责任等一系列内容做出规定。其中第二条"国家机构以外的社会组织或者个人，利用非国家财政性经费，面向社会举办学校及其他教育机构的活动，适用本法"给出了法律调整民办学校及教育机构的范围。第三条重申了十六字方针，即"民办教育事业属于公益性事业，是社会主义教育事业的组成部分。国家对民办教育实行积极鼓励、大力支持、正确引导、依法管理的方针"（其中将"加强管理"改为"依法管理"）。第五十一条"民办学校在扣除办学成本、预留发展基金以及按照国家有关规定提取其他的必需的费用后，出资人可以从办学结余中取得合理回报，取得合理回报的具体办法由国务院规定"与第五十九条"民办学校清偿上述债务后的剩余财产，按照有关法律、行政法规的规定处理"等则是对具体内容的规定。以一部专门性的法律文件来调整民办教育，进一步提高并明确了民办教育的定位，在法律上确立形成了民办与公办共同发展的格局。这为促进民办教育事业的健康发展、维护民办学校和受教育者的合法权益起到了不可替代的作用。

2004年，国务院出台《民办教育促进法实施条例》，对《民办教育促进法》进行细化，使其在操作层面上更为具体化规范化，比如，"出资人根据学校章程的规定要求取得合理回报的，可以在每个会计年度结束时，从民办学校的办学结余中按一定比例取得回报"。又比如，"民办学校应当在确定出资人取得回报比例前，向社会公布与其办学水平和教育质量有关的材料和财务状况"。

2010年，国务院发布《国家中长期教育改革和发展规划纲要（2010～2020年）》，提出要"积极探索营利性和非营利性民办学校分类管理"。2013年，对《民办教育促进法》进行第一次修订。

这一阶段我国民办教育无论是学校的数量还是在校人数都呈现高速增

长。以《民办教育促进法》为法律指导，《民办教育促进法实施条例》以及各种部门规章和地方性法规陆续颁布，从中央到地方逐渐形成较为完善的民办教育法律制度环境。

（四）深化推进阶段（2016年至今）

2016年11月7日，第十二届全国人大常委会第二十四次会议对《民办教育促进法》进行第二次修订。此次修订力度非常大，涉及内容多达十余处，直接确立了民办教育的"分类管理"制度，确立对营利性和非营利性的民办学校进行差异化扶持等。其中第十九条规定："民办学校的举办者可以自主选择设立非营利性或者营利性民办学校。但是，不得设立实施义务教育的营利性民办学校。非营利性民办学校的举办者不得取得办学收益，学校的办学结余全部用于办学……"这对营利性和非营利性民办学校进行了明确分类，并明文规定不得设立实施义务教育的营利性民办学校。第五十九条第二款规定："非营利性民办学校清偿上述债务后的剩余财产继续用于其他非营利性学校办学；营利性民办学校清偿上述债务后的剩余财产，依照公司法的有关规定处理。"这主要是针对民办教育的退出等问题予以规定。

2016年12月29日，国务院《关于鼓励社会力量兴办教育促进民办教育健康发展的若干意见》（以下简称《意见》）部署了民办教育改革发展的各项政策措施。针对新的法律环境下的民办教育，对民办教育的基本原则、党对民办学校的领导、创新体制机制、完善扶持制度、加快现代学校制度建设、提高教育教学质量、提高管理服务水平等方面提出了三十条意见。其中提出五条原则，第二条原则即"分类管理，公益导向"。该原则指出："实行非营利性和营利性分类管理，实施差别化扶持政策，积极引导社会力量举办非营利性民办学校。坚持教育的公益属性，无论是非营利性民办学校还是营利性民办学校都要始终把社会效益放在首位。"

2016年12月30日，教育部等五部门发布《民办学校分类登记实施细则》，为稳妥推进民办学校分类管理进行了规定。同日，教育部等三部门发布《营利性民办学校监督管理实施细则》，对营利性民办学校的设立、教育教学、财务资产等进行了详细规定，确保分类管理改革的有序推进。

2017 年 1 月，国务院发布《国家教育事业发展"十三五"规划》，对促进和规范民办教育发展做了部署。其中"创新教育供给方式，大力发展民办教育，拓展教育新形态""推进民办学校分类管理""鼓励社会力量进入教育领域，拓展社会力量参与教育发展的渠道和范围"等既重申了鼓励和促进民办教育发展的政策导向，又体现了大力推进民办教育分类管理改革的方向。

将《民办教育促进法》的第二次修订作为新的起点，是因为其确立的营利性和非营利性民办学校分类管理以及差别化扶持原则，在民办教育规范化和法制化进程中是一次很大的进步。而国务院《关于鼓励社会力量兴办教育促进民办教育健康发展的若干意见》以及教育部等部委的《民办学校分类登记实施细则》《营利性民办学校监督管理实施细则》也已出台，为将来地方法律法规以及政策的出台搭建了主要架构。

三 《民办教育促进法》的修订与中国民办教育分类管理的系统治理

改革开放后民办教育重新兴起。民办教育健康发展壮大的过程也是民办教育规范化和法制化逐渐推进的过程。

（一）《民办教育促进法》的修订背景

1. 法制建设需要

虽然 2013 年第一次修订的《民办教育促进法》依然秉持为民办教育营造宽松法律环境的一贯风格，但也因对许多问题未进行明确规定而引发了消极现象。加之相关的法律法规不完备导致民办教育出现许多乱象，诸如产权不明确、法人治理结构混乱等，而民办教育的非营利性与"合理回报"之间的矛盾更直接涉及学校财产财务的管理问题。这些产权归属、法人属性等法理上需要澄清的问题亟待解决。同时，值得注意的是我国民法制定工作的进展，从 2017 年 3 月第十二届全国人大第五次会议通过的《中华人民共和国民法总则》看，其中第三章"法人"对营利法人、非营利法人、特别法人进行了明确区分。由此可以看出，2016 年 11 月修订的《民办教育促进法》的重点——分类管理制度，是在我国即将形成完备的民商法体系的大环境下所确立的。

2. 现实发展需要

改革开放以来，民办教育规模不断扩大，办学呈现多元化。2015 年全国各类民办学历教育在校生达 4570.42 万人，占到全国学生总人数的 17.6%，面对如此巨大的规模，传统的粗放式管理已不足以应对。不划清营利性和非营利性民办学校的界限，可能造成地方政府对非营利民办学校的扶持力度不够以及营利性民办学校搭便车等问题，而非营利性民办学校也始终不能获得与公办学校相同的办学优惠政策。而"合理回报"的存在以及投资办学者的决策权过大，也造成了一些漏洞，使登记为非营利学校的投资者可以通过各种途径变相获取利益，导致公共资源流失以及民办教育质量下降等问题。事实上，许多问题皆是因法人属性定位不明确造成的。而政府的一些扶持和优惠政策只能在明确的分类管理前提下才能更好适用。这些现实需要是对《民办教育促进法》进行修订的重要原因。

（二）《民办教育促进法》的主要修订内容

从 2016 年 11 月公布的《全国人民代表大会常务委员会关于修改〈中华人民共和国民办教育促进法〉的决定》（简称新的《民办教育促进法》）中可知，此次对《民办教育促进法》的修订共计 16 处，涉及范围非常多，主要有以下几个方面。

1. 加强学校党建工作

新增一条，即第九条："民办学校中的中国共产党基层组织，按照中国共产党章程的规定开展党的活动，加强党的建设。"强调民办学校要发挥好党组织的作用，确保民办学校的政治工作和办学方向是在党的领导下开展。

2. 确立分类管理制度

第十九条第一款："民办学校的举办者可以自主选择设立非营利性或者营利性民办学校。但是，不得设立实施义务教育的营利性民办学校。"该条款明确规定了营利性学校不得涉足义务教育。第二款"非营利性民办学校的举办者不得取得办学收益，学校的办学结余全部用于办学"和第三款"营利性民办学校的举办者可以取得办学收益，学校的办学结余依照公司法等有关法律、行政法规的规定处理"则是为民办教育分类管理提供明确法律依据，对非营利性和营利性民办学校做出法律层面区分，进行法人登记。

3. 完善法人治理结构

第二十条第一款"民办学校应当设立学校理事会、董事会或者其他形式的决策机构并建立相应的监督机制"和第二款"民办学校的举办者根据学校章程规定的权限和程序参与学校的办学和管理"对民办学校的法人治理结构做出规定，加设相应监督机制。举办者根据学校章程行使职责，参与学校管理。

4. 保护职工合法权益

第三十一条第一款"民办学校应当依法保障教职工的工资、福利待遇和其他合法权益，并为教职工缴纳社会保险费"，比原来增加了"其他合法权益"，并新增第二款"国家鼓励民办学校按照国家规定为教职工办理补充养老保险"，从而加强了对民办学校教职工合法权益的保护。

5. 加强教育监督管理

第三十八条、第四十一条、第六十四条对民办学校的收费管理、教育督导、信息公示与信用档案、违法处罚等予以规定。其中非营利性民办学校收费的具体办法由省、自治区、直辖市人民政府制定，而营利性民办学校的收费标准则实行市场调节，由学校自主决定。非营利性民办学校清偿债务后的剩余资产继续用于非营利学校的建设，营利性民办学校清偿债务后的剩余资产则依公司法处理。

6. 加强扶持优惠政策

第四十六条规定："县级以上各级人民政府可以采取购买服务、助学贷款、奖助学金和出租、转让闲置的国有资产等措施对民办学校予以扶持；对非营利性民办学校还可以采取政府补贴、基金奖励、捐资激励等扶持措施。"这一条款明确了差异化的扶持政策，加大了对非营利民办学校的扶持力度。第四十七条"民办学校享受国家规定的税收优惠政策；其中，非营利性民办学校享受与公办学校同等的税收优惠政策"则明确规定了非营利民办学校的税收优惠与公办学校同等。第五十一条对教育用地的政策也要求对非营利民办学校按照与公办学校同等的原则。

7. 明确退出过渡机制

第五十九条第二款："非营利性民办学校清偿上述债务后的剩余财产继续用于其他非营利性学校办学；营利性民办学校清偿上述债务后的剩余财产，依照公司法的有关规定处理。"该条款明确了民办学校的退出机制。而《全国人民代表大会常务委员会关于修改〈中华人民共和国民办教育促进法〉的决定》也对过渡时期进行了规定，即之前登记为非营利性民办学校的应修改章程后继续办学，终止时财产依法清偿后有剩余的根据出资者的申请给予相应的补偿或者奖励，其余财产继续用于其他非营利性学校办学；而之前登记为营利性民办学校的则应当进行财务清算，重新登记，继续办学。

（三）分类管理的系统治理模式

《民办教育促进法》的修订，彰显了国家鼓励和扶持民办教育的法律政策意志。而分类管理制度和差别化扶持与优惠政策，则是民办教育法制化和规范化的一大进步。宪法、法律、法规、规章和地方性法规是民办教育法制系统的不同层级，而高的系统层级将对低层级产生下向作用力，地方性法规的出台是一种受约束生成。目前，以《宪法》《教育法》等根本大法及上位法所确立的鼓励和扶持民办教育为基础，以新的《民办教育促进法》为核心，配合以《民办教育促进法实施条例》以及《民办学校分类登记实施细则》《营利性民办学校监督管理实施细则》等，再辅以各省、自治区、直辖市专门针对民办教育的地方性法规，构建起从中央到地方、从宪法法律到法规规章的民办教育法律体系。法律、法规、规章和地方性法规的相互协调和补充，将产生协同作用，为我国民办教育的系统治理构建了法制框架。

而从民办学校本身的发展来看，则是一个与环境联系紧密的开放系统。在民办学校系统内部，教师、学生以及其他教学教育管理资源都是系统的重要组成部分，各组成部分相互联系又相互影响。而学校的发展与师生的发展则是一种协同关系，是一个统一的相互依存、和谐共生的有机体。[①] 在更高的层级上，经济、政治、法律等社会环境又对民办学校系统产生影响，时刻发生着各种物质、能量和信息流动。作为具有适应性的人类活动系统，民办学校在应对来自外部环境的变化时，也将改变自身的系统结构以适应变化。围绕分类管理改革的推进，政府主管部门、民办学校、办学者、社会组织等主体建立的系统治理模式，将可能是未来民办教育管理的一大趋势。

四　中国民办教育发展的新契机与新趋势

新的《民办教育促进法》于 2017 年 9 月 1 日开始实施。新的《民办教育促进法实施条例（修订草案）（送审稿）》已于 2018 年 8 月发布并征求意见，各省根据实际情况也将制定地方性法规。此次以分类管理和差异化扶持为核心的民办教育改革的顶层设计已经显现，在这一新的环境下，我国民办教育的发展将可能出现以下几个新契机和新趋势。

（一）民办教育规模将不断扩大

2017 年我国民办学校已达 17.76 万所，占全国的比重为 34.57%，各类教育在校生已达 5120.47 万人，民办教育规模庞大，今后仍将继续扩大。虽然新的《民办教育促进法》的实施将在近期内使得义务教育阶段的营利性民办学校退出，一些小学初中高中合办的民办学校也将面临剥离的问题，对新政策的误解也可能让一部分意图办学的投资者和捐资

---

① 周海涛、钟秉林等：《中国民办教育发展报告（2015）》，北京师范大学出版社，2017，第 1~2 页。

者暂时持观望态度，这些可能会降低民办学校的增速。但法律所秉持的鼓励和促进民办教育发展的意志没有变，甚至还增强了。对民办教育实行分类管理，从法理上厘清一系列有关法律定位、产权、法人属性问题，有着正本清源的作用。依据新法的一系列规定，对非营利性学校的扶持和优惠力度是空前的，特别是在税收上享受与公办学校同等优惠，在用地上确定以划拨的方式给予优惠，这对非营利性民办学校来说无疑是一个巨大的改革红利。而对于营利性民办学校，不仅在非学历教育领域放开营利性办学，学前教育、普通高中、职业教育以及高等教育也一并放开，力度相当大。在社会主义办学方向、公益性导向和依法依规办学基础上，市场的力量将被引入民办教育，营利性民办教育的市场化和公司化，有利于逐渐形成一个新兴的教育产业。因此，无论是非营利性民办学校还是营利性民办学校，都将获得巨大的民办教育改革红利，我国的民办教育未来将会更加健康有序地发展。

（二）民办教育法制将更加完善

民办教育改革是我国教育改革的组成部分，而民办教育法制建设则是其中重点之一。随着新的《民办教育促进法》以及《民办学校分类登记实施细则》《营利性民办学校监督管理实施细则》等法律规定出台，我国民办教育法制将更加完善。第一，在与新的《民办教育促进法》相适应的《民办教育促进法实施条例（修订草案）（送审稿）》中，新的实施条例将细化诸多方面的内容，使民办教育管理更加规范化。第二，《民办学校分类登记实施细则》虽提出了分类管理，但主要涉及程序性规定，其对营利性和非营利性的界定仍较模糊，期待更多更明确的规定出台。而关于民办学校分类管理改革的过渡，新的《民办教育促进法》仅做了原则性规定，政策空间较大，亟待出台一系列明确退出办学的规定和办法，使有需要的民办学校妥善退出，避免引发混乱现象。第三，关于民办教育分类管理的顶层设计初步完成，出台配套政策使其可操作化将成为今后政策制定的重点。而地方政府对非营利学校的补贴制度、监督管理、过渡和财务清算、信息公开、退出机制等各个方面都须出台针对性的办法和规定。同时，因地制宜地制定符合地方民办教育发展特点的地方性法规也将成为各省、自治区、直辖市需要完成的工作。

（三）民办教育质量将不断提升

《民办教育促进法》的修订是对教育改革的重要推进，未来民办教育的质量将不断提升。目前，我国已站在由教育大国向教育强国迈进的关键点上，教育质量的重要性逐渐超过数量的增量，坚持质量第一应当成为民办教育所秉持的理念。事实上，民办学校的内部建设一直以来都受到质疑，过去的法律政策虽然带来了相对宽松的办学环境，但粗放式管理也引发了许多问题。许多民办学校内部存在管理松散、转型困难等问题，外部面临公办学校生源和教师资源的竞争，对其未来的发展形成挑战。不过值得注意的是，仍有不少民办学校从中脱颖而出，特别是以特色教育教学模式为主打品牌的学校，其教育质量甚至高于许多公办学校。同时，营利性民办学校的大幅度放开，引入市场的力量，可形成公办学校、非营利性民办学校、营利性民办学校三者相互竞争相互促进的良好局面。而营利性民办学校之间也会形成行业内部竞争，促使各类民办学校进行创新和提高质量，共同促进民办教育健康有序发展。

（四）民办教育作用将不断增强

无论是非营利性办学还是营利性办学，民办教育都是我国教育事业的组成部分。自改革开放以来，民办学校在校生人数占全国在校生总人数的比例逐渐增大。在学前教育阶段，2017年民办幼儿园占全国幼儿园的62.90%，在园儿童人数占到55.92%，可见民办教育发挥着巨大作用。而国外许多私立高校在教学科研和创新上甚至扮演着比公立高校更重要的角色，哈佛、耶鲁、麻省理工、斯坦福等排名世界前列的许多高校都是私立学校。而我国以新的《民办教育促进法》确立的分类管理制度，正是民办教育与国际化接轨的重要体现。当前，我国供给侧结构性改革逐步推进，社会面临深刻变革，创新驱动将成为进步的核心动力，这就对人才培养提出了新的要求。民办高校每年应届毕业生人数在百万以上，是我国每年就业大军的重要组成。民办学校应当主动适应国家经济社会发展需要，探索教育教学制度创新，推进人才培养模式变革，培养更多创新型和多样化的人才，承担起应有的责任和义务，为建设教育强国做出贡献。

广东民办教育发展的现状、特征和趋势

魏天翔[*]

摘　要： 通过分析广东民办幼儿园、小学、初中、高中、中职、高校从 2007 年至 2017 年学校、学生、教师的数量变化情况和办学条件的变化情况以及民办教育事业不同阶段的基本特征可以看到，广东民办教育办学规模庞大但发展不平衡，社会贡献显著但管理需要不断加强。综合竞争力还比较弱、师资力量薄弱、内部管理和政府的管理与引导有待完善是广东民办教育中的主要问题。社会资本力量的介入和政府的支持，对不同阶段的教育抓住特色和质量将是广东发展民办教育事业的新路径。

关键词： 不同阶段特征　发展民办教育

一　广东民办教育事业发展基本状况

1. 民办幼儿园

——学校数量变化情况

广东全省民办幼儿园数从 2007 年的 7241 所，发展到 2017 年的 11382 所，增加了 4141 所，增长了 57.19%（见图 1）。由于广东同时加大力度发展公办学前教育和普惠性幼儿园，2007~2017 年，民办幼儿园数在广东整个学前教育学校总数中所占的比例从 68.35% 下降至 63.06%。

---

* 魏天翔，广东省教育厅规划处干部，华南师范大学政治与公共管理学院博士生。

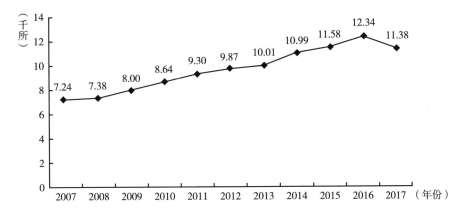

图1　2007～2017年广东民办幼儿园数变化情况

资料来源：根据"广东省教育事业统计报表"整理而成。以下图表均来源于此，不再标注。

——学生数量变化情况

全省民办幼儿园在园儿童从2007年的114.92万人，发展到2017年的299.70万人，增加了184.78万人，增长了160.79%（见图2）。2007～2017年，民办幼儿园在园儿童数在广东整个学前教育在园儿童总数的比例从51.61%提升到67.89%，民办学前教育学生规模得到快速发展。

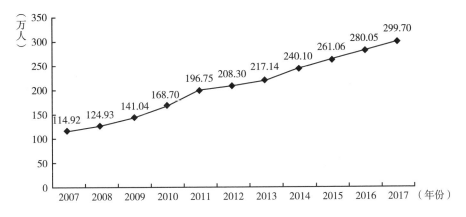

图2　2007～2017年广东民办幼儿园在园儿童数变化情况

——教师变化情况

全省民办幼儿园的专任教师数从 2007 年的 7.21 万人，发展到 2017 年的 20.36 万人，增加了 13.15 万人，增长了 182.38%，民办学前教育师资力量得到大幅提升（见图 3）。

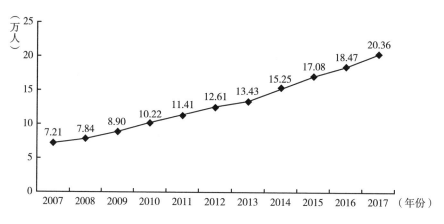

图 3 2007~2017 年广东民办幼儿园专任教师数变化情况

——办学条件变化情况

各项办学条件均有明显增幅（见图 4、图 5）。

图 4 2011~2017 年广东民办幼儿园校舍面积变化情况

图5　2011～2017年广东民办幼儿园占地面积及图书数变化情况

2. 民办小学

——学校数量变化情况

全省民办小学数从2007年的871所，发展到2017年的699所，减少了172所，虽然数量有所下降（见图6），但其中一个原因是部分小学升格为九年一贯制或者十二年一贯制学校，纳入了初、高中学校数统计。2007～2017年，民办小学学校数在广东小学教育学校总数的比例从4.37%提升到6.81%。

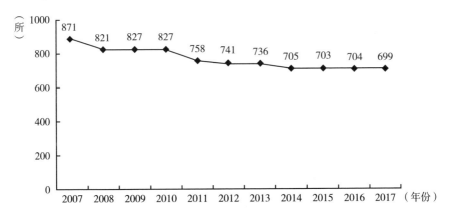

图6　2007～2017年广东民办小学学校数变化情况

——学生数量变化情况

全省民办小学在校生人数从 2007 年的 130.68 万人，发展到 2017 年的 211.18 万人，增加了 80.5 万人，增长了 61.6%（见图 7）。2007～2017 年，民办小学在校生人数在广东小学教育在校生总数的比例从 12.84% 提升到 22.42%。

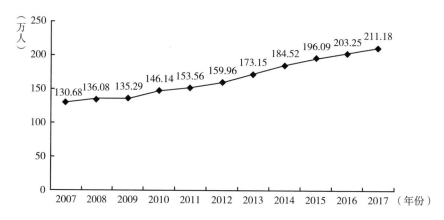

图 7　2007～2017 年广东民办小学在校生数变化情况

——教师变化情况

全省民办小学的专任教师数从 2007 年的 5.34 万人发展到 2017 年的 9.9 万人，增加了 4.56 万人，增长了 85.39%（见图 8）。民办小学专任教师数近年增幅较大。

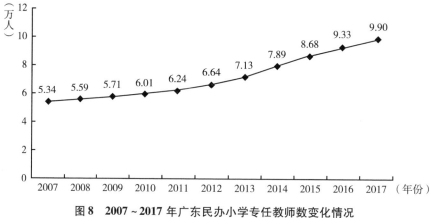

图 8　2007～2017 年广东民办小学专任教师数变化情况

——办学条件变化情况

各项办学条件均有明显增幅（见图9、图10、图11）。

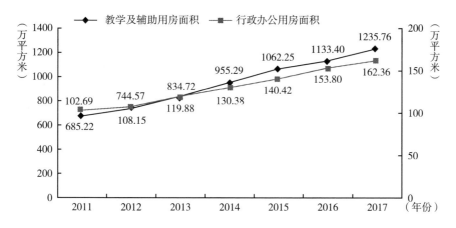

图9　2011～2017年广东民办小学校舍面积变化情况

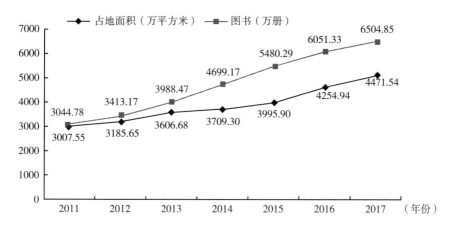

图10　2011～2017年广东民办小学占地面积及图书数变化情况

3.民办初中

——学校数量变化情况

全省民办普通初中学校数从2007年的595所，发展到2017年的994所，增加了399所，增长了67.06%（见图12）。2007～2017年，民办普通

图11 2011～2017年广东民办小学其他办学条件（以资产核算）变化情况

初中学校数在广东整个初中教育学校总数的比例从18.04%提升到28.11%。民办普通初中学校数呈平稳增长态势。

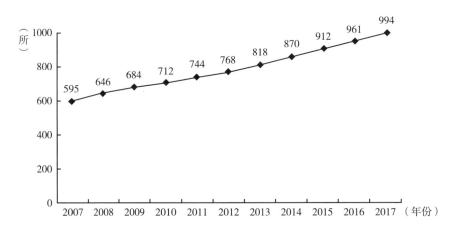

图12 2007～2017年广东民办普通初中学校数变化情况

——学校数量及学生数量变化情况

全省民办普通初中在校生人数从2007年的45.4万人，发展到2017年的78.78万人，增加了33.38万人，增长了73.52%（见图13）。2007～2017年，民办普通初中在校生人数在广东整个初中教育在校生总数的比例从9.4%提升到22.12%。

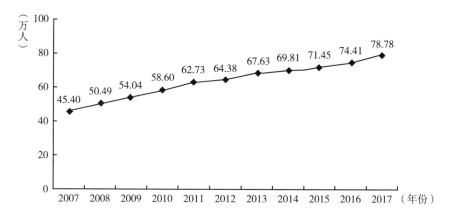

图 13　2007~2017 年广东民办普通初中在校生数变化情况

——教师变化情况

全省民办普通初中的专任教师数从 2011 年的 3.21 万人，发展到 2017 年的 4.97 万人，增加了 1.76 万人，增长了 54.83%（见图 14）。

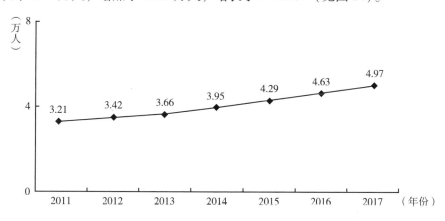

图 14　2011~2017 年广东民办普通初中专任教师数变化情况

——办学条件变化情况

各项办学条件均有明显增幅（见图 15、图 16、图 17）。

4. 民办普通高中

——学校数量变化情况

全省民办普通高中学校数从 2007 年的 117 所，发展到 2017 年的 191 所。

图15　2011～2017 年广东民办普通初中校舍面积变化情况

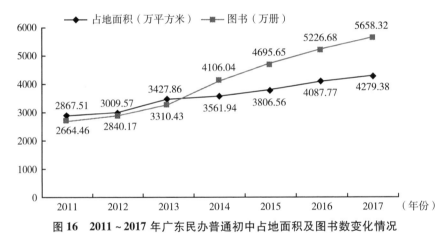

图16　2011～2017 年广东民办普通初中占地面积及图书数变化情况

增加了 74 所，增长了 63. 25% 。2007～2017 年，民办普通高中学校数在广东普通高中学校总数的比例从 11. 48% 提升到 18. 54% 。从图 18 可看出，民办普通高中学校数平稳增长。

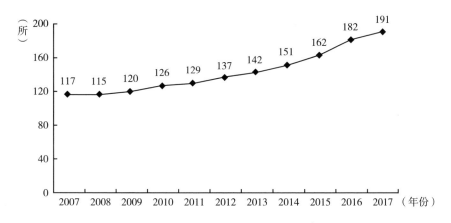

图 18　2007～2017 年广东民办普通高中学校数变化情况

——学生数量变化情况

全省民办普通高中在校生人数从 2007 年的 8. 18 万人，发展到 2017 年的 21. 56 万人，增加了 13. 38 万人，增长了 163. 57% 。2007～2017 年，民办普通高中在校生人数在广东普通高中在校生总数的比例从 4. 74% 提升到 11. 39% 。从图 19 可看出，民办高中在校生人数在 2014～2017 年增速较快。

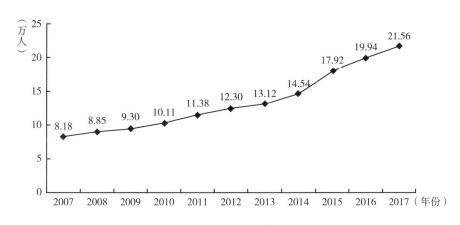

图 19　2007～2017 年广东民办普通高中在校生数变化情况

——教师变化情况

全省民办普通高中的专任教师数从 2017 年的 7864 人，发展到 2017 年的 15057 人，增加了 7193 人，增长了 91.46%（见图 20）。

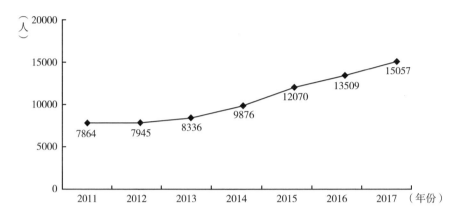

图 20　2011～2017 年广东民办普通高中专任教师变化情况

——办学条件变化情况

各项办学条件均有明显增幅（见图 21、图 22、图 23）。

图 21　2011～2017 年广东民办普通高中校舍面积变化情况

图 22 2011~2017 年广东民办普通高中占地面积及图书数变化情况

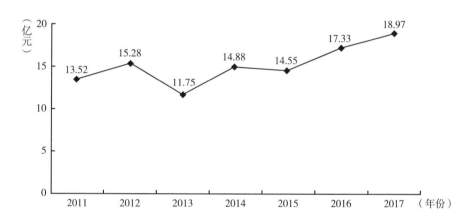

图 23 2011~2017 年广东民办普通高中其他办学条件变化情况

5. 民办中职

——学校数量变化情况

全省民办中等职业学校数从 2007 年的 155 所，发展到 2017 年的 116 所，减少了 39 所。2007~2017 年，民办中等职业学校数在广东中等职业教育学校总数的比例从 26.05% 降至 25.27%（见图 24）。

——学生数量变化情况

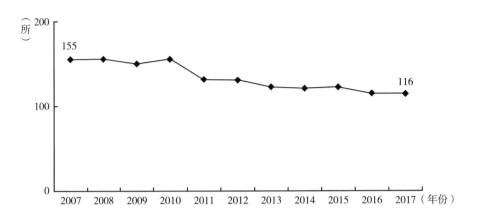

图24 2007～2017年广东民办中等职业学校数变化情况

全省民办中等职业学校在校生人数从 2007 年的 14.43 万人，发展到 2017 年的 16.11 万人，增加了 1.68 万人。尽管学校数增加不大，总在校生数却增长了 116.42%。2007～2017 年，民办中等职业学校在校生人数在广东中等职业教育在校生总数的比例从 15.9% 提升到 16.27%。这说明广东民办中等职业学校在校生生均规模得到了大幅提高（见图 25）。

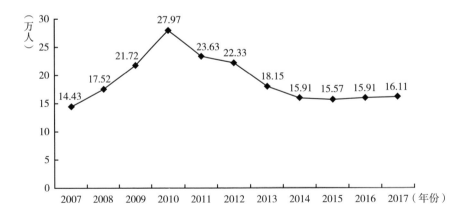

图25 2007～2017年广东民办中等职业学校在校生数变化情况

——教师变化情况

全省民办中等职业学校的专任教师数从 2007 年的 5322 人，发展到 2017 年的 5639 人，增加了 317 人，增长了 5.96%。

——办学条件变化情况（见图 26、图 27、图 28）

图 26　2011～2017 年广东民办中等职业学校校舍面积变化情况

图 27　2011～2017 年广东民办中等职业学校占地面积及图书数变化情况

6. 民办高校

——学校数量变化情况

全省民办高校数从 2007 年的 45 所，发展到 2017 年 56 所，增加了 11

图 28 2011～2017 年广东民办中等职业学校其他办学条件变化情况

所，增长了 24.4%。万人规模以上的民办高校达 31 所，民办高校数呈稳步
提升态势（见图 29）。

图 29 2007～2017 年广东民办高校学校数变化情况

——学生数量变化情况

全省民办高校在校生人数从 2007 年的 25.69 万人，发展到 2017 年的
66.51 万人，增加了 40.82 万人，增长了 158.89%（见图 30）。2007～2017
年，民办高校在校生人数在广东高等教育在校生总数的比例从 15.4% 提升
到 34.56%。就办学规模而言，应该说民办高校在广东各级各类民办教育发
展中是增长最快的。

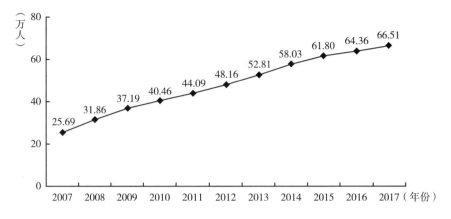

图30 2007~2017年广东民办高校在校生数变化情况

——教师变化情况

全省民办高校的专任教师数从 2007 年的 1.36 万人，发展到 2017 年的 3.03 万人，增加了 1.67 万人，增长了 122.79%。这说明民办高校的师资力量得到了极大的提升（见图 31）。

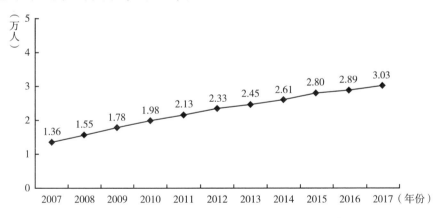

图31 2007~2017年广东民办高校教师数变化情况

从上述系列数据可知，尽管民办教育在发展过程中存在某些波动或动态的调整，还存在诸多不尽如人意的缺陷，但就整体而言，在过去的十多年间广东民办教育发展的基本面是良好的，发展态势的主流是健康的。实践证明：民办教育是功利千秋的事业，是社会教育事业的重要组成部分，是经济社会发展力量的重要组成部分。各级政府制定的支持和促进民办教育健康发展的诸多政策，其成效是明显的。

二 民办教育发展的基本特征

1. 办学规模庞大

随着各级各类民办教育的快速增长，广东民办教育办学规模尤其是在校生人数获得了显著的进步。此外，就全国范围而言，广东民办教育同样是影响突出，走在全国民办教育发展的前沿，一直位居全国第一。以 2012 年为例，广东民办幼儿园在校生占全国民办幼儿园在校生的 11.24%，广东民办小学在校生占全国民办小学在校生的 26.76%，广东民办普通初中在校生占全国民办普通初中在校生的 14.26%，广东民办普通高中在校生占全国民办普通高中在校生的 5.24%，广东民办中职在校生占全国民办中职在校生的 9.27%，广东民办高校在校生占全国民办高校在校生的 9.12%。总体而言，广东民办学校在校生数占全国在校生的 13.19%。由此可见，广东民办教育不仅是广东教育改革发展中的重要力量，在全国民办教育改革发展中同样有着显著的地位和影响。

2. 发展不平衡

首先是区域之间民办教育发展不平衡。整体而言，珠江三角洲经济发达地区的民办教育规模及其占比均明显高于经济欠发达的粤东西北地区。如民办学校数量，深圳市达 1493 所，广州市达 1473 所，东莞市达 904 所，共计 3870 所，占了全省民办学校总数的 32.68%；又如在校生占比，东莞、深圳、广州、中山等市依次有 63.35%、51.13%、41.94%、33.67% 的学生就读民办学校，而云浮、茂名、肇庆、梅州等市就读民办学校的学生比例分别仅为 11.88%、11.54%、11.39%、7.91%。

其次是民办学校之间办学水平参差不齐。目前民办学校大致包括两种办学类型：一种是以占领高端市场为主的贵族型学校；另一种是以满足社会底层群体为主的平民型学校。前一类型的民办学校通常是集雄厚的民间资本和优秀的公办学校品牌于一体，其特征是高投入、高收费、高质量；后一类型的民办学校以进城外来务工子女学校居多，其特征是低投入、低收费、低质量。两类民办学校服务对象和办学标准不同，其教学设施、实验设备、师资配备等各方面存在较大差距，办学质量自然存在天壤之别。与此相对应的结果是：前者将会门庭若市，而后者则可能门可罗雀。

3. 社会贡献显著

一是推动教育协调发展。民办教育的发展，改变了政府单一包揽教育的传统格局，发挥了市场对教育资源配置的作用，调动了社会力量办学的积极性，促进了教育成本核算方式和人事制度的变革，增强了教育生态系统的多样性，形成了以政府办学为主、社会各界共同参与的办学体制。二是客观上助推经济增长。一方面是直接性拉动，民办学校通过基础设施、硬件设备等建设，拉动了建筑、文化、信息等诸多产业的发展；另一方面是间接性支持，2003 年以来，广东民办高校已为社会培养了 50 万名毕业生，他们具有相应的知识和专业技术，为广东经济产业结构调整提供了丰富的人才资源。三是弥补了公办教育的不足。广东省教育人口基数大，基础薄弱，特别是外来务工子女教育需求庞大。民办教育的发展，缓解了公办教育资源供应的缺失，为稳定广东外来务工人员提供了教育保障。四是增进社会文明。无论是学历还是非学历民办教育，客观上增加了公民接触知识、科学的机会，提高了国民科学和人文素养，加速了整个社会阶层的流动，进而提高了社会的文明程度。《广东省中长期教育改革和发展规划纲要（2010～2020 年）》指出："各级政府要将民办教育作为教育事业发展的重要增长点和促进教育改革的重要力量，纳入经济社会发展规划，促进民办教育健康发展。"应该说，这既是政府对过去民办教育所做社会贡献的充分肯定，也是民办教育影响力凸显的证明。

4. 管理不断加强

一是制定法规。近年来，广东省先后制定和实施了《关于加强民办教育规范管理促进民办教育健康发展的若干意见》《关于实行民办学校年度检查制度的通知》《广东省民办教育专项资金管理暂行办法》《广东省实施

〈中华人民共和国民办教育促进法〉办法》等诸多地方性政策法规文件，规范民办教育健康发展。二是坚持民办与公办统筹发展。《广东省教育现代化建设纲要（2004～2020年)》和《广东省中长期教育改革和发展规划纲要（2010～2020年)》，都把民办教育纳入全省经济社会发展规划和教育事业发展规划。全省各地也都按照省委、省政府的要求，把民办教育纳入本地教育发展规划，坚持民办教育与公办教育统筹发展、统筹规划。三是提供财政资助。自2005年起，省政府每年拨出3000万元专款用于扶持民办教育发展，自2012年起，省级民办教育专项资金增加到每年5000万元。目前，全省已有14个市、53个县区政府设立了本级财政民办教育专项资金。四是政策扶持。2012年省政府出台《鼓励和引导民间投资健康发展实施细则》，提出了扶持民办教育的相关规定，如民办幼儿园审批条件可适当放宽；在民办学校建校用地和校舍建设、资产过户规费等方面给予优惠，鼓励和引导民间资金进入教育领域，拓宽民办教育经费来源渠道。

三 主要问题及原因分析

1. 综合竞争力较弱

经过多年发展，民办学校办学条件和教学水平都有显著的进步，但整体条件和办学水平均明显逊色于同类公办学校。目前，广东仍有部分民办学校没有属于学校自身的独立土地和校园，租赁办学的现象也不同程度存在。规范化、标准化或特色化民办学校的数量远远低于公办学校。如2013年，广东公办义务教育标准化学校覆盖率为68.5%，而民办义务教育标准化学校覆盖率仅为51.7%。影响民办学校办学条件和办学水平的主要因素包括：一是举办者持续投入不足，大部分民办学校举办者把教育作为经营产业投资，追求短期的经济利益最大化，不重视学校的持续投入和长远发展；二是生源基础较差，除了极少数高水平的民办学校的生源基础较好外，绝大多数的民办学校在招生生源上基本没有选择的话语权，只是扮演公办学校生源选择后"拾遗补漏"的角色，学生原有的知识基础和教育背景普遍欠佳；三是办学定位不准，部分民办学校未能紧紧把握住整个教育形势和经济社会发展变化趋势，对民办学校的优势与缺点、机遇与困难等缺乏深刻的认识，在人才培养模式、教学方法与手段、课程教学建设等方面未能彰显学校的特色，同质化办学现象较为严重。

2. 教师队伍力量相对薄弱

现阶段，民办学校发展遇到的最大难题是教师队伍力量不强。2013 年广东省教育信息平台的统计数据显示，在广东省民办小学中，具有高级职称的教师占全体教师总人数的 12%，而未定职级的教师比例高达 61%；民办初中教师中具有高级职称的教师比例也仅为 6.22%，未定职级的教师比例达到 41.88%；民办中职学校专任教师拥有高级职称的比例仅为 1.16%，拥有副高级职称的为 5.49%，中级职称占 32.46%，初级职称占 28.19%，未定职称的达 32.70%。另有数据显示，全省中职学校双师型教师比例处于较低水平，民办中职学校双师型教师比例更不容乐观。青年教师比例过大、教龄偏短、职称偏低是民办学校教师队伍素质结构的普遍现象。导致民办学校教师队伍整体素质不高、力量不强，其制约因素主要包括如下几个方面。一是教师待遇相对偏低。民办学校和公办学校教师的待遇差距甚大。例如，民办学校普遍按企业人员进行教师管理，"五险一金"和退休后的待遇执行企业标准，养老金发放总体较事业单位低 40% 左右。二是学校不重视队伍建设，教师能力提升路径狭窄。一些民办学校并未充分认识到教师队伍建设的重要性，往往只强调对教师的"使用"，对教师的学历提升、在职培训、继续教育等缺乏应有的经费投入和支持，教师专业发展能力提升的机会极为有限。三是对教师平等权益保障不力。根据《民办教育促进法》规定："民办学校教职工在业务培训、职务聘任、教龄和工龄计算、表彰奖励、社会活动等方面依法享有与公办学校教职工同等权利。"但事实上，不少部门仍戴着有色眼镜看待民办学校教师，在政策执行中，有些地区并未将民办学校教师的在职培训、进修、继续教育、学历提升等纳入正常的师资培训范畴。

3. 内部管理水平参差不齐

目前，民办学校仍存在管理制度不健全、运行机制不合理等内部治理问题，其突出表现为以下三个方面。一是法人治理结构不完善。学校决策民主化和科学化程度不高，董事会成员数量及其代表性有限，董事会决策往往集中在董事长一人或以董事长为领导的少数人手里；董事长与校长之间权责关系不清晰，校长有名无实，更替频繁；董事长"一言堂"、家族式管理现象较为普遍。二是财务管理混乱。一些民办学校财务管理和举办者的公司财务混在一起，学校财产与个人财产归属不清；不少财会人员未获得相关会计行业从业资格，家族成员把持财务要务；有的举办者采取"阴阳"两套账，应付不同检查需要。三是监督机构缺失。民办学校普遍未成立监事会；教职工代表大会制有名无实，广大师生的权益无法得到充分反映和保障。教职工、学生难以对学校管理中存在的董事长或校长个人独断决策等行为进行有效的监督和制约。出现上述问题，一方面，与举办者个人法制办学意识不强有关。一些举办者在强大的利益驱动下，完全忽略了依法依规办学的重要性和必要性，偏好"投机取巧"，以图快速牟取非法暴利。另一方面，与教师、学生参与民主管理意愿不足密切相关。如教师普遍缺乏主人翁意识，往往将自己看作学校里的临时"打工者"，对参与学校管理和决策的积极性不高。

4. 政府的管理和引导有待完善

尽管广东省民办教育发展的政策环境日渐优化，但政府在促进民办教育发展和支持引导方面的职责亟待完善，管理方式和政策保障有较大的提升空间。第一，管理越位。对本应由民办学校自身解决或可以处理的学校内部问题，政府干预和介入太多、太长。例如，民办学校在招生比例设置、收费标准制定、课程教材选择、中外合作办学决策等事项上的自主权还不足，民办学校的自主发展空间受到较大的束缚和限制。第二，责任缺位。目前政府对民办学校的管理特点是事前审批较为严格，但事中、事后的监督和服务相对不足。对民办学校办学过程中出现的各种违法违规办学行为，相关部门缺少行之有效的规制方案和执法机制，面对问题常常是"无力处理、不愿处理"。第三，管理存在"一刀切"。没有明确营利性和非营利性民办学校的差异，至今为止民办学校仍被要求上缴企业所得税。归结上述问题的原因：

其一是认识不到位，由于政府对民办教育的本质缺乏全面的认识，对民办学校基本上是套用公办学校的管理办法给予管理；其二是政策执行难度大，民办教育扶持优惠政策往往涉及财政、税务、国土、社会保障等多部门，部门之间的法律法规和利益存在不同程度的矛盾或冲突，导致在实际政策执行中目标往往无法落实。

四　未来广东民办教育事业发展趋势

1. 各阶段教育规模发展趋势

一是民办学前教育仍将有较大的增长空间。积极发展幼儿教育，包括发展 0~6 岁全口径幼儿教育，提高幼儿教育普及水平，是我省基础教育发展的一个重要目标。根据第六次人口普查的情况，2011 年以来，广东省出生人口数呈明显增长态势。2014 年，广东省"单独二孩"政策已开始正式实施。据广东省人口计生委的预测，2014 年广东省新增出生人口为 1 万~1.5 万人，2015 年预计新增 7 万多人，2016 年预计迎来生育小高峰，新增出生人口达 8.9 万人。随着儿童数量的增长和人民群众对幼儿教育的重视程度与日俱增，在"十二五"时期，广东省民办幼儿教育仍然有较大的增长空间，民办学前教育仍是广东省学校教育事业中的主要力量。

二是民办义务教育阶段学校发展空间较为狭窄。广东教育信息平台学生数据统计显示，2010~2015 年，广东义务教育年龄人口呈下降趋势。与此同时，随着政府将义务教育纳入公共财政保障范围政策的全面铺开和广东义务教育优质均衡发展的深入推进，公办义务教育资源将进一步丰富，学校之间的教育教学质量差距日趋缩小。基于人数的下降和义务教育质量的均衡发展，义务教育阶段民办学校继续拓展的空间相当有限，学生数在短期内难以有大幅增加。

三是民办中等职业学校生存形势严峻。2010~2013 年，广东民办中职学校数、在校生数、教职工数均在逐年下降，民办中职占全省中职教育的份额持续减少。可以预见，在初中毕业生持续下降的情况下（从 2007 年开始，广东省初中招生数、在校生数均明显下降，毕业生数增长缓慢并趋于停滞），未来将会有更多民办中职学校面临生存危机，甚至有停办的可能。

四是民办高等教育仍将大有作为。近年来，在全国高考生源开始下降的同时，广东高考生源却持续增长，从 2000 年的 10 万余人猛增至 2017 年的 75 万人，由于广东省高中阶段教育逐年普及，广东省未来高考报考人数将保持高位。高考人数的增加，意味着广东省高等教育普及化压力的增大，而这恰恰为民办高校发展带来了机遇。2017 年，广东省高等教育毛入学率为 38.71%，与普及化指标应达到 50% 以上的毛入学率要求还有差距。可以说，在满足高等教育入学需求方面，今后一段时期内广东仍然面临较大的扩大高等教育学位供应量的严峻压力。民办高校将是合理扩大广东省高等教育规模的重要增长极。

除此之外，随着终身教育体系构建的逐步完善，以及社会进入一个学习型社会，大量的非学历教育、继续教育、短期教育等市场还等着去培育、开拓，多样化、多元化的民办教育途径一旦打开，发展规模的壮大将是历史必然。

2. 质量、特色同步发展

在民办教育发展初期，囿于总体教育资源供应量不足，尤其是由政府提供的公办教育公共服务无法满足广大人民群众的教育需求，这一阶段有学上是孩子们的主要期盼，社会关注的教育焦点是入学机会。因此，在政府放开政策，允许社会力量介入教育的初期，尽管不少民办学校办学条件较为简陋，师资力量较为贫乏，但仍然不乏生源选择就读。此时，谁率先进入民办教育领域，谁就抢占了学校发展的先机，获得办学规模的优势。目前广东在校生万人以上的普通民办高等学校如广东白云学院、广东培正学院、民办南华工商学院等均属于建校起步较早的学校。然而，这种以办学规模来赢得市场竞争的发展模式并不具有可持续性。如今随着社会生产力的不断进步、经济发展水平的提高、人们生活条件的改善，教育资源日益丰富，广大人民群众对教育的需求已不仅仅是"有书读、有学上"，而且要求"读好书、上好学"。在机遇优势消退和社会外界对教育要求提升的双重压力下，未来民办学校要继续生存立足，唯有走内涵式发展道路，强化办学特色。综观那些发展速度快、生源质量好、社会声誉佳的民办学校，无不具有鲜明的办学特色和过硬的教学质量。无疑，抓质量、寻特色将成为民办学校发展的主旋律，谁率先树立特色意识和形成办学特色，谁就掌握未来竞争的主动权和制胜权。

3. 政府支持与管理加强

近年来，随着民办教育对社会作用的凸显，广东各地市纷纷加大了对民办教育的扶持力度，通过财政、公共服务、税费、奖励等多种手段激励、引导民办教育规范特色发展。第一，财政投入明显增加。如广州市本级民办教育专项资金由原来每年的 2000 万元增加到 1 亿元；中山市本级民办教育专项资金由 2013 年的 200 万元增加到 2014 年的 1000 万元。第二，公共建设扶持。如珠海市无偿划拨四块教育用地支持珠海女子中学、容闳书院、壮志学校、珠海外国语实验学校的建设；惠州市规定民办学校土地出让金、土地登记费、征地管理费等实行全免，建设工程质量监督费、环卫服务征收费等规费按照收费下限减 50%。第三，支持教师队伍建设。如深圳出台了《深圳市民办学校义务教育阶段学位补贴试行办法》《深圳市民办教育发展专项资金奖励和资助项目实施细则》《深圳市民办中小学教师长期从教津贴实施办法（试行）》，以提高民办学校教师待遇。当然，在对民办教育进行大力支持的同时，政府对民办教育的监管力度也在逐步加大。除了目前已有的民办教育年检等常规性监控之外，政府正在探索对民办教育财务、质量、资金等方面的监管制度。如广州白云区出台了《民办学校实行给予储备金制度的实施办法》，以防患民办学校办学风险；揭阳市将民办中小学校、幼儿园视同公办学校一样实行责任督学挂牌督导制度；等等。如果说支持是民办教育持续发展动力的助推器，那么监管则是保障民办教育健康发展方向的指南针。

4. 集团化、品牌化、资本化趋势

随着各种社会力量的介入和政策的引导，除了目前已有的公有民营、民办公助、民有民办、校企合作等办学模式外，民办教育的办学形式会变得更加多元化，各种新型的办学形式将以其强大的生命力相继涌现。首先是公益性和营利性将逐步明确。《国家中长期教育改革和发展规划纲要（2010～2020年)》规定："积极探索对营利性和非营利性民办学校分类管理试点。"2010年，国务院办公厅印发《关于开展国家教育体制改革的通知》，确定在上海、浙江、广东深圳和吉林华桥外国语学院，开展"探索营利性和非营利性民办学校分类管理办法"。2013年，《广东省人民政府办公厅转发省教育厅关于促进民办教育规范特色发展意见的通知》明确提出："探索分类管理机制，鼓励各地开展民办学校分类管理试点，创新民办教育管理制度。"可以说，解除对营利性民办学校的禁锢，准许合法的营利性民办学校的存在，是尊重教育市场力量的必然选择。随着营利性和非营利性分类管理的实施，一些民办学校将彻底选择营利性办学，体验真正市场化办学的魅力。

其次是办学经费来源多样化，混合所有制将成为民办学校发展的新型路径。党的十八届三中全会通过的《中共中央关于全面深化改革的若干重大问题的决定》指出："国有资本、集体资本、非公有资本等交叉持股、相互融合的混合所有制经济，是基本经济制度的重要实现形式，有利于国有资本放大功能、保值增值、提高竞争力，有利于各种所有制资本取长补短、相互促进、共同发展。"积极发展混合所有制经济，对社会力量兴办教育具有重要的启发和借鉴意义。

专题篇

广东民办教育地方立法现状、
特征与展望

赵 伟*

摘 要： 广东民办教育发展30多年，形成了自己的特色。这些特色的形成，在一定程度上，立足于广东省民办教育的立法。广东省民办教育的制度建设经历了两个历史阶段。其中，第二个阶段对于广东省民办教育的发展尤为重要，因为在这一阶段，广东省出台了大量的配套制度。随着制度的日渐完善，广东省的民办教育制度形成了政府重视、开拓创新、面向市场、兼收并蓄等特点。当然，广东省的民办教育制度还存在个别问题，有待政府做出进一步调整。

关键词： 民办教育 法律制度 市场经济 体制改革

---

* 赵伟，自由研究者，管理学博士，研究方向为教育管理。

一 引言

作为改革开放前沿的广东，用自己的宽容、务实，推动了民办教育的发展，在我国历史上创造了多个"第一"。比如，1980 年广州市率先出台《关于加强对社会各类补习班（夜校）管理若干问题的规定》，率先启用统一的非学历教育证书，以规范管理；1990 年初，全国第一个民办教育民间协会组织——广州市社会力量办学协会在广州成立；1992 年 10 月，全国唯一冠于"私立"的大学——广州私立华联大学筹建，1994 年省人民政府批准成立，这是由侯德富等退休教授集资创办的。广东省也是我国民办教育规模大省。1999 年，广东省各类民办学校占全国的份额已经高达 1/6，而且，全省民办教育吸纳的社会资金每年高达到 350 亿元以上，相当于贡献了一个"广州大学城"。[①] 截至 2016 年底，全省各级各类民办学校（含幼儿园，不含培训机构）共 1.44 万所，占全省学校总数的 43.96%，占全国各级各类民办学校的 8.32%；在校生 657.95 万人，占全省在校生总数的 30.3%，占全国民办教育在校生的 1/7，全省超过 60% 的在园幼儿选择在民办幼儿园就读。

广东民办教育 30 多年独领风骚的良好发展态势，离不开省委、省政府的一贯重视，以及全省各地政府积极进行的制度和政策创新。为了鼓励和规范民办教育的发展，早在 1983 年 3 月，广东省委、省政府就颁布了《关于努力开创我省教育事业新局面的决定》。该文件明确提出，要"鼓励团体办学，允许私人办学"。在此之后，省委、省政府以及各市地政府又先后出台了一系列管理与促进办法。本文将对这些管理办法做出梳理，以探讨广东民办教育地方立法的现状、特征，并分析其未来的发展方向。

[①] 张铁明：《广东民办教育发展的新创举及政策创新回顾（1979～2011 年）》，《广东教育》2013 年第 12 期。

二 广东民办教育制度的历史变迁

诚如上述，广东省的民办教育制度建设始于 1983 年，标志是于当年颁布的《关于努力开创我省教育事业新局面的决定》。此后，广东省民办教育的制度建设经历了两个历史阶段。

（一）起步阶段

从 1983 年到 2000 年是起步阶段。这一阶段的特点是民办教育制度百废待兴，政府出台多项规定，为民办教育发展扫清了一些制度障碍，并为民办教育的管理建立了一些制度保障。

1988 年，广东省委、省政府颁布了《关于普通教育体制改革的决定》，提出"应从国家、集体、个人等多渠道筹集教育经费，实行谁办学、谁负责、谁管理经费的原则"，以及"私人办学可自定学费标准"。1992 年 6 月，广东省教育厅为了盘活普通教育的经费来源渠道，推动普通教育的发展，向广东省委、省政府提出普教投入机制的新思路，即"按照财、税、费、产、社、基、借、贷、储"（财政拨款、征收教育税费、收取学杂费、校产和勤工俭学收入、社会集资捐资、教育基金、借款、贷款、教育储蓄）等并举的办法，积极拓宽教育经费来源的各种渠道。这两份文件从体制、机制改革的角度入手，为普通教育、高等院校等的发展扫清了政策障碍，使广东省的教育领域可以通过多种渠道吸收资金。于是，大量的资金，特别是社会资金开始进入教育领域，为推动广东省普通教育的发展做出了卓越的贡献。据统计，1994 年，广东省有各类民办学校 489 所，在校生 6.5 万人。1993 年，经广东省政府批准的南华工商学院开学，这是在广东省总工会干部学校基础上建立的广东省第一所全日制民办普通高等院校。

1994 年 6 月，广东省政府颁布了《广东省教育收费管理规定》，就教育收费做出了专项规定。文件指出："社会力量办学，凡属业务主管部门使用行政手段规定社会培训对象的，其收费项目和标准，应由其业务主管部门提出，报同级物价主管部门批准。""教育主管部门认定属高价收费的民办中、小学校，其收费项目（包括储备金、建校费等）和收费标准，由审批其成立的教育主管部门与同级物价主管部门根据办学条件，学生教育成本等核定。"同年11月，广东省委、省政府又颁布《关于教育改革和发展的决定》（简称《决定》）。《决定》提出："继续鼓励社会团体和公民个人承办公办学校或采取民办公助、公办民助的形式办学。"1995年7月，广东省政府又颁布了《广东省私立高等学校管理办法》（简称《办法》）。《办法》明确提出："私立高等学校是高等教育的组成部分，是政府办学的补充。""各级人民政府对私立高等学校应采取积极鼓励、大力支持、正确引导、加强管理的方针，维护其合法权益。"《办法》还明确提出："设置私立高等学校分为筹办和正式建校两个阶段。达到国家规定设置标准要求的，可以直接申请正式建校；未达到设置标准的，必须先申请筹办。"这三份文件的颁布，对广东省的民办教育做出了原则性规定，使政府的监督管理变得有法可依，同时也从法律的高度为广东省民办教育的发展保驾护航，极大地推动了广东省民办教育的发展。自此以后，广东省的民办教育迎来了一个高速发展期，办学形式不断增多，学校的规模也日渐扩大。

1998年，广东省出台政策，规定所有学校不得收取教育储备金。2002年2月，广东省办公厅下发通知，要求民办学校加大力度，清退教育储备金，并应转为收取学杂费。2000年10月，广东省委、省政府的《贯彻〈中共中央、国务院关于深化教育改革全面推进素质教育的决定〉的意见》，提出要"建立多元化教育投资体制"，同时指出"社会力量举办的各级各类学校经批准可按学生人均成本收费"。

据不完全统计，1993～1994年，广东省委、省政府或省厅（部、局）颁布的有关民办教育的法规、决定、意见、通知、办法等文件有6个，1995～2000年则有7个。通过这一系列的法律文件，广东省委、省政府在民办教育制度建设方面有了一个良好的起步，为民办教育的下一步高速发展做好了准备。

（二）高速发展阶段

从 2000 年至今，是广东省民办教育制度建设高速发展的阶段。推动这一系列制度建设的主要诱因，是我国于 2002 年 12 月 28 日出台并于 2003 年 9 月 1 日实施的《中华人民共和国民办教育促进法》（简称《民办教育促进法》）。该法的出台标志着我国民办教育的发展进入了新的法治阶段。但是，广东省在相关制度建设方面还比较落后，缺乏配套的政策法规。所以，广东省又先后出台了一系列民办教育管理办法、政策，制度建设进入了另一个高峰期。

2003 年 8 月，广东省教育厅颁布了《广东省民办非学历教育机构退费管理办法》。该办法对教育机构在办学过程中因各种情况需要退还学生费用的活动做出了规定。共规定了 10 种情况。符合这些情况的，教育机构必须退回全部费用及其利息并承担其他合理费用。

2004 年 8 月，广东省委、省政府印发了《广东省教育现代化建设纲要（2004～2020 年)》。该纲要提出要加快推进教育体制创新，深化办学体制改革，义务教育坚持以政府办学为主、以社会力量办学为补充，非义务教育实行更加灵活、开放、多样的办学体制和办学模式，形成以政府办学为主、公办学校与民办学校共同发展的格局。2005 年，广东省政府出台《广东省教育现代化建设纲要实施意见（2004～2010 年)》（简称《实施意见》）。《实施意见》对各级各类教育办学体制改革、落实民办教育发展的优惠政策、规范民办教育管理等提出具体明确的要求。这为广东省民办教育的加快发展奠定了政策基础，提供了有利的政策环境。

2006 年，广东省教育厅发布了《广东省民办非学历教育机构招生暂行管理办法》（简称《管理办法》）。《管理办法》对经教育行政部门批准成立并领取"办学许可证"的从事非学历教育的民办专修/进修学院、培训学院/学校/中心、自学考试辅导学院/学校/中心/站/部的招生活动做出了规范。《管理办法》规定："申请招生的民办非学历教育机构应当具备《中华人民共和国民办教育促进法》等法律、法规和我省民办非学历教育机构设置标准等规定的基本条件，依法取得办学许可证。"

2007 年，广东省教育厅、广东省财政厅、广东省审计厅发布了《广东省民办高校财务管理暂行办法》，对民办高校的财务管理体制做了详尽的规定。比如，规定："学校财务应实行'统一领导、集中管理'体制。以董事会或理事会授权为前提，法定代表人对学校财务工作应承担全部经济责任。学校应设立独立的财务机构，负责全校财务会计的日常工作，在法定代表人的统一领导下，制订统一的财务规章制度、财务收支计划等，在资源配置、财务会计核算组织体系确定等方面实行统一领导。学校要严格执行国家的财经法规、制度，规范财务管理，防范和纠正违规违纪行为。学校不得在财务处（室）之外设置同级的财务机构。""学校应建立健全校内经济责任制，并贯穿于学校财经工作的全过程，落实预算收支、重大支出项目安排、对外投资和商业贷款的经济责任制，严禁挪用学校的办学资金。"

同年，广东省教育厅还发布了《广东省民办教育专项资金管理暂行办法》（简称《暂行办法》）。从 2005 年开始至 2010 年结束，在连续 6 年的时间里，广东省为促进当地的民办教育事业持续快速健康发展安排了专项资金，并设立了省民办教育发展专项资金。这些资金用于资助和奖励民办教育。《暂行办法》就是为对专项资金进行管理，提高资金使用效益而出台的。《暂行办法》明确专项资金主要用于资助和奖励五个项目："（1）鼓励和扶持实施高等教育和中等职业技术学历教育（含技工教育，下同）的民办学校（含民办技工学校，下同）发展；（2）鼓励和扶持实施高级中学教育、义务教育的民办学校发展；（3）鼓励和扶持实施学前教育的民办学校发展；（4）构建促进民办教育发展的公共服务平台；（5）奖励和表彰为发展民办教育事业做出突出贡献的社会组织或者个人。"这些资金的使用原则包括促进发展原则和奖励先进原则。

2005 年 8 月，省教育厅立项启动《广东省实施〈中华人民共和国民办教育促进法〉办法》（简称《实施民促法办法》）立法起草工作。该法于 2009 年 11 月 26 日通过，并于 2010 年 3 月 1 日正式施行。《实施民促法办法》主要从如下几个方面做出了规定。

第一，明确界定了民办教育与民办学校的地位。《实施民促法办法》规定："民办教育属于公益性事业,是社会主义教育事业的组成部分,民办学校与公办学校具有同等的法律地位。"同时,《实施民促法办法》还规定:"民办学校应当坚持社会主义的办学方向,全面贯彻国家的教育方针,依法办学,保证教育教学质量。"

第二,明确了广东省各级政府对民办教育的指导方针。《实施民促法办法》规定:"县级以上人民政府应当坚持积极鼓励、大力支持、正确引导、依法管理的方针,将民办教育事业纳入国民经济和社会发展规划。县级以上人民政府应当组织、协调有关部门及时解决民办教育事业发展中的重大问题,促进民办教育事业健康、有序、可持续发展。"

第三,对民办学校的设立做出了规定。《实施民促法办法》规定了民办学校的设立原则,即"设立民办学校应当符合当地经济社会发展和教育发展的需求,并具备教育法和其他法律、法规规定的条件"。同时,《实施民促法办法》还规定了民办学校设立的审批权限:"(1)实施本科教育的普通高等学校以及师范、医药类专科教育的高等职业学校,按照国家有关规定报国务院教育主管部门审批;(2)实施师范、医药类以外的专科教育的高等职业学校,由省人民政府审批,并报国务院教育主管部门备案;(3)实施高级中等学历教育的普通高中和中等职业技术学校,由地级以上市人民政府教育主管部门审批,并报省人民政府教育主管部门备案;(4)实施义务教育、学前教育、文化教育类非学历教育的学校,由县级以上人民政府教育主管部门审批;(5)实施以职业技能为主的职业资格培训、职业技能培训的学校,由县级以上人民政府人力资源和社会保障主管部门按照国家规定的权限审批,并抄送同级教育主管部门备案;技工学校,由省、地级以上市人民政府人力资源和社会保障主管部门按照各自权限审批。对涉及多个办学层次的设立申请,由负责审批高层次学校的审批机关统一受理,并征求其他层次审批机关的意见。"

第四,对民办学校的教师与受教育者做出了规定。《实施民促法办法》明确了民办学校的法律地位,即"民办学校的教师、受教育者与公办学校的教师、受教育者具有同等的法律地位",以及"民办学校享有与同级同类公办学校同等的招生权,可以自主确定招生的范围、标准和方式"。同时,

《实施民促法办法》还对民办学校的管理做出了一系列规定，如"民办学校应当聘任符合任职条件的专职校长，双方应当依法签订聘任合同，聘期不少于三年"；"民办学校应当按照国家有关规定，建立与其办学层次、规模和专业设置相适应的教师队伍，并根据教学、科研的实际需要，培养骨干教师和学科带头人"；"民办学校应当依法保障教职工的工资、福利待遇，建立教职工工资专户制度，按时足额发放教职工工资，依法参加社会保险，缴纳社会保险费，并按照国家有关规定办理住房公积金"；等等。

第五，对民办学校做出了一系列扶持与奖励规定。在扶持方面，《实施民促法办法》规定："县级以上人民政府应当设立民办教育发展专项资金，资助民办学校发展，表彰和奖励为发展民办教育事业做出突出贡献的组织和个人。民办教育发展专项资金由财政主管部门负责管理，由教育主管部门或者人力资源和社会保障主管部门报同级财政部门批准后使用。""新建、扩建民办学校，按照公益事业用地及建设的有关规定给予优惠。教育用地不得用于其他用途。捐资举办的民办学校和出资人不要求取得合理回报的民办学校，其建校用地和校舍建设享受与公办学校同等的优惠政策。""鼓励企业捐资助学。企业通过公益性社会团体或者县级以上人民政府及其部门自愿无偿向民办教育事业的捐赠支出，在计算应纳税所得额时可以依照国家规定扣除。""捐资举办的民办学校和出资人不要求取得合理回报的民办学校，依法享受与公办学校同等的税收及其他优惠政策；出资人要求取得合理回报的民办学校享受国家规定的税收优惠政策。"在奖励方面，《实施民促法办法》规定："出资人不要求取得合理回报的民办学校，在学校有办学结余的前提下，经学校董事会、理事会或者其他形式的决策机构讨论决定，可以每年从学校办学结余中提取一定比例，用于奖励出资人。但是，累计提取总额不得超过出资人的出资数额。"

《实施民促法办法》的出台，标志着广东省民办教育制度建设进入了一个新高度。在此之后，广东省及各地市政府出台了很多关于民办教育的管理办法。另外，据统计，从2005年到2009年，省委、省政府或省厅（部、局）颁布的有关民办教育的法规、决定、意见、通知、办法等文件有10

个。由此可见，广东省委、省政府对民办教育制度建设十分重视。

最后值得一提的是，2016 年，国务院颁布了《国务院关于鼓励社会力量兴办教育促进民办教育健康发展的若干意见》。广东省正在研究制定相关配套实施意见，以将国务院的这一意见在广东省落实到位。

三　广东民办教育制度建设的特征

结合上述回顾，可以看出，广东省民办教育的制度建设存在如下几个明显的特征。

第一，政府重视。在这一系列立法活动中，笔者发现，广东省委、省政府、省人大对民办教育非常重视，宏观把握，放而不乱，努力开创广东省教育事业新局面。更为难得的是，广东省委、省政府旗帜鲜明地提出"鼓励团体办学，允许私人办学"并给予扶持政策的引导，使得 2009 年后广东省的民办教育地方立法有了后来居上的体制性突破，给广东民办教育发展提供了较充分的法律依据，让学校举办者"定心""放心"。

第二，开拓创新。为落实广东"先试先行"率先实现现代化这一目标，自 20 世纪 80 年代起，广东省委、省政府就积极创新，大力突破体制限制，为推动民办教育的发展提供制度保障。比如，早在 1988 年省委、省政府就颁布了《关于普通教育体制改革的决定》，对普通教育管理体制做出了很大的改动。1994 年，省委、省政府又颁布《关于教育改革和发展的决定》再次对教育管理体制做出突破。2002 年 12 月 28 日，在《民办教育促进法》实施以后，广东省又出台了一系列管理办法，对教育管理体制进行多方面的突破。其中，特别是《广东省实施〈中华人民共和国民办教育促进法〉办法》所做出的突破特别大。所以，广东省的教育改革与制度建设，一直是围绕"先试先行"率先实现现代化这一目标进行的，凸显了广东省开拓创新、敢想敢干的特点。

第三，面向市场。广东省的改革以面向市场为特点，能积极支持民办学校内部机制的改革，在兼顾民办学校教育规律的前提下，注重市场规律的发展指向。广东省的教育改革和制度建设十分注重运用市场力量，特别是吸引市场资金进入教育领域，与政府形成合力，共同推动教育事业的发展。在宏观思路层面，早在 1988 年出台的《关于普通教育体制改革的决定》就提出"私人办学可自定学费标准"。而 2004 年 8 月颁布的《广东省教育现代化建设纲要（2004～2020 年)》则明确提出："义务教育坚持以政府办学为主，以社会力量办学为补充，非义务教育实行更加灵活、开放、多样的办学体制和办学模式，形成以政府办学为主、公办学校与民办学校共同发展的格局。"除宏观思路以外，广东省的机制安排也充分体现了市场导向。比如，《广东省实施〈中华人民共和国民办教育促进法〉办法》促进了教师的市场流动："教育主管部门应当会同有关部门建立、完善有关制度，保证教师在公办学校和民办学校之间的合理流动，鼓励公办学校选派教师到有需要的民办学校帮教扶教。"在学校收费方面，也充分运用市场机制，提出："民办中等职业学校和民办高等学校的收费标准由学校根据办学条件和培养成本合理确定，报审批部门和价格主管部门备案后由学校公示执行。其他非学历教育机构收取费用的项目和标准由学校提出，报审批部门和价格主管部门备案后由学校公示执行。"正是因为广东省制度建设的市场导向，广东省才能广纳国内外先进教育资源、教育模式、教学方法方式和教具，引进高中级人才，营造宽松环境和一个良性的竞争氛围。

第四，兼收并蓄。广东省的改革与制度建设以非义务教育阶段为主，探索公办名校办民校、公办民助、民办公助、委托管理、兼并重组等办学模式和运作方式，以充分发挥优质教育资源的辐射和带动作用；既顾及大面积的外来工子女学校的提升规范，也支持有鲜明特色、高质优化、与国际化接轨的办学方向；既对全公益性的捐资办学或不要求回报的办学者给予积极引导和奖励，又能给要求回报、要求学校举办权归属独立或要求营利的学校充分的发展空间。

虽然广东省的改革取得了突出的成效，制度建设也日渐完善，而且，总的来说，广东省的配套制度是全国最为领先的，但是，需要注意的是，这并不代表广东省的民办教育制度建设没有问题。事实上，笔者发现，其还存在如下几个方面的问题。

第一，对民办学校的扶持政策力度不大。虽然广东省针对民办教育出台了不少优惠政策，涉及民办学校征地、基建、税收、合理回报、产权归属等方面，但这些政策或者是支持力度不大，或者是政策落实得不全面、不彻底，尚无法最大限度地调动社会力量投资办教育的积极性。有相当一部分民办学校没有享受到国家税收优惠政策，有些地方甚至把向民办学校收税作为重要税源。此外，也正是因为对民办教育的政策扶持力度不大，民办学校教师队伍流动性相对较大，已有 3 年以上聘期的教师比较少。一些民办学校教师的合法权益得不到切实保障，教师在户口、人事档案管理、养老保险、医疗保险、教龄确认、继续教育、流动等方面，都比不上公立学校的教师。这对于民办学校稳定优秀教师是不利的，使得他们对在民办学校任教和谋求发展缺乏信心，流动频繁，也导致民办学校难以引进和留住高素质的教师，中青年骨干教师比较缺乏，不利于学校可持续发展。

第二，民办学校管理水平参差不齐。在实践中，由于法律制度存在一些漏洞，外加地方政府监管不严，部分民办学校办学不够规范，民办教育办学队伍存在良莠不分的现象。个别举办者不懂教育规律，办学思想不端正，存在短期行为，急功近利，不舍得投入改善办学条件，不注重提高办学质量，有片面追求营利的倾向。有的学校执行教育政策法规的意识淡薄，对学校实行家族式管理，过分限制校长和教师的自主权，管理机构设置不齐，管理制度不健全，缺乏民主管理和监督。此外，一些学校相互恶性竞争，发布虚假招生简章和广告，以不正当手段抢夺生源，影响了民办教育的社会声誉。这些问题都与制度建设有关，需要政府加以完善。

四　广东民办教育制度建设发展展望

综合上述内容，笔者认为，未来广东民办教育制度建设应沿着"鼓励与规范"并重的道路前进。

首先，政府应继续出台各种政策，营造有利于民办教育发展的社会氛围，以积极发挥民办教育行业组织促进民办教育的作用。政府应推出相应制度，支持和鼓励民办教育，特别是加强在维护民办学校合法权益、促进民办教育理论研究、开展民办学校的办学经验交流和研讨、加强民办学校信息沟通、强化民办教育行业自律等方面的制度建设。[1] 此外，政府还应鼓励做大做强现有民办学校，并高起点发展新办学校，特别是应选择一批办学思想端正、有潜质的民办学校予以重点扶持，将其办成优质学校，以形成规模和品牌效应。[2]

其次，政府应不断完善已有制度，依法管理，为民办教育营造公平竞争的环境。民办教育快速发展，难免会出现发展水平参差不齐的现象。民办学校之间的恶性竞争最终伤害的是民办教育本身。因此，政府应逐步加强对民办教育的管理，切实建立责任范围内民办学校的管理制度，将民办教育纳入正常管理范畴，建立公平、公正、公开的审批和评估制度，重点加强对民办学校财务、招生、教学和安全的管理，并将其纳入督导和评估的范围。此外，政府还应进一步规范民办学校的准入条件、严格执行办学评估制度和日常管理制度，以建立稳定有序的竞争环境。

总之，经过 30 多年的发展，广东省的民办教育制度建设已经颇具规模，初步形成了一个有效的制度体系。[3] 未来，广东省将继续沿着深化改革的方向，建立健全民办教育制度体系，以推动民办教育的规范化、有序化发展。[4]

---

[1] 黄藤：《民办高等教育可持续发展的政策演进：必须坚持开放性原则》，《浙江树人大学学报》（人文社会科学版）2011 年第 2 期。
[2] 徐绪卿、王一涛：《论我国民办高等教育政策从"规范"向"扶持"的转型》，《高等教育研究》2013 年第 8 期。
[3] 成春燕：《改革开放三十年以来民办高等教育政策的追寻》，《知识经济》2011 年第 1 期。
[4] 教育部政策法规司：《中国教育法治发展报告》，中国民主法制出版社，2017。

粤港澳大湾区私立教育协同合作办学

吴 玫*

摘 要： 建设粤港澳大湾区是国家战略，教育被视为粤港澳三地发展与大湾区建设的重要基础工程，湾区教育合作发展目前已进入加速推进阶段。在粤港澳教育合作的大框架中，民办教育合作既具有广阔的前景，也具有鲜明的特色。

关键词： 粤港澳大湾区 私立教育 合作

粤港澳大湾区是指由广东省的广州、深圳、佛山、东莞、惠州、珠海、中山、江门、肇庆九市和香港、澳门两个特别行政区形成的城市群。粤港澳三地区域毗邻，各具特色，在合作上具有得天独厚的优势。2015年3月，在国家发改委、外交部和商务部联合发布的《推动共建丝绸之路经济带和21世纪海上丝绸之路的愿景与行动》中首次明确提出要建设粤港澳大湾区。2017年3月，李克强总理在第十二届全国人大第五次会议上的政府工作报告中提出，要推动内地与港澳深化合作，研究制定粤港澳大湾区城市群发展规划，发挥港澳独特优势，提升其在国家经济发展和对外开放中的地位与功能。这使粤港澳大湾区建设正式上升为国家战略，并推动一系列有利湾区合作的政策产生。2017年4月，深圳前海、广州南沙、珠海横琴、福建平潭等开放合作区设立，为湾区合作提供探索的基地。2017年7月，《深化粤港澳合作，推进大湾区建设框架协议》在香港签署，明确了七大合作重点领域。2018年政府工作报告将大湾区建设与"京津冀区

---

* 吴玫，教育学博士，华南师范大学政治与公共管理学院教授。

域一体化"和"长江经济带"区域战略并列，提出需要出台实现湾区发展的规划。2019 年 2 月 18 日，中共中央、国务院印发《粤港澳大湾区发展规划纲要》，这是指导粤港澳大湾区当前和今后一个时期合作发展的纲领性文件。规划近期至 2022 年，远期展望到 2035 年。除了各项政策的相继出台，2018 年 10 月，港珠澳大桥通车，2019 年 4 月 2 日，南沙大桥通车，广深港高铁、深中通道等重大项目也将落成启用，交通设施等基础条件的完善将进一步加大湾区合作的广度和深度。

　　教育被视为粤港澳三地发展与大湾区建设的重要基础工程。从全球知名的日本东京湾区、美国旧金山湾区和纽约湾区的发展情况来看，三大湾区教育和科研机构密集，名牌高校林立，科技创新频出，其程度远超其他地区。粤港澳大湾区项目创建以来，教育部高度重视粤港澳大湾区教育合作发展，在粤港澳三地政府和相关部门大力推动下，多项利于大湾区教育交流和合作的政策和措施纷纷出台。大湾区教育合作发展目前已进入加速推进阶段。在粤港澳教育合作的大框架中，民办教育合作既具有广阔的前景，也具有鲜明的特色。

一　湾区现有教育合作项目

　　在高等教育方面，广东省政府出台了一系列推动措施和政策性文件。2010 年广东省教育工作会议提出将重点引进 2～3 所港澳高校在珠三角地区开展合作办学，共同建设粤港澳合作办学探索区。2016 年 3 月，广东省人民政府印发《实施〈粤港合作框架协议〉2016 年重点工作》文件，在高等教育方面指出要推动产学研合作，具体措施包括实施粤港科技合作资助计划、探讨放宽"内地大学升学资助计划"的申领资格、推进粤港高校联盟建设和继续开展香港青年内地实习资助计划等。2017 年 7 月三地共同签署的《深化粤港澳合作，推进大湾区建设框架协议》明确提出，要打造国际化教育高地，培养科技创新人才，建设国际科技创新中心和宜居宜业的优质生活圈。2018 年 9 月发布的《2019 年内地部分高校免试招收香港学生办法》对升学办法做了详细的规划，在发布的 110 所对港免试招生的高校名单中广东省高校就占了 22 所，积极鼓励香港学子到广东高校就读。

在政策的有力推动下，出现了一批粤港高校合作项目，香港科技大学和广州大学签署协议在南沙共建院校——香港科技大学（广州）；香港城市大学与惠州市政府签署建立惠州校区的合作备忘录；中山市与香港理工大学成立项目组推动香港理工大学落户中山等。这些高等教育合作项目加上之前已有的北京师范大学–香港浸会大学联合国际学院和香港中文大学深圳分校，以及李嘉诚基金会捐资助学办学的汕头大学、长江商学院深圳校区，还有与香港高校有常年合作办学历史的暨南大学、中山大学同香港高校之间的多项合作协议等，粤港高等教育合作项目可谓数量众多，积累深厚，前景广阔。

粤澳合作方面，在湾区项目开展之前，就有广东高校到澳门开设课程，进行各种专业培训。如华南师范大学从 20 世纪 80 年代起就为澳门培训中小学师资，从文凭课程到覆盖专科、本科、研究生的学位培养。中山大学政治与行政系在澳门举办研究生课程班，为澳门公务员提供培训、进修；暨南大学在澳门开设国际金融专业兼读制研究生班；汕头大学开设澳门法律班等，后期又有北京理工大学珠海学院与澳门科技大学、澳门城市大学建立报送推荐硕士研究生项目；暨南大学翻译学院与澳门暨育教育中心合作开办"兼读制翻译专业专升本学位点"，在澳门招收兼读制专升本学生等合作项目。2009 年，澳门大学在珠海设立横琴校区，粤澳高等教育合作开创了新的办学模式。2012 年，澳门科技大学与中山市政府达成合作意向，筹办应用型民办大学 ——"香山学院"，专门从事教育软件开发、生物科技和医药科技研发、企业管理咨询、企业形象策划等。

2016 年 6 月，由香港科技大学牵头组织，澳门大学、中山大学、华南理工大学、广东工业大学、广州大学联合发起的"粤港澳高校创新创业联盟"在广州南沙区香港科技大学霍英东研究院正式成立。同年 11 月，由中山大学倡议，并联同香港中文大学和澳门大学共同发起的粤港澳高校联盟成立，目前，共有 26 所粤港澳三地高校入盟，包括广东 10 所、香港 9 所、澳门 7 所高校。

在基础教育方面，2010 年广东省教育工作会议提出支持设立港澳人士子弟学校，积极解决港澳人士子女在粤接受教育问题。2016 年《实施〈粤港合作框架协议〉2016 年重点工作》中指出，要加强对两地基础教育的交流与合作。具体措施包括开展粤港两地教师交流协作计划与语言教师培训项目，优化港籍学生班计划，在广东推出一批游学示范基地，加强中小学内地交流和专上学生内地体验。澳门特区 2012 年出台的"在粤就读澳门学生学费津贴计划"，目前已覆盖广东省的七个城市。

目前粤港在基础教育阶段的合作办学模式主要有港人在粤办学和两地学校缔结姊妹学校关系两种，粤澳基础教育合作多为两地学校缔结"姊妹学校"项目。港人在粤办学既有捐资办学，也有投资办学。不少香港爱心人士，如邵逸夫先生、田家炳先生、霍英东先生等多年来为广东教育发展倾注心力，无偿捐赠大笔资金，兴建了上百所中小学和希望学校，捐资助学项目更是不计其数。投资办学项目如香港耀华国际教育管理有限公司在广州创办的广州耀华国际学校，在深圳创办的深圳南山耀华红树湾幼儿园等。在缔结姊妹学校方面，目前广东省与香港缔结的姊妹学校共 721 对，粤澳缔结的姊妹学校约有 70 对。

在职业教育方面，《实施〈粤港合作框架协议〉2016 年重点工作》鼓励开展粤港中等职业院校互访交流，加大职业专业课程合作力度，推进职业教育教师赴港培训，广泛开展职业技能竞赛和扩大"一试两证/三证"的试点职业范围。粤港双方在职业教育方面的合作以联合培养学生为主，如深圳职业技术学院从 2008 年开始就与香港专业教育学院（IVE）黄克竞分校合办电气服务工程高级文凭合作课程，招收香港中五毕业生，采取"2 + 1"模式，学生两年在香港修读，一年在深圳职业技术学院学习，毕业时获得深港两地毕业资格。广州涉外经济职业技术学院于 2017 年与香港公开大学合作开办酒店管理专业，在校学生经过专科学习后，可以到香港公开大学学习本科课程，完成学业可获得本科学士学位。粤澳职业教育的合作主要集中在旅游和工商管理专业，如珠海城市职业技术学院与澳门旅游学院达成引进澳门旅游及酒店职业资格"澳门职业技能认可基准",以及师资培训、交换生等合作意向。广东科学技术职业学院与亚洲(澳门)国际公开大学(现澳门城市大学)自 1999 年起联合举办工商管理学位课程班等。此外,在粤港澳大湾区建设框架下,职业教育在校企合作方面也有进一步的发展:粤港澳大湾区职业教育产教联盟于 2018 年 12 月正式成立,首批加入联盟的单位共 105 家,基本涵盖大湾区内的职业教育院校、研究机构、知名企业和行业组织。

总结现有的湾区合作办学现状,可以看到三地教育合作的若干特点。首先,因各自教育发展的历史、质量和资源不同,粤港、粤澳合作体现出不同流向:粤港合作长期以来以香港为主导,粤澳合作则以广东为主导。但随着广东教育市场的不断扩大、教育质量的提升,以及澳门教育的飞速进步,目前三地间的合作正在走向互利合作。其次,三地教育合作以高等教育为主,大量的深度合作发生在高等教育领域。最后,合作多发生在公立学校之间,或由地方政府牵头促成合作,私立教育合作项目不多。

二 湾区三地私立教育发展现状

1. 香港私立教育发展现状

在香港教育体系中,私立教育在不同的教育阶段有不同的分布。学前教育阶段,香港的幼稚园全部属于私营机构,由志愿团体或私人开办,分为非营利幼稚园及私立独立幼稚园两类,幼稚园须根据教育条例注册。中小学阶段,香港的学校分为免费和收费两种,免费教育由特区政府教育局直接管理的官立中小学和由民间非营利的办学团体开办,接受特区政府资助的津贴,这部分学校占到香港中小学总数的绝大多数。收费的中小学包括由办学团体自资经营、没有政府补贴、收取学费也比较高的私立学校,以及按符合要求的学生人数享有一笔政府津贴,但可收取学费的直接资助计划学校和生源主要为外籍的国际学校。高等教育方面,香港目前有 21 所可以颁授学位的高校,其中私立高等教育机构主要为自资的专上学院,私立大学只有树仁大学和恒生大学两所。①

2. 澳门私立教育发展现状

澳门学前教育机构以私立幼稚园为主（占总数的89%），就读私立幼儿教育机构的人数占适龄儿童的96.7%。私立幼稚园由教会、社团或其他组织管办，享有教学行政和财政自主权，但也接受澳门教育暨青年局辖下的学前暨小学教育处的指导和协调。澳门的小学教育绝大部分由私立学校提供，私立学校又分为免费私立学校和非免费私立学校。根据澳门特别行政区教育暨青年局2017~2018年数据，私立小学占总数的89%（54所），学生人数占适龄学生的97.8%（30169人），其中绝大多数人（27117人）就读免费私立小学。中学教育阶段，私立机构占学校总数的91%（42所），私立学生数占适龄学生总人数的96.0%（26608人），其中绝大多数人（22922人）就读免费私立中学。澳门的高等教育发展历史较短，但发展迅速，澳门现有10所高等院校，其中4所为公立（澳门大学、澳门理工学院、旅游学院、澳门保安部队高等学校），6所为私立（澳门城市大学、圣若瑟大学、澳门科技大学、澳门管理学院、中西创新学院、澳门镜湖护理学院）。②

3. 广东私立教育发展现状

广东与全国的众多省份一样，学前教育以社会力量为办学主体。2017年，广东省民办幼儿园占全省幼儿园总数的72.79%，民办学前教育办学模式多元化，有公民个人办或民营企业、外资企业兴办，有合办、联办的幼儿园以及由园长承办的体改园、转制园。服务类型非常多，其形式有全托制、半托制、全托与半托混合制等。

中小学阶段，2017年广东省民办普通小学共有699所，占全省普通小学总数的6.81%。从类型上，民办学校分为打工子弟学校、小区学校和收费较高的国际学校；从地区分布看，民办小学较多在深圳、广州、东莞等珠

---

① 香港特别行政区教育局网站，http://www.edb.gov.hk/sc/edu - system/preprimary - kindergarten/about - preprimary - kindergarten/index.html。

② 澳门特别行政区教育暨青年局网站，http://portal.dsej.gov.mo/webdsejspace/internet/Inter_main_page.jsp#。

三角城市。民办教育规模化、集团化发展趋势明显。2017 年全省民办普通初中共 994 所，占全省普通中学总数的 28.11%；民办普通高中 191 所，占全省普通高中总数的 18.54%。从地区分布看，民办中学同样多集中在珠三角经济发达地区。高等教育阶段，2017 年广东省民办普通本专科院校 54 所，占全省普通高等学校总数的 35.76%，占全国民办高校的 7.23%，民办高校以高职院校为主。

综合三地私立教育的发展，可以看出，香港教育发展以公立机构为主，学前教育虽然全部为私立幼稚园，但以非营利性机构为大多数；高等教育中虽然有不少专上教育机构，但近年来面临人口结构导致的收生困难问题。相比之下，澳门的私立教育在三级教育阶段都占主体，但在学前教育和中小学阶段多以非营利性私立学校为主。广东私立教育绝对规模大，在学前教育部分也占据主体，但是在基础教育和高等教育阶段占比不大，而且广东私立教育以投资办学为主，各办学主体均有一定的营利诉求。

三　湾区私立教育合作发展的机遇与问题

粤港澳大湾区的发展规划为区域内私立教育的发展提供了历史良机。

其一，区域内的经济发达程度高，居民收入和消费包括教育消费水平高居全国前列。统计数据显示，2017 年湾区三地 GDP 为 10.2 万亿元人民币；[1] 广东省 2018 年全年完成生产总值 9.73 万亿元，比 2017 年增长了 7594 亿元，实际增速 6.8%，GDP 总量稳居全国第一；全省居民人均可支配收入 35810 元，实际增长 6.2%。[2]

其二，民营经济和资本市场发达，民营资本的活跃有利于民办教育的快速发展。以广东省为例，数据显示，2014～2018 年，广东省民营经济增加值不断增加，增速保持在 8% 左右，增长较快。2018 年，广东民营经济增加

---

[1]　王珺、袁俊：《粤港澳大湾区建设报告（2018）》，社会科学文献出版社，2018，第 4 页。

[2]　《广东省政府工作报告》，http://epaper.southcn.com/nfdaily/html/2019－02/02/content_7779518.htm。

值 5.26 万亿元，增长 7.3%，民间投资总量突破 2 万亿元。[①] 民营经济贡献率不断提升，是广东经济增长的主力军。此外，大湾区内拥有深交所和联交所两大资本市场，可为私立教育提供有力的资金支持和投融资服务。

其三，区域内人口众多，人口吸附力强，教育需求旺盛。2017 年，粤港澳大湾区人口达 6956.93 万，常住人口规模近 1.2 亿人，且增长稳健。其中，广州常住人口最多（11169 万人）；珠海常住人口增速最快（5.38%）。[②] 2017 年，广东各级各类教育（不含非学历培训和技工学校）招生 688.38 万人，比上年增长 2.2%；在校生 2312.16 万人，同比增长 2.4%。[③] 但是与此同时，广东省也普遍存在优质教育资源紧缺、学位供需失衡突出等问题，在深圳、广州等城市，人口快速增长导致的学位紧缺问题非常突出。近年来，深圳市每 10 万人拥有幼儿园、小学、普通中学的数值远低于全国平均水平，小学学位缺口尤大。

其四，私立教育的发展较成熟，市场前景足够好。湾区内港澳两地在私立学校办学、经营和品质保障等方面经验丰富，法律法规体系完善。广东民办教育事业规模庞大，各级各类民办学校总数、在校生规模等均高居全国首位，但在教育质量和经营管理上还存在不少问题。珠三角地区各级各类教育需求旺盛，特别是对优质国际教育的需求大且接受程度高，湾区三地私立教育合作前景广阔。

其五，《粤港澳大湾区建设报告（2018）》指出，大湾区以建设物流中心、国际航运中心、现代金融服务体系、贸易中心和国家创新中心为目标。湾区的产业发展不仅需要名牌高校培养研究型创新型人才，也需要职业教育培养大批技术技能型人才参与湾区建设，民办职业教育机构大有可为。粤港澳大湾区职业教育产教联盟的建立将有助于整合湾区学校和企业的资源，建

---

① 《中共广东省委办公厅广东省人民政府办公厅关于促进民营经济高质量发展的若干政策措施》，http：//www. gd. gov. cn/gdywdt/gdyw/content/post_ 160977. html。

② 王珺、袁俊主编《粤港澳大湾区建设报告（2018）》，社会科学文献出版社，2018，第 4 页。

③ 广东省统计局、国家统计局广东调查总队：《2017 年广东国民经济和社会发展统计公报》，http：//www. gdstats. gov. cn/tjzl/tjgb/201803/t20180302_ 381919. html。

立有效的教育与产业沟通机制，推进产教融合、校企合作，培养适应新时代、新产业、新技术要求的高素质技能型人才。

除了上述难得的发展机遇和条件外，粤港澳大湾区私立教育的发展也面临一些问题和阻碍。

首先，粤港澳大湾区是由一个国家、两种制度、三个关税区、四个核心城市所构成的区域，除了国家主权的一致性外，粤港澳三地在政治、经济、法律等制度方面都有诸多不同，各地各级政府管理学校的方法也存在分歧，不同的体制机制和文化差异可能给湾区私立教育合作带来一些困难。如何在合作中减少矛盾、共同发展是一个难题。

其次，粤港澳三地合作办学的相关法律法规尚未完善。目前还没有出台专门针对粤港澳大湾区合作办学的法规，现有的合作大多是依据《中外合作办学条例》来设立。

最后，三地私立教育在办学理念、办学条件和办学实力等方面均存在较大差距。与湾区其他两地比较，广东在私立教育发展方面存在治理模式落后、治理水平较低、整体办学水平不高等问题。港澳私立教育发展则面临生源不足、学校发展空间有限、与社会经济发展结合不紧密等问题。

四 湾区私立教育合作发展的建议

第一，进一步放宽粤港澳大湾区私立教育合作办学政策，适当降低三地合作办学的设立、审批门槛。拓宽教育合作资金供给渠道，鼓励三地社会资本进入广东教育领域，保持通道顺畅，创新私立教育办学模式。

第二，基础教育方面，以私立教育国际化发展为目标，鼓励港澳优质私立学校到广东办分校或与广东民办学校合作办学，提升广东民办学校的办学水平、教育质量和国际化程度，满足广东学生对优质国际化教育的需求。

第三，高等教育方面，加强三地私立高等职业教育机构的合作。珠三角制造业比较发达，整体处于工业经济向服务经济转型的过程中；香港、深圳等部分城市已出现创新型经济特征。三地私立机构在高等职业教育上应积极开展合作，加强教育融合和课程改革，创新培养模式，为湾区经济发展培养高级技术技能型人才。

第四，三地私立教育的合作必须依靠有效的协同治理机制来统筹协调。应搭建大湾区私立教育合作平台与网络，建立湾区开放的私立教育合作体系。设立粤港澳私立学校、教师和学生交流机制，加强校际互通和校长联谊，打造若干品牌项目，加强信息沟通、资源共享，以协同治理机制来促进湾区私立教育的真正合作。

港澳有丰富的私立教育办学和管理经验，私立教育质量和国际化程度高，珠三角等城市则有着强大的民营经济基础和私立教育市场需求。三地私立教育如能取长补短，发挥三地企业和教育界的集合力，一定会推动湾区私立教育合作不断深化，为三地私立教育发展进步带来新的机遇，为大湾区建设输送和储备各类合格人才。

民办中等职业教育的发展与广东的
供给侧结构性改革

摘　要： 职业教育是衡量一个国家现代化程度的重要标志，可为社会培养创造财富的高素质劳动者和专门人才。民办职业教育的创办打破了公办教育一统天下的格局，社会办学、企业办学、个人办学等特色办学模式扩大了职业教育供给渠道。民办中等职业教育是职业教育和高中阶段教育的重要组成部分，对于弥补我国教育资源不足、提高人力资源质量、促进经济发展方式转变作用显著。广东省产业结构与就业结构的调适对区域劳动力配置提出了新要求，其中技能型人才短缺已成为制约本地区经济可持续发展的因素之一，迫切需要改善供给侧环境、优化供给侧机制。广东民办中等职业学校普遍存在结构不合理、人才培养滞后等短板，各区域对技能型人才的供给尚待优化。因此，民办中等职业教育必须将实现供求协调作为发展的突破口，为推进广东供给侧结构性改革、培育经济发展新动能提供更多的人才。

关键词： 广东省民办中等职业教育　技能型人才　供给侧结构性改革

---

* 刘志华，华南师范大学政治与公共管理学院教授，博士，研究方向为教育管理学、教育领导学、教育管理心理学；郭隆玉，华南师范大学政治与公共管理学院硕士研究生，研究方向为教育管理学、教育人力资源管理。

一 民办职业教育供给与广东经济社会发展

（一）适应发展要求

1. 区域协调新动力

珠江三角洲地区和粤东西北地区协调发展，是广东省发展亟待突破的关键点。《关于进一步促进粤东西北地区振兴发展的决定》和《珠江三角洲地区改革发展规划纲要》明晰了各区域的发展方向。《广东省教育发展"十三五"规划（2016～2020 年）》强调提升职业教育服务产业转型升级能力，推动职业教育内涵发展。《广东省人民政府关于创建现代职业教育综合改革试点省的意见》也提出支持社会力量兴办职业教育，大力扶持非营利性民办职业教育的发展。民办中等职业教育是缩小产业和就业结构偏差的重要力量，对于提高职业教育服务地方经济社会发展的能力大有裨益。

2. 湾区建设新使命

随着"一带一路"建设的推进，粤港澳大湾区合作已进入以宏观战略为导向的区域整合时代。《广东省国民经济和社会发展第十三个五年规划纲要》提出，要推动职业培训和高端专业人才交流合作，扩大专业资格互认范围。2019 年出台的《粤港澳大湾区发展规划纲要》也提出，要推进粤港澳职业教育的多方面合作，创新合作办学方式，共建一批特色职业教育园区。大湾区城市群在现代服务业与先进制造业双业态融合上具有明显优势，展望未来，推动湾区职业教育合作，将促进职业学校输出优质资源，有助于以技术创新带动区域产业创新。

（二）提供改革支持

1. 教育供给新走向

新常态下，我国社会经济发展面临深刻转型，推进职业教育供给侧结构性改革，对于提高职业教育供给质量与效率、满足社会多元化需求具有重大意义。《广东省中长期教育改革和发展规划纲要（2010～2020 年)》提出，要壮大职业教育，推进多元办学体制和办学模式改革，规范民办教育发展。《中国中等职业教育质量年度报告（2018)》指出，我国中职国家教学标准体系框架已基本形成。《关于促进民办教育规范特色发展的意见》对促进广东民办教育的规范特色化发展进行了部署，民办中等职业教育应按照"政府引导扶持、企业主导创办、社会各方参与、市场化运作"的运行机制，探索股份制办学，促进产学研一体化，以期服务广东产业转型升级，适应现代产业体系发展。

2. 人才供给新契机

《2016～2017 年度蓝领市场白皮书》显示，我国就业市场十分青睐技能蓝领。相较于发达国家，我国技能型人才供给紧缺，高级技术人才比例难以满足行业发展对劳动力的需求。随着广东省制造业企业转型升级不断加速，技能型人才缺口问题也愈发凸显，2018 年，在东莞、佛山等市这一问题继续呈现扩大趋势，企业面临涨薪也难以招到人的窘境。从广东劳动力市场结构性变化来看，供给侧结构性改革需要破解三个不足，即熟练工人、技术人才和专业人才不足。《中共广东省委广东省人民政府关于统筹推进职业技术教育改革发展的决定》和《广东省职业技术教育改革发展规划纲要（2011～2020 年)》明确指出职业教育要与经济社会发展紧密结合，构建适应经济发展方式转变和产业结构调整要求的现代职业教育体系。民办中等职业教育供给侧结构性改革应强调专业技术人才供给结构对产业转型升级变化的适应性。

二 民办中等职业教育的发展与广东的供给侧结构性改革现状

（一）广东民办中等职业教育基本情况

1. 规模结构

近年来广东省民办中职教育规模起伏明显，但逐步呈现规范化稳步增长态势。从发展趋势看，2005 年全省民办中职学校毕业生 16455 人，在校生 80171 人，到 2010 年毕业生迅速增至 55514 人，在校生增至 279753 人。2017 年广东民办中职学校在校生达 161150 人，毕业生 44205 人，其中职业资格证书获得率为 74%。全省民办中职毕业生数和在校生数占全省中职教育的比例分别为 11.6%、14.9%（见表 1）。

2018 年广东中等职业学校招收初中毕业生学校共（含高职院校中职部）387 所，较 2017 年有所减少，其中民办中等职业学校 77 所，同 2017 年持平，共招收初中毕业生 67558 人，招生数较 2017 年增加万余人。民办中等职业教育是普及高中教育和发展中等职业教育的重要载体，广东民办中职教育占整个中职教育的比例在特定阶段虽有所起伏，但仍是发展中等职业教育的重要平台。

表 1　广东省 2017 年民办中职毕业生数和在校生数

单位：人

毕业生数		招生数			在校生数					预计毕业生数
			其中应届毕业生							
计	其中获得职业资格证书	计	计	其中初中毕业生	合计	一年级	二年级	三年级	四年级	计
44205	32681	57285	55571	51752	161150	57124	55519	48410	97	44910

资料来源：广东省教育厅。

2. 师资队伍

现阶段广东省民办中等职业教育教职工和专任教师规模总体稳定，但教师数量和质量有待提高，师资结构还须优化。根据已有数据分析，广东民办中等职业学校（不含技工学校）教职工数和专任教师规模在 2010 年达到峰值，分别为 10507 人和 6809 人，占全省比例分别为 17.88% 和 15.64%。这一数字自 2011 年起逐年萎缩，2016 年教职工数和专任教师数分别降至 7309 人和 5049 人，占全省的比例分别为 12.72%和12.28%。① 以广州市为例，2017 年广州市民办中等职业学校教师数量为 1032 人，较 2016 年增长 83 人；专任教师为 629 人，较 2016 年增长57 人。虽然专任教师占教师总数比例达 60% 以上，但从教师总量和专任教师数量来看明显低于实际需求量。《广东省中等职业学校"百千万人才培养工程"实施方案（2012 ～ 2020 年）》是培养职教名家、名校长和名教师，以全面提高中等职业教育教师队伍整体素质的有效方式，然而民办中职学校教师未被列入其中。民办中职若想构建完善的高水平教育人才队伍培养格局，必须考虑解决教师队伍结构性不足和质量不高的矛盾，应考虑通过送教进厂、校际合作等形式为民办职业教育可持续发展供给优质的师资。

3. 招生资格

截至 2018 年 9 月 4 日，广东省中等职业教育（含技工教育）完成了招生计划的 87.9%。2018 年广东省地市中等职业教育拟招生学校共有 417 所，其中民办学校 95 所，占比不足 1/4（见图 1）。从广东各地市的中等职业学校数来看（不含技工学校），民办学校数远远不及公办学校，可招生的民办学校数也低于公办学校。省属民办学校招生学校共 3 所，占全部省属中等职业教育招生学校的比率不足 0.1。潮州市、阳江市的民办中等职业招生学校在 2018 年暂未招生。惠州市、湛江市、东莞市、珠海市民办中等职业招生学校数占本市总招生学校数的比率超过 40%，其中惠州市最高，已超过50%（见图 2）。

2018 年广东省地市以上技工学校招生学校共有 153 所，其中民办学校63 所，占比高达 41%，已成为构建劳动者终身职业培训体系和培养技能人才的重要力量。广东省属民办技工学校招生学校共 16 所，占省全部可招生技工学校的比率为 0.1（见图 3）。2018 年有些地市的民办技工学校也同样未招生，深圳市、中山市、珠海市、东莞市民办技校招生学校数占本市总招

---

① 参见广州市教育局《2016 广州市教育统计手册》《2017 广州市教育统计手册》。

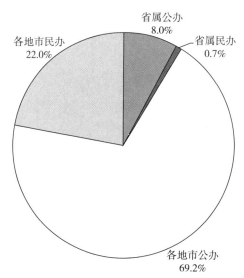

图1 2018年广东省各类中职学校占省总招生学校比例

数据来源：《广东省教育厅关于公布2018年中等职业教育招生学校名单的通知》（粤教职函〔2018〕55号）。

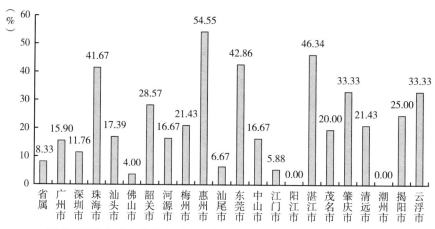

图2 2018年广东省地市以上民办中职学校占本市总招生学校比例

数据来源：《广东省教育厅关于公布2018年中等职业教育招生学校名单的通知》（粤教职函〔2018〕55号）。

生学校数的比例超过65%，其中深圳市最高达90%，这一比率对于中山市和深圳市来说可以弥补中职学校招生不足而无法适应本区技能人才需要的缺口（见图4）。

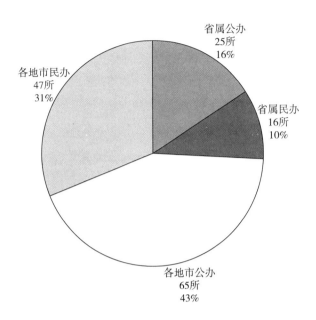

图3 2018 年广东省各类民办技校占省总招生学校比例

数据来源：广东省技工教育在线：《关于公布 2018 年广东省技工院校招生名单的通告》（粤技招〔2018〕5 号）。

（二）广东民办中等职业教育办学状况分析

1. 办学理念

办学理念是学校办学的方向和灵魂，也是立校的价值标准。民办中职学校普遍是基于"以最小的投入在最短的时间内获得最大的收益"的办学理念，但外延式扩张并不能实现质量提升与结构优化，必须加强内涵式能力建设。非理性发展将加剧毕业生结构性失业与劳动力市场结构性短缺。此外学校在人力资源管理上一般采用家族式管理，只在教学管理上聘任有经验的外部教育人士来领导。有的办学者对国家法律和民办教育规定意识淡薄，对中等职业教育的发展与经济、劳动力市场发展之间的联系没有做到充分了解。广东省民办中职学校对此必须有所警示，转变偏颇的办学理念，形成以"服务市场与社会——就业导向，工学结合——能力本位"为线索的办学理

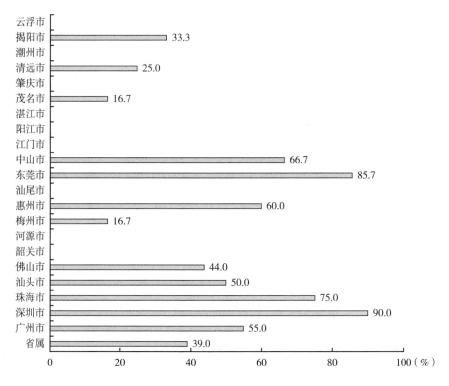

图4　2018年广东省地市以上民办技校占本市总招生学校比例

数据来源：广东省技工教育在线：《关于公布2018年广东省技工院校招生名单的通告》（粤技招〔2018〕5号）。

念标准。另外，具体到某一民办中等职业学校，还应结合学校的办学性质，最终形成符合学校办学实际的办学理念。

2. 区域分布

截至2018年底，我国民办非企业单位总量为442745个，其中广东省民办非企业单位数量为36675个，仅次于江苏省的55311个。广东社会组织数省级、市级、县级比为52∶100∶103，其中深圳市是全国民办非企业单位最为聚集的城市之一。广东民办非企业单位和其他社会组织比为115∶100，主要分布在广州、深圳、佛山、东莞等城市。[①] 2012年教育部关于鼓励和引导

---

　　① 数据来源：中国社会组织服务平台、广东社会组织信息网。

民间资金进入教育领域促进民办教育健康发展的实施意见指出，要鼓励和引导民间资金发展教育和社会培训事业，促进民办教育健康发展，而广东近年来对民办中等职业学校的扶持也在各方面得以彰显。综合全国社会组织公共服务平台、广东省社会组织信息网、广东省教育厅载入的民办中等职业教育学校（不含技工学校）的数据可知，湛江市民办中职学校数最多，超过 20 所，广州市和惠州市高于 10 所，其他各市低于 10 所。2018 年广东省民办中等职业学校可招生率高于 70%（见图 5），除阳江市和潮州市两地市之外，其他地市多数民办学校被纳入 2018 年的招生名单之中（见图 6）。

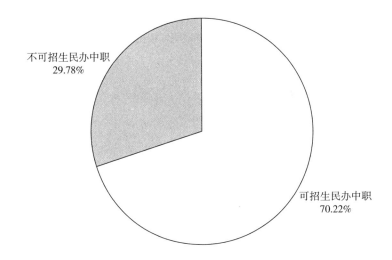

图 5　2018 年广东省民办中职学校招生情况

数据来源：广东省教育厅、中国社会组织服务平台、广东社会组织信息网。

3. 教育对象

广东省在建设南方职业教育高地的过程中，不仅为珠江三角洲和粤东西北输送人才，还肩负着另一重任，即为全国各地输送应用型的技术人才。据 2018 年数据显示，肇庆市民办中等职业学校招收初中毕业生人数最多，超过民办总招生数的 15%，其次为惠州市，超过民办总招生数的 12%，东莞

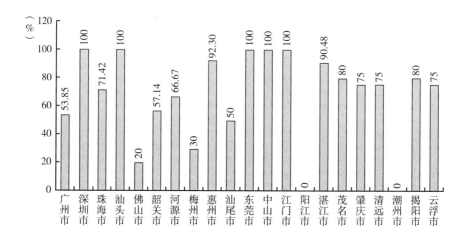

图 6　2018 年广东省各市可招生民办中职学校占本市民办中职学校比例

数据来源：广东省教育厅、中国社会组织服务平台、广东社会组织信息网。

市、广州市、湛江市、茂名市、揭阳市民办中职招生数与 2017 年相比稳步提升（见图 7）。

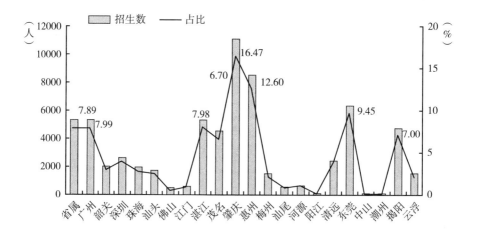

图 7　2018 年广东省民办中职学校招收初中毕业生情况

数据来源：广东省教育厅：《2018 年广东省中等职业技术学校招收初中毕业生生源计划》。

民办中职学校生源来自广东各地，总体上广东省社会经济发展水平较高的地市招生体现了帮扶性、带动性，某些地市也会招收临近区域的学生，体现了合作性、共享性。广东省属和广州市民办中等职业学校学生来源最广泛，在广东各市均设置一定的招生名额，以广州、湛江、茂名三市居多；珠江三角洲其他地级市也会在粤东西北招收一定数量的学生，但主要以本地生源为主；粤东西北各市所开办的民办中等职业学校主要招收本市的学生，这与创新本地传统产业和发展特色产业，为粤东西北振兴战略培养培训相应的专业技术人才和技能人才相适应。

从广东省各地经济社会发展的水平结构来看，民办中等职业学校总体水平处于弱势，无缘国家、省级重点或示范建设。从招生区域来看，生源主要集中在本市和粤东西北地区，部分民办中职学校由于办学规范和办学期限的调整有停止招生的情况。各市均有一定数量的民办职业学校基本上是根据当地产业发展规划和劳动力市场需求设置招生人数。广东在未来的发展中也要继续考虑部分地区发展不平衡、普职教育比例大体相当但还有距离等问题，改变重普教轻职教的做法，通过调整中职学校投资结构、治理结构、师资结构、布局结构、课程结构、专业结构等途径来提高中职教育规模与初中毕业生数量的匹配度。

4. 专业培养

从人才培养模式来看，新时期广东省职业教育积极推进科教融合、产教融合，加强各类教育之间沟通衔接，促进经济增长从主要依靠劳动力成本优势向依靠劳动力价值创造优势转变，适应经济社会发展形势转变的能力逐步增强。以顶岗实习为主要形式的工学结合人才培养模式已成为全球职业教育最有效、最适合的人才培养模式，但由于学校学习与企业实习之间处于分隔状态，二者之间没有形成促使学生学习、职业技能训练、实际工作之间互动的机制，造成理论与实践相脱离的状态。[1]《广东省教育厅关于做好中等职

---

[1] 杜庆军：《新时期"工学结合"人才培养模式的构建》，《人民论坛》2015年第5期，第165页。

业教育"双精准"示范专业建设工作的通知》（粤教职函〔2018〕108 号）将中等职业学校108 个专业作为中等职业教育"双精准"示范专业建设点。其中惠州市宝山职业技术学校的数控技术应用、电子商务专业入选。该学校充分发挥集团办学的资源优势，职业教育与企业生产接轨，已成为惠州市民办职业教育领域的佼佼者。

从招生专业来看，广东省民办中职学校开设的专业大类和专业数对中职专业目录中专业的覆盖率普遍较高，但同质化程度也较高。专业大类主要集中在信息技术类和财经商贸类（见图8）。2018 年广东民办中职学校共设置130 个招生专业，技工学校共设置136 个专业（见图9），较2017年有所增加。从专业特色来看，各地市越来越倾向基于区域产业状况变化来优化中职学校专业设置，比如汕头市、汕尾市的茶叶生产与加工专业，茂名市的体育休闲类专业，湛江市的城市交通类专业在其他民办学校均未招生。从当前来看，转变传统虚拟教学模式，专业培养与社会市场相结合，优化实践教学模式，是职业教育人才培养必须改善的问题。

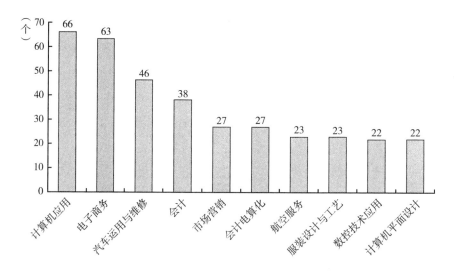

图8　2018 年广东省民办中职主要专业及开设数

数据来源：广东省教育厅：《2018 年广东省中等职业技术学校招收初中毕业生生源计划》。

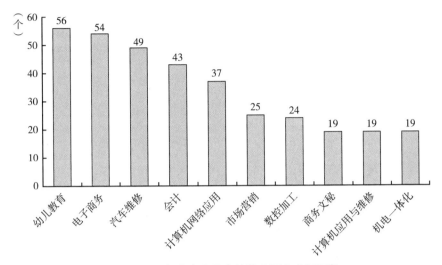

图 9　2018 年广东省民办技校主要专业开设数

数据来源:《关于公布 2018 年广东省技工院校招生名单的通告》(粤技招〔2018〕5号),广东省技工教育在线。

从培养创新性来看,有些地区为了适应学生发展需求,构建了具有校本特色的职业生涯教育体系与教育模式,广州市在 2018 年 6 月根据《中等职业学校职业指导工作规定》,组织了为期 3 年的生涯教育课程和活动,该活动以培养工匠精神为核心,引导学生规划学业和职业,提升中职教师的职业教育能力,辅助学生提升敬业精神和职业生涯可持续发展能力。

(三)民办职业教育发展与广东供给侧结构性改革适应性分析

近年来,广东省经济持续高速增长,2018 年广东生产总值超过 9 万亿元人民币,已连续 30 年稳居全国第一,其中也得益于着力推进智能制造示范工程和现代服务业品牌价值提升行动的实施。现阶段广东就业情况仍然存在不少问题,由于广东经济结构长期以来倚重劳动密集型加工业和低技能服务业,在由低级结构向倚重高新技术、优化调整产业布局的调整过程中,产业结构和就业结构之间存在严重的结构偏离和滞后。[1] 民办中等职业学校人才培养质

---

[1]　王亚坤:《广东劳动力配置结构分析及劳动力资源供需预测》,硕士学位论文,暨南大学,2013。

量不能满足广东劳动力市场对专业技术人才的需求，致使中职教育的市场需求度不高，亟须对民办职业教育与广东省供给侧结构性改革适应性展开分析。

1. 改革发展举措分析

广东省在建设六大产业八大载体的现代产业体系进程中需要大量高素质的劳动者和高技能人才，重视并进一步加快发展职业教育，已成为提高劳动者素质和实现社会现代化的迫切需要。结构性调整是广东"十三五"期间社会经济发展的一条主线，《广东省人民政府关于印发广东省供给侧结构性改革总体方案（2016~2018年）及五个行动计划的通知》对此做了相应指示。职业教育与普通教育相比具有鲜明的区域性和行业性特点，职业教育的发展规模、结构优化将对广东经济的发展起到重要作用。《广东省人力资源和社会保障事业发展"十三五"规划》为配合供给侧结构性改革提出要扩大技能人才有效供给。因此，应加大高技能人才培养力度，加强技工院校和职业技能实训基地建设，为供给侧结构性改革提供技能人才支撑。

广东省民办职业教育紧随广东产业结构升级与调整，其发展模式及人才培养模式也在不断适应区域经济发展的需要。广东各市"十三五"规划普遍就创新职业教育办学模式、协调职业教育与普通教育规模、满足产业转型需求、支持社会力量兴办职业教育、拓展教育国际交流合作、坚持产教融合提出了相应要求。但也有部分地区对中等职业教育的重要性认识不足，在招生政策、经费支持、师资队伍建设等方面压缩中等职业教育的发展空间，导致区域技术技能人才供给体系出现严重的结构性缺陷。① 另外，政府对民办职业教育的促进与扶持政策落实不到位，无法充分调动办学者的积极性，也影响了民办学校办学条件的改善。

2. 教育服务质量分析

教育作为社会性基础设施，其改善有利于形成人力资本，从供给侧的角度来看，人力资本是全要素生产率最重要的促进因素，创新人力资本培养思路，将更好

① 朱媛：《职业教育供给侧结构性改革的理论源流、意义及方向》，《教育与职业》2017年第1期，第13页。

地发挥教育服务地方经济社会发展的作用。我国民办职业教育是在教育资源短缺、不能充分满足社会教育需求的情况下，在教育需求拉动和市场经济改革的推动下，在通过实现教育产业化来增加教育供给的理论支持下逐步得以发展的。

20 世纪 90 年代中期以后，随着社会主义市场经济体制改革日臻完善，广东省各区域劳动力供给质量的差距在近 10 年有所缩小，但教育和人才的区域性失衡与同时期经济发展的区域性失衡基本一致，反映出劳动力供给质量对广东经济增长的影响。从职业资格鉴定来看，职业资格证书的获取率是检验中等职业教育办学质量的重要指标，这一数据从侧面反映我国民办中等职业教育人才培养水平亟待提高，学校办学质量无法得到社会认同是其生源下降和办学规模缩小的重要原因。

3. 技能人才储备分析

广东省实行先进制造业和现代服务业"双轮驱动"的战略，深刻改变了劳动力市场的供需结构，对劳动者供给质量和结构提出新的要求（见表 2）。随着产业不断升级，广东也开始迈入"高技能时代"，职业教育将像发达国家一样成为培养产业工人的主战场，技校生走俏人才市场将成为必然。"十二五"期末全省专业技术人才和技能人才总量分别比"十一五"期末增加 21.4% 和 17.4%。[①]广东省职业教育一直走在全国前列，据广东省教育厅 2018 年 12 月 20 日发布的《2018 年广东省中等职业学校毕业生就业情况分析报告》显示，近 3 年来，广东中职毕业生持续保持高就业率，全省中职毕业生的就业率分别为：2016 年的 98.04%，2017 年的 98.00%，2018 年的 97.91%。该数据体现出广东中职学校毕业生继续受到市场的认可。

表 2 广东"十三五"期间人才队伍建设目标

单位：万人，%

指　标	2015 年基数	2018 年目标	2020 年目标
专业技术人才总量	550	610	700
高、中、初级专业技术人才比例	13.7 : 39 : 47.3	13 : 39.5 : 47.5	14 : 42 : 44
高技能人才占技能人才比例	28.1	28.5	29

资料来源：广东省人力资源和社会保障厅统计。

根据广东省人力资源和社会保障厅监测统计数据显示，目前全省就业缺口最大的岗位还是技工。技能型人才结构性短缺较为突出，部分企业技术工人"断层"现象非常严重。2018 年第一季度全省人力资源市场技工求人倍率为 1.46，明显高于全省人力资源市场 1.10 的平均水平，管理人员和专业技术人员比较紧缺，专业技术工种缺口相对较大，这表明在劳动力市场上存在受过中等职业教育的劳动力总量明显不足的现象。因此，从广东经济社会可持续发展的需要来看，职业教育要与市场经济发展相适应，加强对本地技能型人才和高素质劳动者的培养和培训，以使毕业生专业结构和层次结构与市场接轨，缓解劳动力供求的结构性矛盾。

4. 产业知识更新分析

从我国职业教育专业结构的整体布局来看，自 2004 年以来，各省职业教育一直随着产业结构的调整变化而处于调整和变化之中，并基本与产业结构的调整和变化方向一致。但由于劳动力市场与学校信息不对称，以及市场调节劳动力供求的迟滞性，学校专业建设不能及时根据产业结构升级做出有效的相应动态调整。

广东在"十三五"期间，提出实施专业技术人才知识更新工程。计划在装备制造、信息、生物技术、新材料、海洋、金融财会、生态环境保护、能源资源、防灾减灾、现代交通运输、农业科技、社会工作等 12 个重点领域和现代物流、电子商务、法律、咨询、会计、工业设计、知识产权、食品安全、旅游等 9 个现代服务业领域开展大规模知识更新的继续教育。

根据 2017 年和 2018 年广东省统计年鉴，广东省年末就业人员的数量呈"二三一"次序，其中 2016 年三次产业分别占总就业人数的 40.1%、38.5%、21.4%，2017 年三次产业分别占总就业人数的 40.5%、37.8%、21.7%，与 2016 年基本持平。广东省第二产业中大量低素质劳动力滞存于低技术产业，延缓了高新产业的发展，第三产业中现代服务业的发展也需要大量高素质人才作为支撑，产业转型升级的过程伴随着产业知识更新，职业教育专业发展要与之步调一致。

三 民办中等职业教育的发展与广东的供给侧结构性改革特征

我国经济发展进入新常态，呈现速度变化、方式转变、结构调整、动力转换的态势，核心是经济的发展动力从依靠资源和低成本劳动力等要素投入转向创新驱动发展，亟须提升劳动者素质、优化劳动力结构、厚植创新驱动根基。广东省民办职业教育立足于自身发展需求，逐步形成了一批优质教育资源，为区域产业转型升级和劳动力结构优化起到了重要作用。新形势下，广东将继续加强顶层设计，引领职业教育发展；着力创新办学，增强职业教育吸引力；突出办学质量，创新人才培养模式；推动校企合作，紧密衔接市场需求。

（一）开放包容性

在改革开放 40 年来的经济稳步增长期，广东一直走在前列，而在经济转型期，广东同样以开放包容的姿态再创新高。供给侧结构性改革是中国当前经济改革中的大事，广东率先"破题"供给侧结构性改革，以创新驱动提升供给能力，以质量引领扩大有效供给，利用"三去一补一降"重要抓手，促进整个经济结构的调整，把实体经济做大、做优、做强，成效显著。现代职业教育体系是一个动态开放的系统，在办学主体和办学模式上提倡对外开放，鼓励多元投资和多元化办学。与我国许多其他地区相比，广东对职业教育的接受程度相对较高，对民办教育有很大的包容性。另外，广东注重加强顶层设计，引领职业教育发展。职业教育在提升技术创新能力、输出有价值的技术与人才方面成绩突出，地方社会对民办职业教育的认可度相对较高，人们不认可职业教育的心态有很大改观。

（二）区域适应性

教育供给侧结构性改革需要协调三个方面的关系，即协调教育与经济产业发展的关系，协调各级各类教育之间的关系，协调区域间教育发展的关系。职业教育在优化教育结构、补足人才短板、促进区域协调方面的作用明显。从上述学校的地域分布可以分析出，民办职业教育的分布和地方经济发展密切相关，区域化特征明显。其分布特征一是和城市发展的成熟度有关；二是和城市发展的潜力有关。在公办学校办学资源不充分、办学灵活性不足的条件下，公办学校无法满足各个层面、各具特色的社会需求。正因为如此，民办学校开设的专业往往具有特定的市场针对性，可以培养社会急需而公办学校又培养不足的专业人才，既满足人们接受职业教育的愿望，又满足社会发展的需求。

（三）规模参差性

民办职业教育各供给主体的办学规模参差不齐，且存在办学规模普遍较小的情况。据上述广东省民办中职学校招收初中毕业生数可知，2018 年招生规模最大的民办中职学校为广东华文航空艺术职业学校，共招生 2600 人，招生规模最小的为广东红蕾艺术学校，共招生 50 人。民办职业教育规模的大小与其办学资金投入息息相关，民办职业教育的经费自筹性质决定了其发展依赖投资资金的数额，如果在整个发展过程中没有强大的资金投入，民办职业教育就很难得到规模化的发展，也就很难产生品牌效应，并将进一步加大通过收取学费筹集资金的困难，经费短缺会把民办职业教育引致恶性循环，因此解决经费短缺问题是民办职业教育规模化发展、扩大品牌效应等亟须解决的问题。

（四）专业偏颇性

大力推进供给侧结构性改革，要坚持市场导向、靶向施策、立足实际、积极稳妥、重在落实。民办职业教育的专业覆盖面很广泛，可以说专业设置已经涉及经济运行社会发展需要的各行各业，但专业供给同质化高的情况有待转变。有实证研究表明，我国商贸与旅游类、能源类、加工制造类、资源与环境类、土木水利工程类的职业教育人才存在结构性不足，而农林类、财经类、文化艺术与体育类、社会公共事务类、医药卫生类的职业教育人才则存在结构性过剩的问题。[①] 专业建设滞后性和盲目性主要有三种表现形式：一是有些专业长期生源不足且需求不足；二是有些专业区域内布点过多，人才培养数量较多，远远超过市场对该类人才的需求；三是区域内某专业的人才培养数量与质量无法满足市场需求。[②]

四 民办中等职业教育的发展与广东的供给侧结构性改革趋势

（一）构建多元主体供给体系

民办教育是可以缓解教育供需结构不平衡的关键，供给主体多元化将是民办职业教育的发展趋势。因而探讨政府、学校、行业协会和众多企业共同参与下的民办职业教育体系显得尤为重要。广东省应出台可操作性强、能够切实推动各类民办职业教育发展的系列政策法规，推进职业教育体系改革，整合教学资源，给予校企合作双方政策支持，搭建结构合理、升学渠道灵活开放的职业教育体系基本框架。学校在分类定位的基础上，逐步建立和完善适应民办中等职业教育发展的现代学校制度，实现服务市场和满足就业的办学理念标准。社会各界应转变对职业教育的刻板观念，破除偏见，为职业教育营造良好的发展环境。企业是职业教育繁荣发展的最大受益者之一，也最了解市场对人才的需求，因此深度参与人才培养，是企业不可推卸的责任。学校要针对市场缺口与企业联合进行定向培养，建立地区职业教育联盟，深化区域职业教育合作的广度和深度，构建符合区域特色的现代职业教育新模式。

[①] 胡卫：《企业技工荒：职业教育供给侧的发力点》，《教育发展研究》2016 年第 9 期，第 3 页。

[②] 庄西真：《职业教育供给侧结构性困境的时代表征》，《教育发展研究》2016 年第 9 期，第 73 页。

（二）适应广东总体发展形势

随着珠三角和粤东西北地区"双转移"的不断推进，区域之间逐步形成优势互补的良好格局。建立现代职业教育体系是适应现代产业体系的重要举措，民办中等职业教育作为职业教育的重要组成部分，必须立足本省经济社会发展的形势。珠江三角洲重点发展高附加值与高技术含量的先进制造业，以及金融、物流、会展、创新等现代服务业，粤东西北地区承接珠三角产业转移和创新自身特色产业。广东经济社会发展水平差异大，由此带来职业教育资源分布不均匀、区域布局结构失衡。目前珠三角地区职业教育无论是在规模上还是在质量上都保持了较高的水平，而欠发达地区的职业教育服务尚须提升，这直接影响了欠发达地区学生对职业学校的报读意愿，应探讨进一步发挥珠三角职业教育的辐射带动作用，解决广东现代职业教育体系构建中遇到的主要矛盾和问题，推进全省职业教育协调发展。

（三）加大职业教育要素投入

社会学结构功能论强调结构决定功能，把握职业教育供给要素的结构，是推进职业教育功能优化和供给侧结构性改革的前提。尽管近些年广东民办中等职业教育基本要素和设施设备配套投入有所提高，但部分学校的不少指标与开办标准仍有一定距离。广东民办中等职业教育的发展基础还相对薄弱，主要存在办学理念不先进、办学特色不突出、"双师型"教师不充足等短板，不能为市场供应足够的技能型人才。校园面积、办学场地、资金投入是制约学校发展水平的基本要素，因此要加大对民办中等职业教育基本要素的投入力度，强化内涵能力建设，补齐职业教育短板，提升职业教育的供给质量和层次。

（四）形成有优势的特色专业

职业教育改革不仅要依靠社会各界的力量，更应主动求变走出一条特色鲜明的发展之路。在专业适应性上，民办中职学校要发掘优势资源，适应产业升级与发展方式转变。广东民办中职学校应以各市发展规划为导向，进行专业个性化建设，比如阳江市建设国家新能源基地、中国五金刀剪基地、沿海临港工业城市、休闲旅游度假胜地；揭阳市建设广东新型工业化城市、石化能源基地、粤东经济强市、区域枢纽型城市、粤东航空物流基地。通过合理的规划和定位有可能形成既吸引学生就读又适应广东劳动力市场需要的民办中职专业格局。

（五）供应高素质的技能型人才

民办中等职业教育专业结构失衡主要表现在各种专业人才比例结构不能适应劳动力市场需求，使区域技术人才和技能人才供给体系结构性失衡的情况加剧。具体来说，首先，现有的工学结合人才培养模式无法为学生提供高质量的技术技能学习环境；其次，行业企业深度参与的缺失；最后，技术技能传承缺乏有效的动力机制。为了解决这些问题，一方面要以供给质量为本，通过树立质量意识、强化质量责任、规范质量标准来提升职业教育办学质量；另一方面以供给结构为重，在专业结构上应配合供给侧专业动态调整机制，即在人才培养上既要强调专业基础知识的掌握和学习能力的培养，又要高度重视职业素质的养成。

五　结语

我国民办职业教育正处于法制化、规范化发展阶段，法制建设为民办职业教育提供了越来越完善的外部环境，助推民办职业教育向正规化发展，另外办学模式创新也为民办职业教育开辟了新出路，使其办学质量和供给结构有所提高。职业教育是供给侧结构性改革的基础部分，对于推进产业转型升级、供给合格劳动者意义重大。随着广东省社会结构、人口结构、劳动力结构、教育结构、就业结构、产业结构的进一步转变和调整，职业教育必然会受到这些变化的影响，因此，职业教育改革将是未来教育改革的重点，广东省应以供给侧结构性改革为主线，改善民办中等职业教育发展的社会环境，推进民办中等职业教育向内涵式发展，培养众多具备大国工匠精神和创新精神的技术技能人才。

民办高校综合竞争力指标体系建设

胡梭 黄文*

摘　要： 随着民办高校的蓬勃发展，如何准确地了解一所民办高校的综合竞争力，已经成为一个非常重要的课题。在综合既有指标体系的基础上，结合当下民办高等教育的发展状况，本文选取了一系列相关指标，并结合对学生、家长和专家的调研问卷，构建了可以科学评判民办高校综合竞争力的指标体系。这一指标体系将随着民办高校的发展而不断动态调整，以后将可以为民办高校的综合排名提供一个合理的依据。

关键词： 民办高校　综合竞争力　指标体系　高等教育

导　言

在中国的高等教育体系中，民办高校发挥着越来越重要的作用。然而，相对于成熟的公立教育体系，民办教育体系存在规范化程度低、发展起点低、社会评价低等特征。绝大多数民办高校，被简单地划归"三本"这一笼统的范畴之内，即便有部分列入"二本"的民办高校，也因"民办"这一标签被区别对待。对于数量日益庞大的民办高校之间的综合竞争力差距，尚未进入大多数公众的视野。因此，如何准确地评估民办高校的综合竞争力，是一个亟待研究的课题。无论是政府决策部门，还是学生和家长，甚至包括民办高等教育从业者，实际上都迫切希望可以准确地了解一所高校的办

---

* 胡梭，哲学博士，华南师范大学科学技术与社会研究院特聘研究员；黄文，华南师范大学科学技术与社会研究院研究生。

学水平。基于这一考虑，本文试图构建一个民办高校综合竞争力指标体系，为科学、客观地评估民办高校的综合竞争力奠定基础。

目前已有多种高校综合竞争力指标体系，并由此形成不同的大学排名体系。比较有代表性的国际排名包括：上海交通大学发布的世界大学学术排名（ARWU）、《泰晤士高等教育》发布的世界大学排名（THE）、国际高等教育研究机构发布的世界大学排名（QS）、《美国新闻与世界报道》发布的世界大学排名（US News）。国内大学排名包括：广东管理科学研究院的《中国大学评价》（始于1993年）、网大的"中国大学排行榜"（始于1999年）、上海交通大学与高等教育研究所联合推出的大学评估指标体系（始于2002年）、武汉大学中国科学评价研究中心的"中国高校综合竞争力评价"（始于2004年）、中国校友会排行榜。此外，艾瑞深中国校园会推出了独立的民办高校排行榜，并给出了相应的指标体系。本文试图在综合既有指标体系的基础上，结合当下民办高等教育的发展状况，选取合适的指标，并结合对学生、家长和专家的调研问卷，特别针对民办高校构建一个更加合理、科学、实用、可靠的指标体系。

一　综合竞争力指标体系的设计原则

1. 整体原则

作为一个评估综合竞争力的指标体系，应该尽可能将学校的各项功能包括在内。高校的综合竞争力主要体现在人才培养、科研和社会服务三个方面，比如，在教学方面，应当考虑教学质量、毕业生质量等多方面的因素；在科研方面，虽然既有的民办高校在这方面还较为薄弱，但科研作为现代大学的一项重要功能，也不应忽视对其的评估；在社会服务方面，要考虑到学校的政策报告、专利转化等方面的成果。因此，指标体系应尽可能地设计完善，以使其涉及现代大学的基本功能。

2. 简单原则

虽然指标体系应当完整，但也要考虑到评估时的可操作性，不能涉及太多的指标，让工作量过于庞大以至于难以完成。因此在选取指标的时候，应当尽可能精简，剔除一些与综合竞争力并非线性相关的指标，如学校占地面积、规模等，而只选取那些最能反映竞争力的重要指标；剔除难以量化的指标，如学校声誉、管理水平等；剔除难以得到准确数据的指标，如毕业生就业率存在普遍造假的问题，就不应被列入评价指标；剔除那些难以获取或获取成本太高的指标。

3. 区分原则

每个指标的设立都应当考虑到不同学校在该指标评分中的区分度。如果不具有区分度，该指标就不能区分不同学校之间竞争力的差距，从而也就没有设立的意义。比如民办高校在科研和人才吸引方面普遍比较薄弱，我们应当剔除那些对于民办高校而言要求太高的指标，比如 Nature & Science 发文量、国家三大奖数量等，民办高校的得分可能都是 0 分，这样的指标也就没有任何意义。

4. 发展原则

中国民办高校存在办学起步晚、水平低等特征，还不适于像国外大学排行榜那样对民办教育与公立教育机构采取相同的评价标准；同时，因为民办高校还在不断发展，也不应当与公立高校完全区别对待。这就意味着在设立指标的时候，一方面应适当地沿用一些普通公立高校的评估指标，另一方面也应当调整权重，以适应民办高校当前的发展状况。比如类似 SCI、CSSCI 发文量等指标，因为不是当下民办高校的主要职能，在采用的时候就可以降低权重；而与人才培养、专利成果转化等方面相关的指标，则可以增加权重。此外，根据民办高校今后的发展变化，也应当不断调整权重，确保指标体系能与时俱进。比如，虽然民办高校的科研水平还较为薄弱，但也应看到，类似西湖大学这样的研究型民办高校已经出现，今后民办高校的科研功能有可能会不断强化，届时就应当增加科研相关指标的权重。

5. 稳定性原则

这种稳定性涉及评估总分的稳定性和指标及其权重本身的稳定性。稳定指标体系涉及不同指标的加权求和，要避免某些单一指标的变化引起整体评分的剧烈增加或减少。一个学校虽然在不断发展，但在短期内其综合竞争力不可能发生大幅变化。因此指标体系的评分既要反映大学的动态发展，也要让其保持相对稳定。另外，虽然为了提高评估的科学性和合理性，以及适应高校的整体发展状态，应当对指标及其权重做出适当的调整，但这种调整不能太过剧烈，以至于失去公信力。

二　综合竞争力指标体系的构建

当今的高校评估指标体系大多数是多级指标，并且面向不同的目的。我们所设计的指标体系主要针对民办高校的综合竞争力评估，并将民办高校综合竞争力界定为办学设施、人才培养、科研和社会服务三个方面。在此基础上，我们参考了国内外的各种指标体系，设立了办学设施、人才培养、科研和社会服务三个一级指标，并在每个一级指标之下设立更具体的二级指标，最终建立一个二级指标体系（详见表1）。

1. 办学设施一级指标

高校的办学设置主要包括土地、建筑、教学设备、实验仪器、图书馆藏等固定资产。这一指标并不容易量化，单纯地比较固定资产总值并不具有太大的意义，因为相同总值的设施可能在质上存在巨大差异。基于这一考虑，我们选取了两个直接影响学生的入学体验，但又易于获得和统计的指标：（1）图书馆藏书量；（2）生均建筑面积。

2. 人才培养一级指标

人才培养是高校尤其是民办高校的主要职能。民办高校的人才培养主要是本科生培养，但从2017年开始，已经有部分民办高校获得了研究生招生资格，以后研究生教育可能会在民办高校中大范围铺开，所以我们也将研究生培养纳入人才培养评估范围之内。人才培养的竞争力反映在教育投入与教育产出两个层面。在教育投入层面，师资队伍的构成和质量、新生素质、师生比等都是非常重要的因素；在教育产出层面，则需要考虑毕业生表现、教学成果、学生获奖情况、某些标准化考试中在读学生的表现等。基于这些考虑，我们最终选取了以下指标：（1）专任教师中博士学位教师比例；（2）师生比；（3）新生录取分数；（4）省级以上教学成果奖师均数量；（5）省级以上学生竞赛生均获奖数；（6）硕士点个数；（7）四六级通过率；（8）考研率。

3. 科研和社会服务一级指标

虽然民办高校目前的科研职能还较为薄弱，但随着未来民办高校的发展，其科研竞争力将进一步增强。目前浙江省杭州市筹建的西湖大学，就已经将科研作为其最主要的职能。基于这一前瞻性考虑，我们决定将科研作为衡量民办高校竞争力的一个重要指标。参考当前对高校科研绩效的统计指标，我们选取以下三个指标：（1）省部级以上科研基金项目数；（2）师均学术论文数；（3）国家授权专利数。

表1 民办高校综合竞争力二级指标体系

一级指标	二级指标	补充说明
办学设施	图书馆藏书量	
	生均建筑面积	
人才培养	教师质量	本年度专任教师中博士学位教师比例
	师生比	
	教学质量	省级以上教学成果奖师均数量、省级以上精品课程数
	新生录取分数	
	硕士点个数	
	学生竞赛表现	省级以上学生竞赛生均获奖数
	四六级通过率	
	考研率	
科研和社会服务	科研基金项目数	近四年省部级以上科研基金项目数量
	学术论文数	近四年基于 cnki 和 scups 数据库检索的师均学术论文数
	国家授权专利数	近四年国家授权专利数量

资料来源：笔者自制。

三 指标的赋权及计算公式

1. 指标的赋权

在确立以上所列的指标体系之后，需要对每个指标进行赋权。考虑到民办高校在不断发展，公众和专家对民办高校的期待也在不断变化，因此，有必要每年对各项指标的权重进行调整。基于这一考虑，本指标体系采用了年度问卷调查的形式进行指标赋权。我们的构想是：面向两个群体做问卷调查，最终根据他们对每个指标的打分确立指标的权重。两个群体分别是民办高校领域的专家和从业者，以及民办高校的学生和家长，前者的打分取70%的权重，后者取30%的权重。在问卷设计上，我们规定每个调查对象分别选取最重要的和最不重要的三个指标，最重要的指标赋值3，最不重要的指标赋值1，其他未选择的指标赋值2。假定所调查的群体 a 即专家和从业者人数为 n，群体 b 即民办高校学生和家长的人数为 m，任意一个调查对象对指标 i 的赋值为 v_i，则指标 i 的权重 w_i 的计算公式为：

$$w_i = \frac{\sum_{a=1}^{n} v_{ia}}{\sum_{i=1}^{13} \sum_{a=1}^{n} v_{ia}} \times 70\% + \frac{\sum_{b=1}^{m} v_{ib}}{\sum_{i=1}^{13} \sum_{b=1}^{m} v_{ib}} \times 30\%$$

2. 各级指标计算公式

本指标体系的最终评价结果，以及每个指标的评价结果，均处理为百分制的形式。考虑到目前民办高校发展水平还较低，各校得分的分差不会太大，我们暂且取最低得分为 40 分。另外因生源质量指标涉及文理分科，我们将在下文中单独给出计算公式。对于其他指标，假定某校任意指标 i 的参数为 P_i，最终得分为 N_i，其计算公式为：

$$N_i = 40 + \frac{60 \times P_i}{maxP_{in}}$$

任意高校的最终得分计算公式为：

$$S = \sum_{i=1}^{13} N_i w_i$$

以下，我们将分别列出各二级指标参数的计算公式：

（一）u 校图书馆藏书量指标参数

该指标统计对象为 u 校当年的图书馆总藏书量，其指标参数计算公式为：

$$P_{1u} = n_{1u}$$

式中，n_{1u} 为 u 校藏书量。

（二）u 校生均建筑面积指标参数

该指标统计对象为 u 校当年的建成建筑总面积，以及当年在校学生总数。生均建筑面积指标参数为：

$$P_{2u} = \frac{n_{2u}}{S_u}$$

式中，n_{2u} 为 u 校建筑总面积，s_u 为 u 校在校学生总数。

（三）u 校教师质量指标参数

该指标统计对象为 u 校当年在职教师总数，以及获博士学位教师总数。教师质量指标参数的计算公式为：

$$P_{3u} = \frac{n_{3u}}{t_u}$$

式中，n_{3u} 为 u 校博士学历教师人数，t_u 为 u 校教师总数。

（四）师生比

该指标统计对象为 u 校当年在职教师总数和在校学生总数。师生比指标参数计算公式为：

$$P_{4u} = \frac{t_u}{s_u}$$

式中，t_u 为 u 校教师总数，s_u 为 u 校在校学生总数。

（五）教学质量

该指标的统计对象是 u 校四年内省级以上教学成果奖数量、省级以上精品课程数。假定 u 校国家级教学成果奖数量为 n_{5-1}，省级教学成果奖数量为 n_{5-2}，国家级精品课程数为 n_{5-3}，省级精品课程数为 n_{5-4}；每获一次国家级、省级教学成果奖分别得分为 w_{5-1} 和 w_{5-2}，每获一次国家级、省级精品

课程分别得分 w_{5-3} 和 w_{5-4}。教学质量指标参数计算公式为：

$$P_{5u} = \sum_{i}^{4} w_{5-i} n_{5-i}$$

式中，w_{5-1} 取 3，w_{5-2} 取 1，w_{5-3} 取 3，w_{5-4} 取 1。

（六）新生录取分数指标得分

该指标的统计对象为当年 u 校在各省高考文史类和理工类本科录取平均分和录取人数。u 校文史类和理工类新生录取参数计算公式分别为：

$$P_{6u\text{文}} = \sum \left(\frac{D_{\text{文}i}}{maxD_{\text{文}i}} \times T_{\text{文}i} \right) \Big/ \sum T_{\text{文}i}$$

$$P_{6u\text{理}} = \sum \left(\frac{D_{\text{理}i}}{maxD_{\text{理}i}} \times T_{\text{理}i} \right) \Big/ \sum T_{\text{理}i}$$

式中，i 为 u 校参加文史类招生的省份数量；D_i 为 u 校在 i 省的文科/理科平均录取分数线与 i 省文科本科/专科控制分数线之差；T_i 为 u 校在 i 省的文科/理科录取人数；$maxD_i$ 为所有在 i 省参加文科/理科招生的高校的录取线差的最大值；$\sum T_i$ 为 u 校文科/理科全国录取人数。

由此，可以计算 u 校文史类和理工类录取标准分计算公式分别为：

$$N_{6u\text{文}} = \frac{P_{6u\text{文}}}{maxP_{6\text{文}}}$$

$$N_{6u\text{理}} = \frac{P_{6u\text{理}}}{maxP_{6\text{理}}}$$

u 校的录取综合得分的计算公式为：

$$N_{6u} = \left(N_{6u\text{文}} \sum T_{\text{文}i} + N_{6u\text{理}} \sum T_{\text{理}i} \right) \Big/ \left(\sum T_{\text{文}i} + \sum T_{\text{理}i} \right) \times 100$$

（七）硕士点个数

该指标的统计对象是 u 校当年已具招生资格的硕士点。u 校硕士点个数指标参数计算公式为：

$$P_{7u} = 1 + n_7$$

式中，1 为对所有具备和不具备硕士招生资格的学校的赋值，n_7 为 u 校硕士点个数。

（八）学生竞赛表现

该指标统计对象为 u 校四年内学生所获省部级以上竞赛奖项。假定 u 校获国家级学生竞赛一、二、三等奖数量分别为 n_{8-1}、n_{8-2}、n_{8-3}，获省级学生竞赛一、二、三等奖数量分别为 n_{8-4}、n_{8-5}、n_{8-6}。每获一次国家级学生竞赛一、二、三等奖分别得分 w_{8-1}、w_{8-2}、w_{8-3}，每获得一次省级学生竞赛一、二、三等奖分别得分 w_{8-4}、w_{8-5}、w_{8-6}。u 校学生竞赛表现指标参数计算公式为：

$$P_{8u} = \sum_{i}^{6} n_{8-i} w_{8-i}$$

式中，w_{8-1} 取 5，w_{8-2} 取 4，w_{8-3} 取 3，w_{8-4} 取 3，w_{8-5} 取 2，w_{8-6} 取 1。

（九）英语四级通过率

该指标统计对象为 u 校两年内所有场次的四级通过率。u 校四级通过率指标参数计算公式为：

$$P_{9u} = \sum_{i}^{4} n_{9-i}/4$$

式中，n_{9-i} 为 u 校两年内第 i 场四级考试的通过率。

（十）考研率

该指标统计对象为 u 校四年内历届毕业生数和历届继续深造学生数。考研率指标参数计算公式为：

$$P_{10u} = \sum_{i}^{4} n_{9-mi} \Big/ \sum_{i}^{4} n_{9-bi}$$

式中，n_{9-mi} 为 u 校四年内第 i 年继续深造学生数，n_{9-bi} 为 u 校四年内第 i 年毕业生数。

（十一）科研项目数

该指标统计对象为四年内 u 校所获国家、省（部）、厅（市）级科研项目数。假定 u 校获国家、省（部）、厅（市）级科研项目数量分别为 n_{11-1}、n_{11-2}、n_{11-3}，每获一次国家、省（部）、厅（市）级科研项目分别得分 w_{11-1}、w_{11-2}、w_{11-3}。科研项目指标参数计算公式为：

$$P_{11u} = \sum_{i}^{3} w_{11-i} n_{11-i}$$

式中，w_{11-1} 取 5，w_{11-2} 取 3，w_{11-3} 取 1。

（十二）学术论文数

该指标统计对象为四年内 u 校在 CSSCI（含扩展版）、EI、CSCD、SCI、SSCI、A&HCI 源期刊发表的自然科学和社会科学论文。假定 u 校四年内共发表 CSSCI（含扩展版）、CSCD、EI、SCI、SSCI、A&HCI 源期刊论文数分别为 n_{12-1}、n_{12-2}、n_{12-3}、n_{12-4}、n_{12-5}、n_{12-6}，每发表一篇 CSSCI（含扩展版）、CSCD、EI、SCI、SSCI、A&HCI 源期刊论文分别得分 w_{12-1}、w_{12-2}、w_{12-3}、w_{12-4}、w_{12-5}、w_{12-6}。则学术论文指标参数计算公式为：

$$P_{12u} = \sum_{i}^{6} w_{12-i} n_{12-i}$$

式中，w_{12-1} 取 3，w_{12-2} 取 2，w_{12-3} 取 2，w_{12-4} 取 4，w_{12-5} 取 5，w_{12-6} 取 6。

（十三）授权专利数

该指标统计对象为四年内 u 校所获批的发明专利、使用新型专利和外观设计专利。假定 u 校四年内共获批发明专利、使用新型专利和外观设计专利数分别为 n_{13-1}、n_{13-2}、n_{13-3}，每获批一项发明专利、使用新型专利和外观设计专利分别得分 w_{13-1}、w_{13-2}、w_{13-3}。则授权专利指标参数计算公式为：

$$P_{13u} = \sum_{i}^{3} w_{13-i} n_{13-i}$$

式中，w_{13-1} 取 7，w_{13-2} 取 3，w_{13-3} 取 1。

热　点　篇

广东民办教育分类管理的历史、
现状、问题及趋势

张　涛[*]

摘　要：　广东曾经是全国最先尝试对民办教育进行分类管理的省份之一，并正式出台了一系列的政策；然而，由于后期民办教育理论研究的整体乏力，广东省在 2010~2016 年的全国民办教育大讨论中失声和失语，使广东省民办教育发展的经验没能在国内理论界得到充分展现。在《中华人民共和国民办教育促进法》修订案及系列文件公布后，与上海、浙江、陕西等省份相比，广东省民办教育政策呈现为跟随性、滞后性和应对性，许多细节性政策仍亟待完善。然而，面对粤港澳大湾区城市群的发展机遇，作为民办教育大省的广东省，已经在宏观上完成了教育整体规划布局，可以预见，在接下来的几

---

* 张涛，哲学博士，华南师范大学科学技术与社会研究院讲师，主要研究方向为莱布尼茨、技术哲学、系统哲学。

年，职业教育将是广东民办教育的增长点。

关键词： 分类管理　民办教育促进法　营利性民办学校　非营利性民办学校

所谓"民办教育分类管理"，指的是，政府部门根据"是否营利"这一标准，将民办教育划分为不同类别，并采取不同的管理制度和扶持政策对之进行分类管理。自新中国成立以来，民办教育分类管理制度先后经历了空白期、引进介绍期、公开讨论期、定型期和实施期五个阶段。广东省作为改革开放的前沿阵地，其民办教育体量在全国占有重要份额，其民办教育发展也在全国呈现一定的特色，其民办教育政策也对全国民办教育政策的发展起到过重要影响；然而，在民办教育分类管理政策方面，广东却一直呈现式微的趋势，面临着一些亟待解决的理论问题、制度问题和政策问题。

一　我国民办教育分类管理简史

自新中国成立以来，民办教育分类管理制度经历了从无到有的过程，根据时间顺序，可以粗略地划分为空白期、引进介绍期、公开讨论期、定型期和实施期五个阶段。

（一）空白期（1949~2002年）

新中国成立后很长时期内，教育被国家和社会认定为"不得以营利为目的"的公益性事业，民办教育发展缓慢，分类管理也无从谈起。这种定性在法律中得到体现。1995 年颁布的《中华人民共和国教育法》（简称《教育法》）第 25 条规定："任何组织和个人不得以营利为目的举办学校及其他教育机构。"1997 年颁布的《社会力量办学条例》第 6 条规定："社会力量举办教育机构，不得以营利为目的。"1998 年颁布的《高等教育法》第 24 条规定："设立高等学校，应当符合国家高等教育发展规划，符合国家利益和社会公共利益，不得以营利为目的。"

（二）引进介绍期（2002～2010年）

随着改革开放的深入，境外的先进办学制度被介绍到国内；同时，随着中国民间资本的强大，以"投资办学"为目的的民办学校开始出现。这迫使国家在政策方面做出改变。2002 年，第九届全国人民代表大会常务委员会第三十一次会议，通过了《中华人民共和国民办教育促进法》（简称《民办教育促进法》），并废止了《社会力量办学条例》。《民办教育促进法》第 51 条规定："民办学校在扣除办学成本、预留发展基金以及按照国家有关规定提取其他的必需费用后，出资人可以从办学结余中取得合理回报。取得合理回报的具体办法由国务院规定。"民办教育举办者，被要求在"要求取得合理回报"和"不要求取得合理回报"两种办学理念中进行选择，选择后者一般会获得更多的政府资助，因此，大多数民办高校会选择后者；但是，举办者实际上会通过关联利益、财会做账等手段取得合理回报。这种"暗度陈仓"的做法，必然会导致一些问题，例如，家族式管理、资金链断裂、腐败等。因此，制定一个良好的民办教育管理制度就被提上日程。此时，学界对国内民办教育管理制度的研究多以"规范管理"为主，鲜有"分类管理"的呼声。与此同时，一些学者开始介绍国外的民办教育管理制度，其中美国的分类管理制度是被介绍得最多的。国内学界对德国，以及中国澳门、香港、台湾等地区的民办教育情况也有所介绍，但很少会与"分类管理"发生关联。

（三）公开讨论期（2010～2016年）

鉴于"合理回报""出资人"这些不明确的法律条文所带来的弊端、国内民办教育在发展中所出现的一些问题，以及国内学界对海外教育管理制度的介绍，对国内的民办教育实施分类管理被逐渐提上日程。转折点始于 2010 年的《国家中长期教育改革和发展规划纲要（2010～2020 年）》，其中明确提出："教育行政部门要积极探索营利性和非营利性民办学校分类管理。"如此，便在国内学界掀起了广泛的讨论。

这种讨论分"明线"和"暗线"两部分进行，"明线"是指在杂志上公开发表的言论，"暗线"是指国家的政策制定者在内部所展开的讨论，两条线索的讨论结果最终都以《民办教育促进法》和《教育法》的修订过程展现出来：教育部在2012年展开了系列法律的修改工作，其中包括《民办教育促进法》。2013年6月29日，第十二届全国人民代表大会常务委员会第三次会议对《中华人民共和国民办教育促进法》做出修改，将第23条修改为："民办学校参照同级同类公办学校校长任职的条件聘任校长，年龄可以适当放宽。"2015年1月，国务院常务会议审议通过了对《民办教育促进法》进行修改的修正案草案，决定提请全国人大常委会审议。2015年8月24日，《教育法律一揽子修正案（草案）》第一次提请全国人大审议。2015年12月21日，在召开的第十二届全国人大常委会第十八次会议上，第二次修改了《教育法律一揽子修正案（草案）》。2015年12月27日修正的《教育法》第26条第4款规定："以财政性经费、捐赠资产举办或者参与举办的学校及其他教育机构不得设立为营利性组织。"2016年1月，《民办教育促进法》公开向社会征求意见。

在展开公开讨论和修改法律的同时，教育部在上海市、浙江省、广东省深圳市以及吉林华桥外国语学院开展了"探索营利性和非营利性民办学校分类管理办法"专项改革试点，试点成果无形中也成为讨论的"筹码"。

（四）定型期（2016年11月7日至2017年9月1日）

2016年11月7日，中华人民共和国第十二届全国人民代表大会常务委员会第二十四次会议通过了《全国人民代表大会常务委员会关于修改〈中华人民共和国民办教育促进法〉的决定》（以下简称"新民促法"），自2017年9月1日起施行。2016年12月29日，公布了《关于鼓励社会力量兴办教育促进民办教育健康发展的若干意见》和《关于加强民办学校党的建设工作的意见（试行）》；2016年12月30日，公布了《民办学校分类登记实施细则》和《营利性民办学校监督管理实施细则》。这些文件，被学界简称为"1+4"文件，标志着民办教育分类管理将逐步落地实施。"1+4"文件的公布，宣告了"公开讨论期"的结束，并政策性地回应了讨论的大部分热点问题。严格来说，这同时也宣告了"民办教育分类管理研究"进入了一个崭新的阶段，不能再以"建言献策"为主，而是要以"解读和落实"为导向。

（五）实施期（2017年9月1日至今）

"新民促法"自2017年9月1日起开始实施。这种实施首先有赖于中央各部委的推进，其次有赖于地方政府地方性法规的出台，最后有赖于地方政府的立法实施，因此，总体呈现为一个从上往下、逐步实施的过程。

"新民促法"颁布后，中央政府各部门比较迅速地开展了推进工作。2017年7月7日，教育部等十四部门印发了《中央有关部门贯彻实施〈国务院关于鼓励社会力量兴办教育促进民办教育健康发展的若干意见〉任务分工方案》，明确了亟待解决的47条主要问题并安排了相关的主要牵头部门和参与部门。[①] 2017年8月5日，国务院办公厅颁发了《国务院办公厅关于同意建立民办教育工作部际联席会议制度的函》，正式确立了民办教育工作部际联席会议制度，联席会议由教育部、中央编办、国家发展改革委、公安部、民政部、财政部、人力资源和社会保障部、国土资源部、住房城乡建设部、中国人民银行、国家税务总局、国家工商总局、银监会、证监会等部门组成，教育部为牵头单位，[②] 每半年召开一次联席会议，讨论并解决民办教育发展面临的一些问题。

自此以后，民办教育工作部际联席会议，在推进"新民促法"实施的

[①] 教育部等十四部门关于印发《中央有关部门贯彻实施〈国务院关于鼓励社会力量兴办教育促进民办教育健康发展的若干意见〉任务分工方案》的通知，http：//www. moe. gov. cn/srcsite/A03/s3014/201709/t20170904_ 313118. html。

[②] 《国务院办公厅关于同意建立民办教育工作部际联席会议制度的函》，http：//www. moe. gov. cn/jyb_ xxgk/moe_ 1777/moe_ 1778/201708/t20170817_ 311309. html。

过程中，扮演着主要领导的角色并起到了推进作用，相关政策和工作也在有序开展。2018 年 4 月 20 日，教育部公布了关于《中华人民共和国民办教育促进法实施条例（修订草案）（征求意见稿）》的公告，公开征求意见。2018 年 6 月 5 日，教育部等十三部门印发了《民办教育工作部际联席会议2018 年工作要点》，将"深化分类管理改革""推动质量提升""加快构建监管和服务体系"作为工作重点。2018 年 5 月 22 日，教育部办公厅发布了《教育部办公厅关于民办教育分类管理改革地方配套文件制定工作进展情况的通报》，对地方"新民促法"的实施情况进行通报。

二 广东民办教育分类管理简史与现状

以全国民办教育分类管理制度发展的五个阶段为线索，可以比较清晰地呈现广东民办教育分类管理制度的发展简况。在空白期和引进介绍期，广东省作为改革开放前沿阵地，以及作为民办教育率先发展起来的民办教育大省，其分类管理政策曾经在全国处于领先位置，这对于全国民办教育分类管理政策的制定起到了重要推动作用。然而，在公开讨论期，广东省却未能积极参与民办教育分类管理制度的讨论，处于失语状态，使广东省的民办教育特色未能充分地在全国理论界得到展现。在进入定型期以后，广东省在民办教育分类管理制度的制定方面，呈现为失语、式微和失势状态，体现为跟随性和应对性特点。

（一）率先尝试、探索与实践

所谓"空白期"，是以"分类管理"这个概念术语的使用为度量的，并不意味着"对民办教育进行分类管理"这项事实的实质性空白。事实上，广东省作为改革开放的前沿，率先推动了民办教育的发展，在我国历史上创造了多个"第一"，[①]与此同时，对分类管理的尝试也相伴而生。

---

① 参见本书赵伟《广东民办教育地方立法现状、特征与展望》一文。

　　早在 1983 年 3 月，广东省委、省政府颁布了《关于努力开创我省教育事业新局面的决定》，明确提出要"鼓励团体办学，允许私人办学"，这可以视为分类管理的雏形，"团体办学"类似于"非营利性民办学校"，"私人办学"类似于"营利性学校"。1988 年，广东省委、省政府又颁布了《关于普通教育体制改革的决定》，提出"应从国家、集体、个人等多渠道筹集教育经费，实行谁办学，谁负责，谁管理经费的原则"，并鲜明地提出"私人办学可自定学费标准"，这可以被视为民办教育分类管理的确立。1992 年 6 月，广东省教育厅提出了拓宽教育经费来源的新思路。[①] 1994 年 6 月，广东省政府颁布了《广东省教育收费管理规定》，对两类民办教育收费标准进行了规定；同年 11 月，广东省委、省政府在颁布《关于教育改革和发展的决定》时，提出"继续鼓励社会团体和公民个人承办公办学校或采取民办公助、公办民助的形式办学"。1995 年 7 月，广东省政府颁布《广东省私立高等学校管理办法》，明确提出"私立高等学校是高等教育的组成部分，是政府办学的补充"。1998 年，广东省出台政策，规定所有学校不得收取教育储备金。2000 年 10 月，广东省委、省政府在《贯彻〈中共中央、国务院关于深化教育改革全面推进素质教育的决定〉的意见》中提出，要"建立多元化教育投资体制"，"社会力量举办的各级各类学校经批准可按学生人均成本收费"。2002 年 2 月，广东省办公厅下发通知，要求民办学校加大力度，清退教育储备金，并应转为收取学杂费。这些文件的颁布，可以被视为民办教育分类管理制度的延续、发展和成熟。

　　可以说，早在 2002 年 12 月 28 日《民办教育促进法》出台之前，广东省政府已经根据分类管理的理念对民办教育进行了近 20 年的尝试、探索和实践，并已经形成较为完善的民办教育分类管理体系。换言之，广东省的民办教育实践成果，间接地促进和推动了《民办教育促进法》中"收取合理回报"制度的确立。

---

　　① 参考本书赵伟《广东民办教育地方立法现状、特征与展望》一文。

（二）在全国理论界的“失声”

在引进介绍期，即在《民办教育促进法》确立了“收取合理回报”制度之后，广东省根据《民办教育促进法》及各类中央配套政策，继续完善分类管理体制，又陆续颁布了《广东省民办非学历教育机构退费管理办法》（2003 年）、《广东省教育现代化建设纲要（2004~2020 年)》（2004 年）、《广东省教育现代化建设纲要实施意见（2004~2010 年)》（2005 年）、《广东省民办教育专项资金管理暂行办法》（2005 年）、《广东省民办非学历教育机构招生暂行管理办法》（2006 年）、《广东省民办高校财务管理暂行办法》（2007 年）、《广东省实施〈中华人民共和国民办教育促进法〉办法》（2009 年）等配套性政策，并根据政策对民办学校进行分类管理、分类资助和分类扶持。

然而，在引进介绍期，广东省并没有诞生致力于民办教育理论研究的权威性学术机构，也没有实质参与全国理论界对民办教育分类管理问题的讨论；这种情况一直延续到了公开讨论期，乃至今日，广东地区对民办教育分类管理政策的研究性论文仍然是屈指可数的。在北京，2011 年 11 月 8 日，正值《民办教育促进法》修订之始，北京师范大学与教育部就联合成立了“民办教育政策研究院”，至今该研究院已经连续出版了三本《中国民办教育发展报告》（2013 年至 2015 年），并且在《高等教育研究》等核心期刊发表了一系列的论文，在业内取得了一定的认可度。尤其是北京师范大学主持的教育部哲学社会科学研究重大课题攻关项目“民办教育分类管理政策研究”，对“新民促法”的修订起到了重要影响。在陕西，早在 1996 年，西安外事学院就成立了民办教育研究机构“七方教育研究所”，2002 年创办了学术期刊《民办教育研究》，2013 年该学术期刊停刊之后，该机构已经连续出版了两本《中国民办教育研究》（2015 年、2016 年），对推动中国民办教育的发展起到了重要作用。在浙江，浙江树人大学在 2000 年成立了“民办高等教育研究所”，2010 年其与浙江省民办高等教育研究所合并成立了“中国民办高等教育研究院”，其学报《浙江树人大学学报》成为民办教育研究的重要阵地。浙江省民办教育协会在 2011 年出版了《浙江省民办教育发展报告（2004～2010 年)》，对浙江省的民办教育经验进行了理论总结，对民办教育发展情况和政府政策进行了全面介绍。在上海，上海市民办教育协会也先后出版了上海民办教育发展报告（绿皮书)：《上海民办教育发展报告（2005～2012)》《上海民办教育发展的实践探索与理论思考》《上海民办教育发展报告（2013～2016)》等著作，并绘制了《上海民办学校地图》，起到了模范引领作用。①

　　相比之下，广东省在民办教育研究机构、民办教育理论性研究等方面，显得十分薄弱。2011 年，广东省教育厅成立了"广东省教育研究院"，但是对民办教育的研究仅限于对政府政策的介绍；2014 年，民办教育举办者联合部分学者成立了"广东当代民办教育管理研究院"，但是至今尚无较有影响力的代表性理论成果。总体而言，虽然广东是民办教育发展最早、最快的省份之一，但是相比较于北京、上海、浙江和陕西等地，广东的民办教育研究比较薄弱，长期缺乏年度性观察、系统性总结、经验性概括和理论性指导。

（三）现阶段的失语与失势

　　广东民办教育理论界的长期"失声"，必然导致在民办教育政策制定方面失去话语权，即"失语"，体现为广东省民办教育的发展经验、管理经验、创办特色不能在国家民办教育政策制定方面发挥积极作用。理论界的失语，并不代表实践经验的匮乏，毕竟前者来源于后者，后者在发生学上是在先的；广东省，作为民办教育大省，作为经济总量第一大省，作为粤港澳大湾区城市群的主要承载区域，在民办教育发展方面有着丰富的经验。例如，在与香港、澳门合作办学方面，广东省拥有先天且独有的优势，同时也需要解决港澳通行等矛盾，但是，在本次"新民促法"及系列配套文件中，并未突出解决这方面的矛盾。再比如，广东省又是经济发展很不均衡的省份，广州、深

---

　　① 上海民办学校地图，http：//mbjy.shmec.gov.cn/mbjyw_ sh/schoolall.aspx。

圳等发达地区与粤北、粤西、粤东等欠发达地区在民办教育政策方面体现出教育公平性的矛盾，这也有待于发声、讨论和解决。此外，广东省作为改革开放最先发展起来的省份之一，以及紧邻港澳的地区优势，已经具备了全慈善办学的经验和特色，这些也应当被介绍到全国，并应当在政策方面予以鼓励。

广东具有"务实性"的传统，长期在理论界的"失声"未必会影响民办学校本身的发展，但是，当"新民促法"及国家层面系列配套性政策——这一解决全国民办教育发展普遍性矛盾的上行法律——正式出台和实施以后，广东省就必须尽快制定用于解决广东省个别性矛盾的地方性配套政策，而这项任务是很难在短期内完成的。总体来看，在实施期，广东省在制定地方性配套政策方面，体现为跟随性和应对性，已经失去了20多年前改革开放排头兵的创新态势，即"失势"。例如，教育部办公厅在2018年5月22日公布的《教育部办公厅关于民办教育分类管理改革地方配套文件制定工作进展情况的通报》中，上海、浙江、陕西等地区因为率先完成了配套性政策的建立而得到表扬，广东则并未表现出明显的先进性。在通报之后，广东省于2018年5月28日颁布了《非营利性民办培训机构的监督管理办法》和《营利性民办培训机构的监督管理办法》，于2018年11月8日颁布了《民办学校分类登记的实施办法》，于2018年11月15日颁布了《营利性民办学校监督管理实施办法》，至此，广东省"新民促法"地方性配套文件才算制定完成。

三 广东民办教育分类管理亟待解决的问题

综上可以看出，广东省在民办教育分类管理政策的制定方面，曾在空白期发挥过引领作用，但是在引进介绍期和公开讨论期逐渐陷入失声状态，在定型期处于失语状态，在实施期处于跟随和应对的失势状态。虽然，目前广东省教育厅已经制定了实施"新民促法"的地方配套性政策，但是这些政策还比较宏观，在退出机制、时间节点、奖助金额、扶持力度等方面缺乏细节性约束；这些矛盾，可归因于一些亟待解决的理论性问题。

（一）信息化建设滞后

理论与实践是两回事，理论上的滞后并不代表实践上的不作为；事实上，在实践层面，广东省政府及各级政府已经务实地实施了许多促进民办教育发展的政策。例如，2016年正式启动了"职业教育示范基地（清远）"的建设。再比如，广东省政府先后通过颁布《广东省民办教育专项资金管理暂行办法》（2005年）、《广东省省级民办教育发展专项资金管理办法》（2014年），设立了民办教育专项资金，省财政自2005年起每年安排3000万元专款扶持各级各类民办教育发展，2012年增加到5000万元，2015年增加到7000万元，预计到2020年将增加到3亿元。另外，据不完全统计，2015年全省21个地市、56个县区政府设立了本级财政民办教育专项资金。然而，这些实践经验未能通过信息化手段得到很好展现，截至目前，广东省教育厅对民办教育的数据统计仍然停留于2016年，并且尚未按照营利性与非营利性的标准进行统计，更没有像上海市那样创办民办学校信息地图。数据是决策的必要信息，数据的缺失会使决策者"看不清"，这必将影响和限制广东省民办教育政策的制定。

（二）理论性研究匮乏

我国已经进入大数据时代，以量化研究方法为主的社会科学研究更是非常强调大数据的支持，因此，广东民办教育数据的缺乏，必然导致民办教育理论研究的乏力。不仅如此，这种境况透视出广东省民办教育研究水平、研究机构、研究机制的整体乏力。新中国成立以来，我国的教育事业以公办教育为主，教育研究也以公办教育研究为主，但是，随着分类管理制度的引进、定型和实施，教育研究也应该在机制、人员、机构等方面进行分类研究，应该培养专门以民办教育为研究对象的研究人员，成立专门服务于民办教育发展的研究机构，形成专门服务于民办教育政策制定的协同机制。从民办教育研究比较发达的北京、上海、浙江、陕西等地的经验可以看出，这四地的研究均具备数据、人员、机构和机制四个要素。中央为了推行"新民促法"的实施，还专门成立了民办教育工作部际联席会议制度，在立法之前教育部已经与北京师范大学共建了民办教育研究院，并连续发布了几本蓝皮书，掌握了大量的研究数据。相比较而言，广东民办教育研究在这四个方面，还显得十分匮乏。这种理论性研究的匮乏，必然会使决策者"拿不定"，即制定政策时无法寻找到足够的数据支持、理论支持和第三方研究机构的支持。

（三）路径依赖性明显

越是历史久远的社会机构，就越容易形成路径依赖；广东省作为民办教育率先发展起来的省份，40 年来的发展足以形成自己的特色和发展模式，但这也在某种程度上形成了一种路径依赖，即习惯于按照已有的模式、机制、文化和传统来做事。例如，广东省政府向来以"务实"为传统，在民办教育政策制定前也非常注重调研，但是这种调研是以质性研究或个案研究为主，政策制定采取了一种自下而上的模式。这种模式，固然有其明显的优势，它能够更直接地认识各方面的矛盾，为接下来真正服务于民办教育发展奠定充分的群众基础。然而，这种模式与当前流行的大数据治理趋势有着本质区别，后者更强调一种全局下的宏观把握。如果广东省政府在民办教育政策制定方面，能够打破旧有的路径依赖，采取案例调研与大数据调研相结合的方式，将会取得更明显的效果。此外，广东省在民办教育政策制定模式上，仍然是采取高校课题申请的方式，但是广东高校又缺乏民办教育理论研究的厚重基础，如此便陷入两难境地；值得借鉴的是，上海市民办教育协会是通过公开招标的方式向社会力量寻求帮助，从而逐步完成了蓝皮书的撰写，以及上海市民办教育大数据的建设。只有大胆地打破已有的路径依赖，才能取得更丰富的资源，才能摆脱"拿不定"的决策窘境。

四　结语与展望

广东省政府于 2013 颁布了《广东省人民政府关于推进我省教育"创强

争先建高地"的意见》，于 2018 年 8 月 23 日颁布了《广东省人民政府办公厅关于深化产教融合的实施意见》，于 2018 年 8 月 26 日颁布了《中共广东省委广东省人民政府关于全面深化新时代教师队伍建设改革的实施意见》，于 2019 年 2 月 3 日颁布了《广东省人民政府办公厅关于印发广东省职业教育"扩容、提质、强服务"三年行动计划（2019 ~ 2021 年)》，可以说，这一系列文件的出台，标志着广东教育事业的上层建筑已经基本搭建完成，奠定了以"产教融合""校企融合""创新创业""供给侧改革"等为关键词的教育发展模式。民办教育分类管理制度的确立，使非营利性民办学校也能够直接享受政府的扶持，在用地、税收等方面甚至享受与公办学校相同的待遇，这会大力促进非营利性民办教育的发展。另外，在近年来的人才大战中，广东省率先推行了一系列非常有竞争力的人才引进战略，例如，加大博士后资助、建立博士后政策晋升机制、实施香江计划等，这使广东省成为人才流入大省。这种人才引进体量必然会促进广东民办教育的整体发展。

纵观我国民办教育分类管理发展史，广东省先于"新民促法"颁布 20 年前就已经开始进行分类管理的探索，可以说是这方面的先驱，这奠定了广东民办教育长足发展的政策基础。但是，信息化建设滞后、理论性研究匮乏、路径依赖性明显等深层次原因，使广东省在后期的民办教育分类管理政策研究、制定和创新方面，呈现出失声、失语和失势状态。要突破这一瓶颈，广东省政府需要大胆打破路径依赖，加强信息化建设，努力提高理论研究水平，这样才能更长久地、更全面地服务于广东民办教育的发展。

广东基础教育公助民办学校发展问题的分析

陈友芳*

摘　要：　"公办名校办民校"是教育发展的产物，对其管理规范将促进特色教育的发展，满足人们多元化的教育需求。本文以南海华附和南海区为样本，深入研究了基础教育公助民办学校的发展状况及其对教育和经济社会发展的贡献。同时基于调研，分析了公助民办学校在发展中普遍遇到的问题。本文提出，为推动公助民办学校的进一步发展，必须厘清公助民办学校的"公"和"民"的属性，遵照"新民促法"分类管理和差别化待遇的规定，实现民办教育的有序发展。管理不当将导致教育不公、国有资产流失，甚至引起民众对基础教育性质的怀疑。

关键词：　公助民办学校　民办教育　基础教育

一　引言

民办教育取得发展离不开 1997 年颁布的《社会力量办学条例》，该法鼓励和引导社会力量兴建教育事业。2003 年通过的《中华人民共和国民办教育促进法》对民办教育办学过程中遇到的公益属性、合理回

* 陈友芳，博士，华南师范大学科学技术与社会研究院副教授，研究方向为基础教育教材编写、基础教育学科评价。

报、产权关系以及内部治理等问题做了清晰界定，对扶持和促进民办教育发展起到了积极作用。自《国家中长期教育改革和发展规划纲要（2010～2020年）》出台以来，民办教育得到了政府的大力支持，在创新体制机制和育人模式上取得了突飞猛进的发展，极大地补充了教育资源。2016年11月7日，全国人大常委会表决通过的《中华人民共和国民办教育促进法修正案》（简称"新民促法"）对旧法进行了修改，主要体现在以下两点：其一，民办教育实施分类管理有法律依据；其二，义务教育阶段禁止开办营利性学校。"新民促法"出台后，民办学校在费用收取、扶持政策、税收优惠政策和土地优惠政策等方面存在的问题有待进一步厘清，在办学过程中的资产管理使用和教职工薪酬待遇给付方面需要继续探讨研究。

二 文献回顾

目前有关广东基础教育的学术研究主要集中在促进基础教育均衡发展领域。根据广东省教育资源分布现状而提出的缩小教育资源在区域之间、学校之间、群体之间的分配差距，实现教育均衡发展，全面提高教育水平（刘育民，2003）[1]。为更精确了解广东基础教育面临的困境，利用第五次人口普查资料总人口数据，分析广东不同学龄人口的变化趋势导致的基础教育发展问题，从而为基础教育结构调整，教师队伍建设提供建议（袁政、卢坤建、陈天祥，2004）[2]。早期对广东省民办教育研究主要关注其发展中存在的问题：21世纪初广东省民办教育存在社会对民办教育抱有偏见、扶持政策落实不力（邵允振、汤贞敏，2005）[3]，产权不清，管理制度不规范等问

---

[1] 刘育民：《加强基础教育均衡发展势在必行——关于广东基础教育均衡发展的思考》，《广东教育》2003年第10期，第3页。

[2] 袁政、卢坤建、陈天祥：《教育发展的人口学分析及纲要性政策建议——以广东基础教育发展分析为例》，《南方人口》2004年第3期，第52页。

[3] 邵允振、汤贞敏：《鼓励支持与规范管理并举——广东民办教育发展与地方立法》，《教育发展研究》2005年第10B期，第25页。

题（张铁明等，2006）①。广东省民办基础教育在发展过程中也遇到了内部管理不当，师资队伍发展受限，办学缺乏特色、同质性强等难题（符绳发、吕剑臣，2009）②。

积极促进民办教育发展，必须打破教师体制壁垒（张铁明，2008）③。实现教育均衡发展是促进教育公平的重要举措。与此同时，推进基础教育课程改革，遵循教育发展规律与经济现状，制定符合学生发展需求的课程改革（李文郁，2014）④。为促进民办教育可持续发展，有效解决"新民促法"在分类管理中存在的问题，国家在实施分类管理政策的选择下应扩大试点范围，循序渐进地推进改革（周朝成，2016）⑤。基础教育信息化均衡发展不仅能体现教育公平思想，而且通过学校、个体和社会的共同努力，构建完善的、网络顺畅高效应用的基础教育信息化设施体系（吴玮等，2017）⑥。推动基础教育信息化是实现教育理念从普及和公平到教育现代化转变的体现，要求必须处理好基础教育信息化指标、基础建设和应用三者之间的关系（胡军苟，2018）⑦。

作为教育改革发展中出现的"公办名校办民校"，是指公办学校以各种形式兴建民办性质的学校。在基础教育领域，"名校办民校"的形式主要有"转制学校""公助民办学校""公办民助学校""办学转制改革试点学校"

---

① 张铁明、胡献、王慧：《广东民办教育发展的现状、问题与对策》，《广东教育学院学报》2006年第26期，第61页。
② 符绳发、吕剑臣：《对广东民办基础教育发展现状的思考》，《安康学院学报》2009年第21期，第111页。
③ 张铁明：《打破体制壁垒促进广东民办教育快速有序发展》，《教育导刊》2008年第10期，第12页。
④ 李文郁：《广东特色基础教育课程体系研究与实施》，《教材建设》2014年第3期，第61页。
⑤ 周朝成：《促进民办教育的可持续发展——谈〈民办教育促进法〉修订中的分类管理问题》，《复旦教育论坛》2016年第14期，第60页。
⑥ 吴玮、付道明：《区域基础教育信息化均衡发展——基于广东省的实证分析》，《教育评论》2017年第4期，第64页。
⑦ 胡军苟：《广东基础教育信息化评估指标体系建构》，《教育瞭望》2018年第4期，第10页。

等（王文源，2005）①。在探究该类学校创建的动因中发现，民办学校愿意挂靠公办名校的原因主要有：政府对基础教育财政补贴不足、公办学校的市场化改革提供的契机、房地产的推动、限制择校、就近入学和创办示范高中政策的影响、公办学校和民办学校之间的差距以及受到国外思潮的影响（刘建银，2007）②。曹兴泽（2009）③ 从公办名校举办民办学校的内涵进一步探讨"名校办民校"的动因，认为"名校办民校"的创办是为了解决教育资源不足、教学管理体制僵化等问题。

有关公助民办学校发展中存在的问题的研究主要表现为：方圆（2011）④ 认为"名校办民校"利用了公办学校提供的资源优势并通过市场机制运作，在竞争中形成了相对优势，挤压了民办学校的发展空间，使民办教育发展陷入恶劣处境。杨磊（2012）认为，"名校办民校"加剧了优质教育资源供需矛盾、导致教育中的公平与效率矛盾凸显、使资本的寻利性与教育的公益性之间产生矛盾，并导致地方局部利益与国家整体利益冲突等⑤。此外，公助民办学校具有加重教育不公、冲击真正民办教育发展、"公""民"不分和造成国有资产流失的缺陷（罗士琰、陈朝东、宋乃庆，2015）⑥。

在"新民促法"通过后，民办教育需要解决的问题集中在分类管理领域，主要涉及学校收费、扶持政策、剩余财产处理和民办学校教职工福利待遇的设置问题（余中根，2017）⑦。"新民促法"颁布后，问题主要集中在过渡期现有民办学校的补偿奖励、扶持政策、办学自主权以及教师的权益保障

---

① 王文源：《对我国"名校办民校"问题的探讨》，《探索与争鸣》2005 年第 10 期，第 5 页。
② 刘建银：《名校办民校的社会动因及政策课题》，《民办教育研究》2007 年第 6 期，第 44 页。
③ 曹兴泽：《名校办民校内涵动因及问题》，《民办教育研究》2009 年第 2 期，第 91 页。
④ 方圆：《"名校办民校"助推民办教育的新发展》，《成功（教育）》2011 年第 8 期，第 4 页。
⑤ 杨磊：《名校办民校的治理研究》，硕士学位论文，河北大学，2012。
⑥ 罗士琰、陈朝东、宋乃庆：《名校办民校的有关问题及对策》，《中国教育学刊》2015 年第 4 期，第 16 页。
⑦ 余中根：《〈民办教育促进法〉修正案的理解与思考》，《渭南师范学院学报》2017 年第 7 期，第 40 页。

方面（徐绪卿，2017）①。尹晓敏（2017）② 通过立法机关和政府部门加强法规宣传、政策解读，地方政府进行有特色的立法，民办学校积极作为，以及启动专项执法检查和监督问责这一"组合拳"使新法落地有声。为进一步清除修正案的执行障碍，有必要对涉及学校办学自主权、营利性民办学校监督机构与董事会关系处理、民办学校办学成本计算等规定做更明晰的规定（周江林，2017）③。

笔者在梳理现有的关于广东省基础教育民办学校的研究文献后发现，已有文献集中讨论广东基础教育发展现状、广东基础民办学校在办学中遇到的困难及解决方法、名校办民校的定义以及发展中面临的问题；鲜有关于广东省基础教育公办名校办民校或公助民办学校的研究。基于这一现实，本文选取广东省民办教育发展中走在前列的佛山市桂城镇华南师范大学附属中学南海实验高级中学为案例，通过与负责行政工作的学校主任、参与一线教学工作的教师进行深度访谈，走访佛山市桂城镇教育局，与行政人员围绕民办学校发展进行深入交流，获得基本数据；从微观角度研究目前《中华人民共和国民办教育促进法修正案》通过之后，公助民办学校的发展现状及诉求。

三 南海区民办教育总体发展现状

南海区是佛山的教育强区，也是广东省的教育强区。全省有多家著名小学和中学都坐落在南海区，这些著名的小学和中学主要由民校构成，尤其是公助民校。民办学校顾名思义就是由民间创办的要收取昂贵学费的学校，而公助民办学校由于其公助的成分而与其他纯民办学校变得有点不一样。据统

---

① 徐绪卿：《关于贯彻落实〈民办教育促进法修正案〉五大热点问题的思考》，《浙江树人大学学报》2017 年第 6 期，第 1 页。
② 尹晓敏：《对〈民办教育促进法修正案〉实施落地的若干思考》，《浙江树人大学学报》2017 年第 6 期，第 23 页。
③ 周江林：《关于全面落实〈民办教育促进法修正案〉的若干思考》，《浙江树人大学学报》2017 年第 6 期，第 18 页。

计，南海区目前有 36 家民办学校，而公助民办学校超过一半，这包括华南师范大学附属中学南海实验高级中学（简称"南海华附"）在内的 20 多家公助民办学校，为南海区的经济和教育做出了极大的贡献。首先，南海区优质的公助民校教育促进了包括房地产在内的多个行业发展，提高了当地的经济发展水平。南海区经济的蓬勃发展吸引了越来越多的人才，外来人口难以入读公办学校，但是可以相对容易进入纯民办学校或者公助民办学校，因此公助民办学校可以快速缓解南海区学位紧张的情况，也为外来人口的孩子读书提供了教育保障。其次，南海区出色的民办教育对当地教育品牌的发展和宣传起到了一定的作用，也对当地人民群众文化素养的提升以及城市文化软实力的提高提供了很大的帮助。

公助民办学校享有纯公办学校和纯民办学校双方的优势。首先，与纯公办学校相比，公助民办学校不需要像公办学校一样受到办学体制的约束，不仅课程开展有时候不需要报批，而且课程设置比较自由，可以根据学生的素质灵活地开展创新课程。其次，公助民办学校收取学生的学费，意味着自己有经费使用，不需要靠政府的财政支持。与纯民办学校相比，公助民办学校因为有公助的背景，不仅校园的建设、设施的购置和更换可以由政府出资支持，而且在财力、物力上都可得到强有力的保障，可以偶尔享受到政府的财政津贴。同时，公助民办学校更有号召力，用高薪聘请优秀的教师为学校效力，校内的教师也有机会接受教育局安排的培训。而纯民办学校只能靠自己，走程序的时间非常久，需要满足的办学条件非常多。

南海区的公助民办学校目前正处于一个较为尴尬的位置。首先，从事务审批的角度来看，教育局对公办学校和公助民办学校不做太多区分，也就是说对纯公办学校和公助民办学校实行同一标准的日常巡查和年度检查，这意味着公助民办学校的许多事务被严格约束，无政策上的特别照顾。其次，教育局规定公助民办学校与公办学校一样每年在规定的时间内进行招生，使公助民办学校无法提前抢占优质的生源，招生的时间也比较紧迫。对比纯民办学校，公助民办学校也享受不到民办学校应该享受的优惠。为了扶持民办学校发展，目前南海区教育局已经设立了超过 3000 万元的民办教育发展基金，专门用于支持民办教育的发展，然而这笔资金只用于支持总体教育质量不高的纯民办学校，公助民办学校无法享受到这笔资金的资助。

四 华南师范大学附属中学南海实验 高级中学的发展现状

（一）学校性质

与南海区的其他公助民办学校一样，本研究所选取的南海华附的土地都归政府，学校建校之初的教学楼等所有基础设施都由当地的投资发展公司出资。南海华附挂着广州华南师范大学附属中学的招牌，2011 年以前，南海华附的管理人员由广州华南师范大学附属中学派遣，也就是广州华南师范大学附属中学管理着南海华附。2011 年以后，广州华南师范大学附属中学并不直接参与南海华附的内部管理，两所中学仅仅是业务合作关系，南海华附每年支付 300 万元给广州华南师范大学附属中学作为品牌使用费。学校每年购置新的设备或者用于基础设施维护费用，按照金额大小适用不同规则。其中，如果购置金额相对比较少、在学校承受范围内的设备或者其他日常支出，由学校自己出资；如果购置金额较大的设备或者进行大型工程改造，则需要政府安排投资发展公司出资。

（二）管理方面

南海华附设有五人董事会，其中包括南海华附的两位校长、投资发展公司的两位成员以及南海区教育局的一个负责人。学校的发展方针政策由董事会讨论后在校内下达通知，例如董事会为了在不超过学校最大容量的情况下达到效益最大化的目标，每年都会商讨招生规划。投资公司只是对学校的重大事项和方针进行表决，不需要直接参与日常的管理，这种层级管理既降低了管理的复杂性，又在一定程度上保证了学校内部运作的自由权。另外，投资公司每年要收取学费总额的 30%，剩下的 70% 则归学校所有，这种分配方式既保证了投资公司的投资利益，也保证了学校有足够的资金进行内部运作。

2011 年以前，南海华附的内部管理与广州华南师范大学附属中学密切相关。从建校开始到 2011 年，南海华附的校长等十多个管理人员直接由广州华南师范大学附属中学派遣，管理模式也与广州华南师范大学附属中学相一致。2011 年以后，广州华南师范大学附属中学撤回了十多个管理人员，南海华附由佛山教育局直接掌管，南海华附的校长由南海教育局任命。据南海华附教务处马主任反映："2011 年南海华附的变化对学校的发展是有利的，在与广州华南师范大学附属中学的十年合作办学期间，南海华附的管理比较松散，这种管理方式或许非常适合广州华南师范大学附属中学让优秀的学生自由发展，但是并不适用于南海华附。2011 年后南海华附的管理模式继承了原来广州华南师范大学附属中学带来的优良部分，也对先前的不足做出了有针对性的改进。学校归佛山教育局管不仅对自己的教学和管理有了更严格的要求，也与佛山的其他中学有了更多的交流。"

在财务层面，学校资金使用必须根据规定按照程序层层审批，并且全部要入账。大额款项支出需要校长、教育局、上级政府负责人签字才能动用资金。南海华附的财务由第三方财务结算公司进行监督和结算，防止了学校内部违规操作，也保证了学校与投资公司在利益分配上的公平性。学校的运作是一种自给自足的模式，收入来源只有学生的学费，扣除交给政府投资发展公司的 30%，剩下的 70% 用来支付教师的薪酬、学校的水电支出、设备购置和维护支出以及其他办公费用等。倘若扣除掉所有的支出后还有盈利，盈利将会被放在学校的账户上充当风险金的角色。在学校的所有支出中，水电费用和教师的薪酬占最大比重，两者都是一笔巨大的费用并且会逐年增长，使学校每年留下的盈利并不多。另外，学校对于成绩非常好的尖子生是采取免学费的措施进行奖励，也对一部分招进来的公费生按照公费生的收费标准进行收费，这一措施需要学校自己支付相关成本。因此如果没有当地政府的财政支持，学校没有能力对学校进行大型的工程改造或者花一大笔资金购置资源。未来如果日常运营费用继续上涨，在学费不变的情况下学校可能会面临财务压力。然而目前南海区的民办学校收费政策模糊，没有制定详细的收费细则，仅仅规定了学费金额需要经物价局审批，并不可以随意增加学费。学校在收取学费后需要纳税，由于政府没有给南海华附这类公助民办学校特别的税收优惠，南海华附每年都要缴纳一大笔税款，进一步加重了学校的财务压力。

（三）教学方面

南海华附的教学体制比公立学校要灵活，可以另外开设一些适合学生发展的课程。南海华附目前办得最成功的课程之一是法语班，通过单独培养有意向留学法国的学生，每年把十多位优秀的学子送上了法国的高等学府。随着广东省越来越多的家长有把孩子送到国外留学的想法，南海华附的法语班近年来越来越受欢迎，家长们认为特色课程可以让孩子尝试新的教学模式，有机会考上国外大学接触新的教育。

另外，虽然南海华附与广州华南师范大学附属中学在内部管理上并无关联，但是双方在尖子生的重点培养，教师的培训、备课，以及高考备考这些方面还有密切的合作和互动，借助这样的合作模式互相分享教学经验和共享教学资源。南海华附举办课外活动也借鉴了广州华南师范大学附属中学的学农活动，与农村合作社合作，组织学生到农村家庭开展活动，是对学生进行素质培养颇佳的方式。

南海华附在教师招聘上与其他公立学校最大的区别就是学校不需要通过佛山教育局的平台参加统一招聘，而是按照自己的标准和需求招聘教师，招聘的教师数量也由学校自身决定。南海华附在佛山市中学的排名位于前列，有不少优质生源，教师的入职门槛也高，因此学校自主招聘教师并对教师进行内部培训可以在一定程度上保证教师质量以及教学质量。另外，为了更好地留住这部分优秀的教师或者吸引新教师来应聘，南海华附支付给教师的平均薪酬也会比公立学校教师的平均薪酬高。学校对于教师的薪酬设置也比公立学校灵活，可以通过降低基本工资提高每节课的课酬，或者增加其他激励方式来提高教师的积极性。

南海华附一个年级有1200多名学生，这个庞大的年级群体学生质量参差不齐，有高考全省排名前列的尖子，也有不少分数偏低的学生。因此南海华附必须对学生进行分层教学，对成绩好的学生进行尖子生培养，对成绩不好的同学进行提高培养或者特长培养。因为这类公助民办学校收取昂贵的学费，所以需要提供比公立学校更贴心的服务，与学生和家长的沟通也会更加密切。提供更贴心的教学服务对学生和家长来说都可以提高满意度，但是也会加大教师的工作量和工作压力。教师的工作量大难免就会引发教师职业倦怠的问题。近六七年的教师流失率很低说明学校的教师对自己的薪酬水平还比较满意，但是在薪酬上激励老师完成更多的工作已经没有明显效果，他们宁愿放弃一部分绩效来换取更多的闲暇时间。为了解决教师的职业倦怠问题，学校对教师的薪酬机制设计需要不断改进，同时也要为教师提供优良的工作文化环境来提高教师对学校的认同感。另外，有些老师由于不是科班出身，对心理学教育不熟悉，在对青春期学生的心理辅导方面能力不足，而且有经验的老教师不多，学校接下来需要采取措施培养年轻教师。

（四）学生和家长方面

南海华附在每年招生前都会根据学校的开支、宿位等情况制定包括招生范围、招生数量、学费定价在内的招生规划。学校经省教育厅批准面向全省21个地级市招生，每年招收大概1200名学生，其生源主要集中在广州和佛山，剩下的来自肇庆、清远、云浮等城市。南海华附在提前批、第一批都有计划招生，提前批录取的学生是自费生，第一批录取的学生是公费生。学校也更偏向招收更多提前批的学生，因为提前批的学生越多，学校的学费收入越高。经过南海区物价局的审批，学校根据不同批次的学生收取学费，公费生学费2000元左右，其他自费学生学费4.3万元左右。

招生的程序分为两种，第一种是针对广州和佛山的学生，广州和佛山的学生若想报考南海华附，可以直接在中考报志愿的系统中填写学校代码。中考分数公布后，教育局的系统自动为南海华附划定招生分数线并自动录取达到分数线的学生，整个程序比较简单和规范。第二种招生程序是针对广州、佛山以外的省内学生，广州和佛山以外的学生若想报考该学校，由于没有学校代码可以填写，需要另外到南海华附参加自主招生考试或者面试，或者根据考生当地最高录取分数的学校的分数来衡量学生的水平，总的来说程序比较复杂。

在广东省，由于公助民办学校的总体教学质量比纯公办学校好，因此在家长的心目中不会对公助民办学校有太多歧视，反而会有众多的家长认同民办教育，他们认为这些公助民办学校的学生都是经过筛选后录取的，学生的素质比其他实施义务教育的公办学校高，孩子在民办学校能有更好的交际圈。另外，随着人民生活水平的提高，不少家长拥有承受学费的经济能力，也认为花费昂贵的学费让孩子享受更优质的教育是值得的。因此，在南海华附，家长们对学校和老师有较高程度的信任，双方之间很少出现误解。不过，社会上还是会有部分家长认为公助民办学校收取昂贵的学费是暴利，自己的孩子完全可以到收费便宜的公办学校学习。社会上的这种观念会对南海华附这类公助民办学校造成一些困扰。

综上所述，整个南海区的教育水平都相对较高，公助民办学校为当地的教育和经济发展做出不少贡献：帮助了当地教育品牌的发展，提升了城市的文化软实力，吸引人才的同时也解决了社会上学位紧缺的问题。公助民办学校在南海区有不少优势，既可以享受到纯公办学校的好处，也可以享受纯民办学校的好处。不过，有时候公助民办学校的地位也比较尴尬，受纯公办学校和纯民办学校双方的劣势共同限制。同时，社会上对公助民办学校的抱怨也需要政府采取措施解决。南海华附是南海区一所典型的公助民办学校，在管理上，行政管理体制正常运作，但是财务面临缺乏政府财政支持而运营成本在增长的挑战。在教学上，学校可以发挥过往积累的办学特色，积极利用与广州市华南师范大学附属中学的合作关系来提高教学水平，在招聘教师时也有很大的自由权，然而目前存在教师经验不足和教师倦怠这两大急需解决的棘手难题。薪酬激励机制已无法处理教师工作量大的现实问题，学校必须要重视工作环境和校园文化的建设来增强教师的归属感。在招生方面，即使社会公众对于南海华附的教学质量有颇高的信任和称赞，南海华附也遇到了包括地方关卡、同行竞争激烈、得不到招生政策支持和社会对民办学校的误解等一系列困扰。

五　学校发展困惑

从南海华附的发展历史来看，该学校是由华南师范大学附属中学、原南海市桂城街道政府和桂城投资发展公司于 2002 年联合创办的一所公办民助学校。学校成立之初借助政府提供的土地资源和桂城投资发展公司提供的资金支持，并凭借华南师范大学附属中学的品牌优势，在竞争激烈的佛山基础教育领域取得了一席之地。该校自建校十年以来，其"公"和"民"的性质始终纠缠在一起，建校时学校的属性为私立学校，但利用了政府及教育局下辖投资发展公司等"公家"提供的资源。同时，在 2011 年以前该校的校长任命和部分教师由华南师范大学附属中学委派，由华南师范大学附属中学直接治理。一方面借助"名校"的品牌效应吸引追求优质教育的学生和家长；另一方面在税收优惠政策、财政补贴上享受与公办学校同等的优惠待遇。2011 年，华南师范大学附属中学的教师和管理层基本调离南海华附，仅有华南师范大学附属中学委派的原国际部主任栗成林先生继续留校并升任执行副校长。从 2011 年 7 月开始，学校管理权正式移交南海区教育局，从此开启了南海华附借用华南师范大学附属中学品牌从事独立办学的新征程。在对外宣传中学校给自己的定位是公立高级中等学校，但从对南海华附学校行政主任的访谈中得知，学校一直以来都是民办学校。定位之间的差距将导致实际运营中利润按照何种原则进行分配的问题，另外，这种"公"和"民"的性质划分不清，也是人们对"公办民助"学校存在偏见的原因。

类似南海华附一类的民办公助学校在补充优质教育资源、促进教育均衡发展、满足人民日益多样化的教育需求等方面发挥了重要作用。根据访谈得知，目前广东省基础教育公办名校办民校在实际发展当中存在师资队伍建设问题、招生受到干预，以及收费标准受到控制等问题。

（一）师资队伍建设问题

学校教学质量取决于师资队伍的整体水平。与纯公办学校相比，民办学校出于长期发展的考虑，无不通过精挑细选聘用教师，而且因其在教师招聘、管理上享有相当大的自主权，所以能够通过制定一套完善的考核机制对老师的工作进行绩效评估。也因此，被吸引到民办学校任教的教师在年龄结构上偏向年轻化。据访谈获悉，年轻教师更加喜欢这种有挑战性的工作方式，受访者胡老师坦言，吸引他的不只是较为优厚的工资待遇，更多的是灵活的管理模式和团队工作氛围。但在学校发展中也遇到一些难题，如因为教师较为年轻，普遍存在教学经验不足这一无可回避的缺点。与公办学校相比，民办学校教师在职称评定上也受到机会和名额限制，大大挫伤教师提高教学技能的积极性。

在教师招聘这一环节，民办学校虽能提出具有竞争力的工资待遇用于招贤纳士，但自身的性质导致其无法提供正式编制。编制所带来的福利以及隐性心理效应是工资替代不了的，因而在条件相差不大的情况下，优秀教师偏向于选择能够提供编制的公办学校。民办学校只能退而求其次降低招聘标准，只要业务能力不存在问题、个人价值观与学校文化相吻合的教师一般会给予录取。通过这种方式招聘的部分老师不懂心理学，容易造成实际教学难以顺利开展。百年树人的任务不仅需要教师在知识上指点迷津，更需要教师在心灵上的开导。光凭教学技巧、业务能力难以满足学生成长的需要，更难以胜任培育学生健全人格的职责。

学校为实现人力资源的合理开发和利用，需要对教师进行培训和人力资本再投资。这在公办学校是完全不存在困难的，公办学校教师有专门培训课程，但缺少让民办学校参与学习的机会。民办学校教师想要提高教学技能，了解更先进的教学理念则只能由民办学校各自组织。在年轻老师占比较大的学校，培训开支是一项相当庞大的支出。类似南海华附这一类公办民助学校主要通过与品牌输出方——华南师范大学附属中学加强业务交流来提高教师队伍的质量。这可以看作南海华附支付给华南师范大学附属中学每年所收取学费的 30% 作为品牌使用费的隐性收益，但并非所有的公助民办学校、公办民助学校都有财力进行如此大规模的人力资本投资。

（二）招生政策问题

虽然南海华附面对全省招生，但是面临许多困难。首先是地方关卡问题，南海华附希望从全省 21 个地级市招收更多的优秀学生，但是各地方的学校不愿意流失优秀生源，想方设法提供优惠政策留住本地的优秀学生。其次，公办学校和民办学校在很多方面存在激烈竞争，使得缺乏政府财政支持的民办学校处于被动地位，例如考生同样的分数可以选择民办学校和与其水平相当的公办学校，由于就读民办学校需要每年缴纳昂贵的学费，有部分学生和家长宁愿选择学费低的公办学校。

随着广东省家长越来越向往知名度高的民办学校，目前各市增加了公助民办学校，加剧了公助民校之间在生源上的争夺。如果学校招生数量达不到计划指标，随之造成的将是收入减少、教学活动受阻和教职工待遇难以得到保证等问题。另外，决定教学成果好坏的另一重要因素在于学生质量。为保证升学率，各个学校都倾向于招收尖子生、特长生。然而，在生源总量不变的前提下，公助民办学校的增加就会分散优秀的生源。于是部分有招生自主权的学校通过开展自主招生计划，提前抢夺优秀生源。再加上公校与民校在非户籍生、复读生等方面的生源争夺，就更加剧了民办学校生源的不稳定性。最后，据南海华附胡老师透露，公办民助学校对招收的问题学生进行辞退会受到教育行政部门的巨大阻力。

（三）收费政策问题

关于收费政策方面，南海华附邱主任如是说："细则出了一部分，但是仍没有详细的规定。学费能不能自主来定，是否接受市场指导还不清楚。"

与纯公办学校相比，公助民办学校因其自身特殊性质，缺乏政府补贴，所以必须通过市场机制获得运行所需的费用。在巨大的生存压力逼迫之下容易造成学费高昂，家长压力大，甚至不堪重负。因为处于不完全竞争市场，收费标准受物价局调控而非取决于市场竞争，这就容易使学校和学生的效益是偏离帕累托最优状态的。在完全竞争市场下，学校只需要关注家长和学生对教育服务的需求，通过加强师资队伍建设、创新教学方式为学生提供满足其需求又独具特色的教学即可，至于收费标准高低并不是学校需要花心思琢磨的事情。基于理性经济人的考虑，学校会根据学校的办学实力、升学率以及学校日常运营所需开支等指标将收费定在维持学校持续发展的水平上。过高会减少报读学生人数，过低又不利于学校各项方案的有效实行。

华南师范大学附属中学南海高级中学创建之初的管理人员主要由华南师范大学附属中学委派，南海华附校长直接受华师附中任命。据访谈了解，该校现阶段的学费标准由学校制定后报南海区物价局审批，程序公开透明。但作为民办学校，学校主要收入来源是收取的学费。学校日常运营、学生资助、教师薪酬福利以及设备更新等都依赖于学费，如此一来，为能提供优质的教育，民办学校主要从两大方面进行努力：筛选优质生源、招聘优秀教师。与公办学校提供的福利待遇相比，公助民办学校教师享受不到体制保障，并且因为工作量大、竞争压力大，民办学校相对难招募到合适的教师。为弥补体制保障方面的缺陷，吸引更多年轻有为的教师加入民办教育事业的建设，普遍采取的做法是提供具有竞争力的工资。"羊毛出在羊身上"，民办教师的薪酬来自通过教师自身努力创造的声誉而吸引到的就读学生缴费。据南海华附马主任介绍，该校在创建之初被视为"不好的学校"，专门接收不被公办学校接纳的学生，但是经过两三年发展，该校通过办学成绩和升学率树立了良好的声誉。为吸纳更多优质生源，在与公办学校争夺生源时，往往采用减免学费或者提供奖学金的形式。在缺乏财政补贴的前提下，通过收取较高学费来平衡学校发展所需资金是民办学校发展的无奈之举。

在物价局干预之下，公办民助学校制定收费标准受到严格控制，虽然将学费控制在适度水平以避免教育支出增大家庭经济压力方面具有积极意义，但实际上对学校长期可持续发展起到了阻碍作用。在缺乏财政拨款补助的情况下，无法通过收取学费弥补教师队伍建设的支出，满足学校开设特色课程开支的需求，进一步限制了该类学校补充优质教育资源的努力。

根据《广东省教育收费管理规定》第二十四条，教育主管部门认定属高价收费的民办中、小学校，其收费项目（包括储备金、建校费等）和收费标准，由审批其成立的教育主管部门与同级物价主管部门根据办学条件、学生教育成本等核定。在该条款的指示下，如果下位法缺乏相关配套规定，就容易给教育主管部门过大的自由裁量权。另外，学生教育成本的厘定参照哪些标准，不同办学条件对应的收费水平怎样测定也是缺乏明确规定的。在现阶段，民办学校收取的高额学费不应仅从学费的金额加以评判，而应该从学费的开支去向进行审视：是投入教学环境改善、教师福利体系完善、建立丰厚的风险储备金，还是花在了其他用途。

以上分析的三个问题是目前公助民办学校在发展中普遍遇到的问题，为获得进一步发展，必须厘清公助民办学校"公"和"民"的属性，遵照"新民促法"分类管理和差别化待遇的规定，实现民办教育的有序发展。"公办名校办民校"是教育发展的产物，对其管理规范将促进特色教育的发展，满足人们多元化的教育需求；管理不当将导致教育不公、国有资产流失，并且引起民众对基础教育性质的怀疑。

广东民办高校的监督与评估机制：
现状、问题与研究对策

刘益宇 *

摘　要： 为响应国家和广东省《中长期教育改革和发展规划纲要》的要求，实践广东高等教育先行先试的理念，广东应该在借鉴先进国家与地区的教育理念基础上，建立健全广东民办高校的监督与评估机制，为民办高校营造公平、良性发展的平台，也为广东打造民办教育强省助力。当前，广东民办高校在内外部监督与评估方面都存在诸多问题，如内部监督无力、政府监管过多、第三方机构评估缺失等问题。因此，从民办高校内部治理结构看，民办高校要完善决策、执行、监督三位一体的治理体系，充分发挥监事会和教师在董事会、校委会中监督与制衡的作用。从民办高校外部监督机制看，广东要厘清政府与民办高校的关系，着重采取社会第三方评估机构来对民办高校进行客观真实、公正有效的评估，为民办高校发展营造良好的竞争环境。

关键词： 广东　民办高校　监督　评估　机制

一　广东民办高校监督与评估机制概述

改革开放以来，广东的民办高等教育事业迅猛发展，已为广东乃至全国

＊ 刘益宇，哲学博士，华南师范大学科学技术与社会研究院副教授，硕士生导师。

培养了一大批各式各样的专门人才，民办教育已成为广东省教育事业的重要组成部分。广东民办高校有着灵活高效的新型运行机制，民办高校的出现改变了原有广东公办高校办学集中、高度统一和单一依靠行政命令直接调节的教育机制，对广东乃至全国教育发展具有重要的意义。截至2018年，广东民办高校的数量达50所，已占全省普通高校总数的42%，然而，目前广东民办高校的发展情况并不乐观，存在激烈的同行竞争、不公正的社会认可度、不规范的政府监管、办学水平较低等问题，民办高校的发展仍然步履维艰，困难重重。在很大程度上，广东乃至全国的民办高教事业仍处于"摸着石头过河"的状态，民办高校教育仍处于初级发展阶段，仍未走上一条良性发展的道路。

在我国民办教育发展的大背景下，我国对民办高校的监督与评估起步较晚，并且存在监督主体单一、评估粗略等一系列问题。20世纪90年代，由于当时民办普通高校数量很少，我国对民办教育评估没有其他的标准可用，基本上采用了由原国家教委1993年颁发的《民办高等高校设置暂行条例》中公办高校评估标准。进入21世纪，随着改革开放和高等教育办学体制改革的深入推进，伴随着高校扩招，在高等教育大众化政策背景下，民办高校得到了快速发展，产生了大量的民办高校，特别是高职院校。为适应这一变化，教育部高教司于2000年下发了《高职高专教育教学工作合格评价体系（征求意见稿）》（教高司函〔2000〕49号）；2003年教育部高教司又下发《高职高专院校人才培养工作水平评估方案（试行）》（教高司函〔2003〕16号），并在许多省市开展评估工作。这些评估试点文件是基于当时的民办高校发展形势做出的，但限于时间和条件，对民办高校的实际情况考虑仍然较少。目前，我国对于本科民办高校的监督与评估仍是采用对公办高校的监督与评估标准，这是制约和阻碍广东民办高校发展的重要因素。

近年来，广东省民办高校办学条件稳步改善，发展规模、办学效益及制度建设等方面都取得一定的成绩，一批在办学模式、运行机制、教学管理等方面独树一帜的民办高校脱颖而出。但是，也有一些民办高校在办学过程中还存在不规范行为，办学条件、办学层次和办学水平仍然与公办高校存在不小差距。给民办高等教育的持续健康发展营造良好的社会环境、开展监督和评估工作来规范民办高校的发展、保证其教育质量和可持续发展，已成为广东民办教育发展的新课题。事实上，有效的监督与评估作为促进民办高校良性发展、保证民办高校质量的重要手段，它不仅有利于净化办学市场，推动民办高校自身不断地完善与发展，而且有利于政府、社会对民办高校的了解、认同与接受。从目前广东民办高校的状况来看，民办高校迫切需要通过公平合理的监督与评估来形成有效的民办高校质量保证体系，营造公平竞争的办学环境，获得受教育者、家长，以及全社会的认可与信赖，从而维护和保障民办高校自身的合法权益。因此，要提高广东民办高校办学质量、促进广东民办高校持续健康的发展，就必须建立一套完善的符合广东实际的监督和评估机制。

在我国，建立健全高校监督制度是高校建立现代大学制度的基本理念和精神。目前，广东民办高校数量众多，规模庞大，但是大而不强，缺乏自身地方特色，这其中的重要原因是广东民办高校还缺乏完善的监督和评估机制。"作为我国高等教育事业重要的生力军，广东民办高校应构建完善的现代大学制度，不断完善'决策—执行—监督'三位一体的现代法人治理机制，加快建立利益相关者参与的监督机制。这既是广东民办高校完善法人治理结构、建立现代大学制度的关键环节，也是推进广东民办高校健康发展的重要保证。"① 从民办高校内部治理结构看，我们要完善民办高校决策、执行、监督三位一体的治理体系，完善董事会准入机制，充分发挥监事会和教师在董事会、校委会中监督与制衡的作用，以制度来管理高校，减少管理的随意性和盲目性。从民办高校外部监督机制看，我们要厘清政府与民办高校的关系，着重采取社会第三方评估机构来对民办高校进行客观真实、公正有效的评估，为民办高校发展营造良好的竞争环境。这样，内外监督合力才能再造民办高校发展的春天。

---

① 廖春辉：《民办高校监管体系的构建：基于利益相关者视角》，《湖南涉外经济学院学报》2012 年第 3 期。

二　当前广东民办高校监督和评估面临的困境

质量、生源是民办高校的生命线，也是民办高校务必解决的问题，它们是决定民办高校成败的关键。从长远来说，民办高校发展潜力巨大，仍然是我国教育发展的重要组成部分。但是，"由于民办高等教育起步晚、底子薄，并长期在法律保障、政策环境、社会支持、学生认可等方面受到限制，从整体水平来说，其质量确实要比公办高等教育的质量低"[①]。一般来说，收取昂贵学费却办学质量不高的问题是广东民办高校的"死穴"，严重影响了广东民办高校的招生层次和办学水平。因此，着力提高办学水平和教学质量，是民办高校持续健康发展必须关注的核心问题。要提高教学水平和教学质量，提升在各类高校中的竞争力和影响力，民办高校务必充分发挥民办教育的灵活性、自由度，破除自身发展的瓶颈，构建起"决策—执行—监督"三位一体的现代法人治理机制和管理体制，为自身发展保驾护航。在民办高校治理中，监督与评估机制是民办高校持续健康发展不可或缺的重要环节。在办学实践中，广东民办高校内外监督与评估机制普遍缺失，普遍存在着严重的行政化、官僚化管理问题，利益相关者难以起到监督作用，从而极大制约了民办高校的持续健康发展。当前，民办高校应着力建立健全内部利益相关者监督机制与政府监管、第三方评估机构相结合的外部利益者监督机制，来完善高校治理结构，进而实现民办高校持续健康发展。总体看来，广东民办高校缺乏有效的内外监督与评估机制，完善民办高校的内外监督与评估机制依然任重道远。

（一）民办高校内部监督机制存在的问题

1. 内部治理结构不健全

当前，完善内部治理结构是摆在民办高校面前非常紧迫的问题。与公办

[①]　周维利：《民办高等教育质量监控体系研究》，硕士学位论文，湖南大学，2007。

高校不同，民办高校在内部治理结构上形成了一些特点，主要采取董事会领导下的校长负责制。原则上，民办高校比公办高校在学校管理上具有机构比较精简，较少行政化、官僚化干预，权力运行比较顺畅，行政和管理效率比较高的优势。但由于内部和外部各种因素叠加，与全国其他地方一样，广东民办高校也存在一些突出的问题，主要表现在：董事会领导下的校长负责制形同虚设，家族式的企业管理比较普遍，内部组织形式和管理模式具有一定的随意性和自发性。名义上，多数广东民办高校采取"决策—执行—监督"三位一体的"校董会"方式，具有有效的内部监督机制。但实际上，民办高校内部无法真正形成有效的权力制约与监督，一些高校校长由该校的投资人、董事长兼任，或者由办学者的亲属掌控高校的核心权力部门，高校运行完全围绕办学者转，存在监事会监督无力、董事长权力过大等问题，造成校董会的决议往往重视出资者的利益，而忽视高校的利益，不利于高校发展。"现在不少民办高校实行了董事会制，但基本上是校、董合一，很多学校都是董事长兼校长，既负责筹措资金，又负责教学管理，处于'一肩挑'位置。校长和董事会之间权责不明确，缺乏合理的分工和协作。"[1]

2. 缺乏专业性的内部监督机构——监事会

鉴于民办高校的办校特殊性，为了避免"暗箱操作""一言堂"等权力结构失衡现象，必须形成决策、执行、监督三者之间既相互协调又相互制约的权力配置和运行机制，明确限定董事会、校长以及监事会之间的权责关系，做好相应的制度设计和安排。根据《中华人民共和国民办教育促进法》（简称《民办教育促进法》）及其"实施条例"，我国法律明文拟定了董事会和校长作为决策机构、执行机构各自应承担的职责权限，但对于高校内部必须设立监事会之类的常设监督机构并无明文规定，这显然是制度上的一大欠缺。在现代的法人治理机制中，健全的民办高校内部治理结构应该具有董事会、校长、监事会三位一体的治理体系，监事会并不是董事会的下属机

---

[1] 张应强：《高等教育改革与我国民办高校的可持续发展》，《大学教育科学》2006 年第 6 期，第 17～21 页。

构，也不受校长的直接管理，而是独立于董事会、校长之外的专业性监督机构，它行使高校内部监督职能。这种专业性的监督机构（监事会）"应该由熟知资本运作和懂得教育教学的人士组成，他们与董事会、校务委员会之间没有利益关系，其主要职责是监督董事会对高校办学经费的投入以及校务委员会对决策的执行等情况"①。根据调研，目前广东民办高校内部设立监事会这一独立的专门性监督机构的还比较少，而其他民办高职高专院校基本上也鲜有这一机构的建立。在一些民办高校中，高校内部"设立一些诸如审计部、监察室、监察部甚至名义上的'监事会'之类的监督机构，承担着对高校进行经费核定、财务审计与合同审查等监督职能，但这些机构多为董事会的'下属部门'，而且往往为举办者所直接控制，并非真正意义上的'监督机构'"②，其对民办高校规范化办学的监督效力十分有限。一所民办高校如果缺失专业性的内部监督机构或者监督机构监督无力，权力就会失去内部监督与制约，容易滋生管理上的官僚行为，影响决策的民主化和科学化，进而影响民办高校的持续健康发展。

3. 教师的民主监督作用有待加强

在广东，民办高校治理结构还体现了官员治校的特点，缺乏利益相关者的民主监督机制。一方面，广东民办高校缺乏校务会议、学术委员会、评议会等有效的民主监督体系；另一方面，一些民办高校现有教工代表大会也形同虚设。作为民办高校办学的主体力量，教工是民办高校重要的利益相关者，也是民主监督的主体之一。《民办教育促进法》明确规定："民办高校依法通过以教师为主体的教职工代表大会等形式，保障教职工参与民主管理和监督。"使教师能够行使民主监督的权利，是摆在所有高校特别是民办高校面前的重要问题。但从实际调研的情况来看，由于部分高校及其领导层对民主监督的无视与抗拒，广东民办高校仍然忽视教师的主体权利，仍存在没有设置校务会议、学术委员会、评议会、教职工代表大会的现状，造成民办

---

① 彭宇文：《中国高校法人治理结构研究》，中国社会科学出版社，2006，第216页。
② 董圣足：《民办院校良治之道：我国民办高校法人治理问题研究》，教育科学出版社，2010。

高校自身管理的行政化、官僚化倾向。尽管有的高校设置了校务会议、学术委员会、评议会、教职工代表大会，多数也是一个空架子，既不能保障所有教职工的权益，更谈不上保证教师行使民主监督的权利。因此，作为民办高校的质量和水平的保证者，教师仍难以对董事会、校长和其他行政管理人员进行真正有效的约束，难以落实民主办学和民主管理的观念，从而产生"暗箱操作""一言堂"等诸多问题。另外，较多民办高校引进企业管理的理念来管理高校，虽有积极意义，但也容易造成教师主人翁精神的缺失。大学管理的市场化倾向严重，这样，大学变成了一个企业（企业目标是利润），董事会成员变成高校老板，校长变成了企业总裁，教师则变成了企业的员工，这并不符合教师工作特点和教育的育人要求，也不符合高校管理人员的特点和激励要求。

（二）外部监督机制不健全

1. 政府对民办高校的监管制度不健全

与公办教育相比，民办教育处于弱势，因此政府有必要采取扶持政策，促其发展。在管理实践中，由于监管制度不健全，我国民办高等教育发展过程中出现了种种教育失范的现象，比如虚假广告、欺骗性招生、乱收学杂费、随意降低教育质量等，这些严重地损害了广大受教育者的合法权益，极大地恶化了整个民办高等教育的形象和声誉，极大地制约了民办高等教育的健康发展。[①] 为弥补市场调控的不足，纠正市场失灵，确保民办高等教育的公益性和公共性，作为民办高校的受益者和高等教育的监管者，政府依法对民办高校进行科学有效的监管是完全必要的。《民办教育促进法》也明确规定了教育行政部门"依法对民办高校实行督导"的责任与义务。目前，政府在民办教育监管方面存在两种现象：一种是政府监管"缺位"，对民办高校采取放任自流的态度，缺乏必要的监管；另一种是政府"越位"，不尊重

---

① 廖春辉：《民办高校监管体系的构建：基于利益相关者视角》，《湖南涉外经济学院学报》2012 年第 3 期。

民办高校的办学自主权，对民办高校的办学行为进行不当的干预。这些"缺位"和"越位"现象表明，政府该监督的没监督好，不该管的却盲目管，导致民办高校自主办学权被削弱，进而影响民办高校办学的独立性、积极性、稳定性和持续性，"管理、监督权过大造成高校和政府尖锐的矛盾，影响民办高校的独立性及其自主性的发挥，不利于鼓励民间资本投资兴教，妨碍教育融资渠道的拓宽"[①]。一方面，民办高校具有多样性、复杂性和特殊性，一些行政部门按照公办高校模式管理民办高校，套用对公办高校的监督与评估机制，带有较强的强制性、权威性，同时又把民办高校与公办高校区别对待，在税收、行政审批等方面更是有着严重的歧视，导致民办教育在教育中的地位远远低于公办高校，社会认可度不高。另一方面，政府对民办高校的准入机制"把关不严"，没有真正了解申办者的经济实力、办学理念和办学能力，对办学者要求的"合理回报"和办学风险认识不高，导致民办高职院校和民办高校举办本科层次的二级学院众多，办学水平参差不齐，缺乏真正高水平的独立设置的民办高校。在高校评估方面，政府主要按照我国大学历史和传统影响力来评估大学，在"985"和"211"大学发展基础上，设置了"双一流大学、双一流学科"大学发展定位，这进一步拉开了民办高校与公办高校办学水平的差距。事实上，政府如何定位民办高校的地位，对民办高校采取什么样的方针与政策，对于民办高校教育的发展尤为重要。

另外，广东对民办高校的监督与评估往往是被动的，原因在于政府在监督与评估中权力过大。政府在评估工作中通过行政手段领导、组织和实施的教育评估具有较高的权威性和强制性，一则造成高校的监督与评估工作过于行政化、官僚化；二则造成民办高校自身评估和社会第三方评估无法得到有效的开展，社会第三方的教育评估基本上得不到认可。因此，一直以来，民办高校的教学质量与办学地位的高低不是社会第三方评估的结果，而是政府评估的结果，这造成民办高校和社会对政府组织评估的权威性高度重视，进而忽

---

① 牛瑞鹏：《民办高校董事会制度存在的问题及建议》，《潍坊教育学院学报》，2011。

视对自我评估和社会第三方的评估，始终无法实现从"要我评估"变为"我要评估"。事实上，以教学为主要内容的经常性自我评估活动和社会第三方评估活动，是整个教育评估活动的主体和基础，也是高校提高教育质量的重要手段。

2. 社会第三方评估缺失

目前，广东民办高校主要是由政府监管，存在监督与评估体系单一、校外监督评估缺失等问题。在一定意义上说，政府在制定"985"和"211"以及"双一流大学、双一流学科"大学发展定位过程中，行政力量对高校的发展干预过多，加上"全国重点高校""省示范高校"等各种自上而下的行政性评估不胜枚举，既影响了社会对民办高校的认可度和信赖度，也忽视了社会第三方的评估作用，进而影响了社会资本办学的积极性，使民办教育的发展面临更加严峻的形势。另外，民办高校在社会各种名目的"大学排行榜"中普遍排名较低，也使民办高校处于更加尴尬的境地。因此，摆脱单一的监管体系，建立一种既不隶属于政府教育行政机关，又不凌驾于民办高校之上的，相对独立、公平、公正、公开、客观的非官方性质的第三方评估机构是民办高校教育发展的必然要求。通过第三方评估机构的评估与认证，既可以降低政府行政成本，又可减少政府对高校的过多干预，保障民办高校办学自主权，对于民办高校与政府、社会之间三者的关系起到协调和平衡的作用。在这里，第三方评估机构一般不属于政府机关，在评估过程中是作为"第三方"出现的，有很强的独立性、专业性，主要以专家、学者和社会精英为主，资金由机构自己筹措，也有一些是由政府拨款。在我国，社会第三方评估机构有研究院性质和公司性质两种，提供的评价服务也丰富多样，包括教育质量检测、高校质量评估、教师评价以及学生认知诊断等。在评估过程中独立于政府之外，确保评估活动的自主性以及评估结果的客观性和真实性。但是，我国第三方评估机构仍面临不少的风险和挑战，由于缺乏完善的法律法规体系和缺少准入和监督机制保障，我国社会第三方评估机构的公正性、权威性、中立性和公信力都得不到社会认可，也无法形成有影响力、公信力的社会评估机构。2015年成立的"全国第三方教育评价机构联谊会"是仅具备"研讨会"功能的组织，尚无法成为已正式准入的第三方评估机构。

另外，社会中介评估机构处于起步阶段，全国性的社会中介评估机构仅有六七家，如北京高等教育质量评议中心、江苏省教育评估院、辽宁省教育评价事务所、云南高等教育评估事务所、广东省教育发展研究与评估中心等。这些中介教育评估机构，要接受全国规模庞大的民办高等教育评估工作面临许多困难，评估结果的影响力也不大，并且还存在不规范的行为。个别社会中介机构是以利润为目的的企业机构。在利益面前，甚至把一家濒临倒闭的民办高校评为全国十大优秀民办高校，这对民办教育健康发展造成严重的冲击，也对社会构成了误导。在2004年7月召开的第三届全国民办高校校长论坛闭幕式上，众多民办高校校长曾发出呼吁，要求所有民办高校拒绝有奖评选，不接受任何带有铜臭味的教育奖项。西安某著名民办高校的校长在此次论坛上公开表示："每一个奋斗过的人都希望有社会认可的荣誉，但是这个弥漫了铜臭味的奖，我是坚决不要的，因为它玷污了中国民办教育的神圣和尊严。"①

3. 缺乏相应的民办高等教育评估标准

在三十多年的高等教育评估工作中，国家曾经出台了几套针对公办高校的评估标准，对公办高校的教学工作和办学水平进行了评估，也取得了较好的效果。但是，民办高校办学的特殊性与多样性，决定了对民办高校的评估体系与标准应该有所不同。目前，民办高校中市场导向型的、实用型的、管理与服务型的较多，研究型、基础型的较少，学科专业与规模的变化根据市场进行调节，文科、政法、财经类的专业多，理工、农林、医学类的专业少。然而，广东对民办高等教育现有的评估标准基本上照搬普通公办高等教育的标准，而且这些评估目标、体制、标准和模式等比较单一，既没有反映民办高等教育办学的特点，也难以反映民办高校的质量全貌。基于这些特征，政府部门推出的一些评估方案并没有充分体现对不同类型、不同层次、不同科类的高等教育的全面引导作用。所以，若采取与公办高等高校完全一

---

① 周维利：《民办高等教育质量监控体系研究》，硕士学位论文，湖南大学，2007。

致的标准去评估民办高校，很难适应民办高等教育多样化办学的实际情况，现实中操作比较难掌握，也难以推广。

三　广东民办高校的监督与评估机制研究对策

民办高校应在构建现代大学制度过程中，着力完善"决策—执行—监督"三位一体的现代法人治理机制，加快建立利益相关者参与的监督机制。在借鉴先进国家和地区的经验基础上，我们为解决民办高校的监督与评估机制问题建言献策，也为广东民办高校的发展提供政策参考和理论依据。

（一）完善董事会的准入机制，建立决策—执行—监督三位一体的完善管理体制，明确董事会人员的职责与权限

按照《民办教育促进法》及其实施条例的有关规定，民办高校应建立董事会、理事会等决策机构，实行董事会领导下的校长负责制，明确各机构的职责与权限，达到内部监督与制约的平衡，防止少数人垄断办学权力。董事会、监事会、校长构成民办高校领导体制的治理体系是广东现行民办高校领导体制的基本形式。在高校领导职数、机构设置、干部定岗等方面，由于投资体制的特殊性，比较讲究精干、精简、适用，以保证较高的人员使用效率和较低的管理成本。民办高校董事会的职责应具有开放性和公益性的特点，积极吸收教职工和社会力量的加入。这样不仅可以调动教职工的工作积极性，也为争取多方面的社会支持和资助、吸引高水平的专家和学者创造了条件。另外，高校具有公益性的特点，应实行亲属回避制度，规定具有亲属关系的董事所占最高比例，避免民办高校形成家族化和市场化的企业经营模式，为构建现代大学制度创造条件。这样也有利于监事会与其他利益主体对董事会、校长的监督与制约，防止独权的现象发生。

另外，要从法律上明确规定广东民办高校应建立完善的现代化大学制度，着力完善"决策—执行—监督"三位一体的现代法人治理机制，加快建立有监事会参与的监督机制。所谓监事会是指高校内部自律性的机构，是

对董事和校长进行监督的专门机构。目前，我国法律上并没有明确规定民办高校必须成立监事会之类的监督机构，广东民办高校中也很少设置这类监督机构，这在一定程度上导致内部治理结构中监督机制的缺位，权力缺乏制约，必然走向腐败。在私立教育发达的国家私立高校内部通常都设有类似监事会的监督机构。以日本为例，日本私立高校实行理事会（董事会）、评议会和监事会三权分立的横向负责制，监事会对高校财产及理事会（董事会）进行检查，这是日本立法、执法和司法三权分立制在私立高校权力构成上的反映。在广东民办高校缺乏内部监督机制的情况下，权力容易走向集中，产生腐败，因此应成立类似于监事会的内部监督机构。监事会应由投资者代表、教职工代表和外部社会力量构成，由于监事会主要对董事会及校长进行监督，监事要被赋予不受干扰的独立监察权、监督权，董事及身为董事的校长不可进入监事会。

（二）在政府监督上，转变政府监督职能，摆正政府在教育监管中的位置

政府在我国民办教育发展中扮演着极其重要的角色，可以在纠正民办高等教育市场失灵、保障民办高等教育的公共性与公益性中发挥重要作用。政府职能的越位、缺位现象是影响广东民办高校持续健康发展的突出问题。目前，教育行政部门对民办高校的管理职能与权限过于集中，对民办高校行政干预过多。广东应该处理好政府与民办高校和社会教育中介机构之间的关系，通过分权、放权、归权来摆顺政府位置，逐渐将政府职能定位在规划、协调、监督、服务等方面，实现政府对民办高校的治理从微观向宏观的过渡。政府应切实转变监督职能，实行符合民办高校发展的新治理模式。教育行政部门应摆正位置，从过于具体、微观的管理中退出来，主要从宏观方面下手，由现在的管理变为治理，治理的方向主要是对民办高校进行人事监督、财务监督、办学质量及办学方向的监督，不再具体干预民办高校自主办学的事务，为民办高校发展营造良好的政策环境。

政府对民办高校的监管应切实做到以下几个方面。第一，积极探索对民办高校分类监管，对营利性与非营利性两类性质不同的民办高校，采用不同

的监管政策。第二，要转变监管方式与手段。要切实从过去以"计划手段和行政审批方式"为主的直接管理，转变到以法律手段、经济手段、评估手段为主的间接管理上来，通过政策引导、财政资助、鉴定评估和信息服务等方式实现对民办高等教育市场的有效干预，引导民办高等教育健康发展。第三，要放松经济性管制力度，强化社会性管制。一方面，要放松招生计划、专业课程设置、学历授予、教育价格等经济性管制，充分发挥市场的作用，引导民办高校办出特色，促进民办高校的健康发展；另一方面，要通过建立健全民办高等教育信息公开与披露制度、民办高校信用制度体系和失信约束惩罚机制、民办高校教育质量评估机制等，强化对民办高校办学信息、办学质量等社会性管制，对于虚假招生、转移或挪用办学资金等趋利性办学行为，政府应及时通过行政手段行使有效监管和处罚。

（三）在外部监督上，大力培养和发展社会第三方评估机制

广东民办高校数量庞大，而政府教育部门自身机构的监督力量十分有限，政府应该充分发挥社会力量，特别是社会第三方机构的力量，由政府主导监督向社会评估的方向迈进。如让教育管理、评价服务公司在民办高等教育活动中发挥沟通、公证、监督和评价的功能。长期以来，社会第三方中介机构的生存空间有限，现有的教育中介组织大多具有官方、半官方的性质，真正由社会力量举办、以市场为手段建立、按市场机制运行的独立教育中介组织比较缺乏，而且实力较弱，这就造成政府与民办高校的关系成了一种单边的管理关系。

纠正市场失灵和弥补政府监督的不足，引入独立的社会中介组织对民办高校进行评估、监督，也是维护利益相关者利益、完善民办高校监督体系不可或缺的重要方面。独立的社会专门评估机构作为第三方，并不是民办高校的利益主体，对民办高校的评价能做到更公正，让人信服，监督也更加有效，它对教育质量的监控与评价，不但是切实可行的，而且也是更加客观和有权威性的。因此，在社会体制改革与社会治理创新进程推动下，培育独立的社会第三方评估机构，成为强化政府职能转移、提高社会组织能力、促进政社分开与合作治理机制形成的重要手段。在社会第三方评估机制下，政府

不直接参与民办高校的评估，实行"管""办""评"相分离的民办教育监督和评估机制。一方面，教育行政部门从过于具体、微观的管理中退出来，主要从宏观的方面下手，由现在的管理变为治理，治理的方向主要是对民办高校的监督，包括人事监督、财务监督、办学质量及方向的监督等。另一方面，广东必须积极培育、扶持民办教育第三方中介组织，充分发挥其对民办高校的评估与监督功能，建立科学、公正、有效的民办高校评估体系。建议以选优为特征的民办高校排行榜来对民办高校进行综合排名，从而依靠社会舆论的力量和影响来促使民办高校努力提高自身质量。

建立一个行之有效的社会第三方评估机构，这是民办高校教育发展中的一个重要问题。在社会监督和评估机制方面，广东应该借鉴国际上先进的评估方式。目前国际上高等教育第三方评价主流模式主要包括美国的社会独立评价模式以及英国的QAA半官方评价模式，这些社会评价模式受政府承认，但由非政府部门的第三方，即民间的非营利性组织实施。上述两种主流模式的共同点就是评价机构独立于高校与政府之外，同时又具有较强的专业性和技术性，其评价结果能够得到多方的认可和接受，同时又具有较强的科学性，为高等教育教学科研质量的提高以及人才培养模式的创新提供了参考和依据。表1是美国、日本以及中国香港的社会第三方评估机构的优点和亮点。

表1　美国、日本、中国香港社会第三方评估机构的特点

国家/地区	第三方社会机构评估	优点	亮点
美国	A 新闻媒体:大学排行榜 B 认证机构:非官方教育评估机构(全国性、地区性、专业性认证机构)	第一,保证了评估的公正性、科学性和客观性; 第二,社会化评估很好地沟通了高校和社会; 第三,保证和促进美国高等教育质量	"资助—评估"的管理模式 "管、办、评"分离 高等教育认证制度(民间) 政府不直接参与评估
日本	社会评估主要指考生、毕业生以及社会企业所进行的评估 A 民间大学基准协会:"加盟判定审查"和"相互评价",认证权 B 建立了长期的学生监控制度	第一,促进高校自治的活性化; 第二,建立了科学有效的运作机制	建立了长期的学校监控制度; 自我评估和高校之间相互评估结合

国家/地区	第三方社会机构评估	优点	亮点
中国香港	国际层面的专家评估 香港社会中介和专业团体的评估功能	第一，以专业化行政机构为依托，引导社会中介和专业团体发挥评估功能； 第二，以学生表现为核心内容，重视对学生情商及社交表现的评估； 第三，以多个"持分者"为主体，鼓励不同群体参与教育评估； 第四，以科学化的测量套件和数据平台为工具，使评估工作更加快捷有效	评估结果与政府问责挂钩 高校管理的"策划—推行—评估"理念值得借鉴 运用实证的方法和科学的测评手段提高评估认同度和权威性 以定量评测为依据的定性描述性评价更易使人信服

资料来源：笔者自制。

（四）建立健全办学信息公开与披露制度，充分发挥媒体监督和公众监督的作用

媒体监督和公众监督是高校有效的外部监督方式。在高等教育进入"大众化教育"阶段，社会公众、社会媒体对民办高校的认可与支持，可以对民办高校的决策者和执行者产生较强的约束作用，有利于弥补民办高校内部监督的不足，有效地遏制高校内部腐败并监督办学成效，对促进民办高校持续健康发展具有重要的意义。当前，要充分发挥大数据、信息技术和互联网平台的作用，建立健全高校办学信息公开与披露制度，实行民办高等教育信息资源的社会共享，提高高校信息透明度。例如，将民办高校的办学性质（营利和非营利民办高校）、办学层次与办学条件、教育价格（学费）、教学信息和人力资源信息、财务收支状况、招生就业信息、年度检验情况等信息，都纳入统一的民办高等教育信息市场，实现信息共享。信息公开与披露制度有利于学生、教师、社会公众等利益相关者和民办高校之间相互影响、相互制约、相互促进、和谐共生。

（五）提升教师主体地位，充分发挥教师在高校办学中的作用，由"官员治校"向"教授治校"的方向发展

教师是民办高校发展的核心力量，也是民办高校自我监督与评估的重要力量。民办高校务必设置教代会、校务会议、学术委员会、评议会等有效的民主管理与监督体系，让教师参与高校的民主管理与监督。当前，民办高校应着力建立和健全教师监督与评估机制，积极探索民主管理和监督的多种实现形式。"一是要完善教代会具体工作制度，如教代会各专门工作委员会工作制度、代表培训制度、咨询沟通制度、提案反馈制度、干部评议制度、质询与通报制度、管理问责制度等，提高教代会制度化、规范化水平。二是要创新教代会闭会期间的工作机制，如建立教代会常设主席团或执行委员会，强化其在教代会闭会期间的职能；尝试建立代表双月恳谈会、校长办公会议旁听制，举行听证会、代表质询会等，就教职工关心的热点问题与高校领导和有关职能部门进行沟通和交流，发挥代表的经常性参政作用。"[①] 总之，要通过监督与评估制度，确保教师有效监督民办高校内部权力运行，提升教师主体地位，充分发挥教师在高校办学中的作用，由"官员治校"向"教授治校"的方向发展。

[①] 杨炜长：《利益相关者视角下民办高校监管体系的构建》，《中国高教研究》2012 年第 6 期，第 77~81 页。

教职工合法权益保障的现状、问题与趋势

刘剑玲　高昌林　李玮舜*

摘　要：　《全国人民代表大会常务委员会关于修改〈中华人民共和国民办教育促进法〉的决定》（以下简称"新民促法"）以法律形式明确民办学校应该保障教职工合法权益，尤其是民主管理权、物质保障权、职业发展权和人身权利。我们针对当前广东省民办学校教职工上述合法权益进行了问卷调查和实地调研，发现珠三角地区民办学校教职工合法权益保障取得了不错的成就，然而从总体上看，广东省民办学校教职工合法权益保障现状仍然不容乐观，存在一系列问题，例如民办学校教职工很难享有与公办学校教职工同等的法律地位，不同民办学校教职工合法权益存在严重的地域分化、阶段分化、层次分化，等等。我们建议破除不合时宜的陈旧理念，加快完善地方法律法规，注重权益保障顶层设计，建立健全教职工权益保障机构。

关键词：　广东　民办学校　教职工合法权益　地域分化　教育改革

民办教育是社会主义教育事业不断发展的重要增长点和促进教育改革的重要推动力量，发展民办教育，教职工队伍的建设至关重要。而能否切实保

* 刘剑玲，女，教育学博士、副教授，就职于华南师范大学政治与公共管理学院，主要研究方向为学生事务管理、教师专业发展、教育学原理等；高昌林，华南师范大学政治与公共管理学院研究生；李玮舜，华南师范大学政治与公共管理学院研究生。

障民办学校教职工的合法权益，直接影响着民办学校教职工队伍的稳定与发展，从而在根本上影响着民办教育的健康发展。

进入新时期特别是 2016 年 11 月 7 日，"新促进法"正式获得全国人大常委会审议通过。"新民促法"在第四章以法律的形式明确了民办学校应当保障教职工的合法权益，并且相对详细地说明了民办学校应当保障教职工合法权益的内容，如第三十一条规定，民办学校应当依法保障教职工的工资、福利待遇和其他合法权益，并为教职工缴纳社会保险费。无疑这对于保障民办学校教职工合法权益具有重要的意义。

一 民办学校教职工合法权益保障的理论及法理基础

（一）教职工合法权益保障的理论基础

1. 双因素激励理论

双因素激励理论是美国著名行为科学家弗雷德里克·赫茨伯格于 1959 年首次提出来的。赫茨伯格认为影响人的主动性和积极性的因素按照激励功能的不同可以分为激励因素和保健因素两大类。

激励因素是能够使员工感到满意的因素，与员工从事工作的性质和工作内容有关，包括工作富有成就感，工作业绩能够得到认可，在工作职业和个人职位上能够得到提升，自身得到充分自由的发展，等等。这些因素得到改善能够产生极大的激励作用，在很大程度上能够激发员工的工作热情，调动他们的积极性和创造性，促进工作效率的提高。

保健因素是防止员工感到不满的因素，大多与其工作条件和工作环境密切相关，包括上级领导管理方式、人际关系、工作条件、工作环境、人身安全、生活条件等。这些因素与激励因素不同，并不能对员工产生明显的激励作用，而只是缓解或消除员工的不满、消极情绪、反抗等。

根据这一理论，我们可以看出管理者必须充分了解员工的需要，采取有效措施有针对性地进行激励。从这个角度而言，充分了解民办学校教职工的需要，根据不同的激励因素来明确民办学校教职工合法权益的内涵，保障他们各个层面合法权益的落实，对于调动民办学校教职工的工作积极性和创造性、促进民办教育的持续健康发展无疑具有十分重要的意义。

2. 公平理论

亚当斯于 20 世纪 60 年代提出公平理论。公平理论认为，员工首先会考虑自己投入—结果的比率，然后将自己的投入—结果比率与其他人的投入—结果比率进行比较。如果员工感觉到自己的比率与他人的相同，则不会出现什么问题。但是，如果这个比率是不相等的，他们就会认为自己的收入过低或过高。这种不公平感出现后，员工就会试图去纠正它。结果就可能出现更低或者更高的生产率，改善或者降低产品质量，增加旷工或者自愿辞职。[①] 该理论认为，个人不仅仅关心所获得的报酬与自己付出的努力与汗水之间的关系，而且关心自己的报酬与其他人获得的报酬之间的关系。这个理论是从对员工个人工资报酬的研究出发，但是现实情况下员工不仅关心个人工资的报酬，而且也关心其他方面的报酬，比如日常福利、工作环境与条件、个人发展等。一旦员工在相对同等的条件下感到自己的各项报酬明显低于其他人，那么这种明显的不公平感就会严重挫伤员工的工作热情与积极性，导致消极怠工甚至跳槽，给组织的持续稳定发展带来不利影响。

因此从这个意义上来说，保障民办学校教职工合法权益，促使民办学校教职工与公办学校教职工具有同等法律地位与权益问题，就成为激励民办学校教职工工作热情、加强民办学校教职工队伍建设、促进民办教育繁荣发展的题中应有之义。

（二）教职工合法权益保障的法理基础

1. 教职工合法权益保障的法理逻辑起点

教职工合法权益概念的界定，从法理角度是指教职工因承担从事教育教学工作而获得的各项法定权利以及为满足其从事教育教学工作而产生的各种

---

① 〔美〕斯蒂芬·罗宾斯：《管理学：原理与实践》，机械工业出版社，2015。

利益需求的保障。这是从法理的角度对教职工权益的强调，对于教职工的权利而言，主要是现行的法律法规对从事教育教学工作职业中的人所规定的权利，主要的法律如下。

我国 1982 年的宪法明确规定了国家鼓励社会力量办学，这是历史上第一次对社会力量办学进行了原则性的规定，而 5 年之后的 1987 年《关于社会力量办学的若干暂行规定》则指出，社会力量举办具有国家承认学历证书的各级各类学校，应按照国家颁布学校设置的有关规定办理，这一规定有利于民办学校走上规范化发展。民办学校教职工群体也因此迅猛壮大。

进入 21 世纪，中国民办教育的发展迎来其发展历程中重大转折点，即 2002 年通过的《中华人民共和国民办教育促进法》。其中第五条明确规定国家保障民办学校举办者、校长、教职工和受教育者的合法权益。这对于保障民办学校教职工的合法权益具有里程碑式的意义。

2016 年 11 月 7 日，全国人大常委会通过"新民促法"，无疑使民办学校教职工合法权益的保障进入一个全新的时代。紧随其后的 2017 年 1 月 18 日国务院颁发的《关于鼓励社会力量办学，促进民办教育健康发展的若干意见》（以下简称《国务院 30 条》）与"新民促法"一起构成了支撑新时期民办学校教职工合法权益保障的法律新框架。如"新民促法"第三十一条较之 2002 年通过的《中华人民共和国民办教育促进法》（简称"民促法"）对于保障民办学校教职工合法权益的规定有了新的突破，即明确规定了民办学校应当保障教职工合法权益的具体内容：民办学校应当保障教职工的工资、福利待遇和其他合法权益，并为教职工缴纳社会保险费。

伟大的革命导师列宁曾经说过，利益问题是"人民生活中最敏感的神经"[①]。教职工也是普通公民，利益是人民群众权利的外在具体表现形式，人类首要前提是生存，人类的首要关怀是对人性的关怀。因此教职工的人身权益同样是不容忽视的，这是保障教职工从事教育教学工作的内在需要。基于以上分析以及教职工从事教育教学工作和作为普通人的双重身份，教职工合

---

① 《列宁全集》第 16 卷，人民出版社，2017，第 136 页。

法权益保障既包括教职工从事教育教学工作产生的法定权利，也包括教职工作为普通人满足其基本利益需求的权利保障。

2. 教职工合法权益内容的阐述

保障教职工合法权益一个重要的前提就是在法律上对教职工合法权益进行明确的界定。教职工合法权益在法律上不是一个明确的概念，学界对于从法律上界定教职工合法权益的具体内涵尚无定论。教职工合法权益内涵范围有广义上的内涵和狭义上的内涵之分。广义上的教职工合法权益既包括教职工从事职业所产生的权利也包括教职工自身作为普通公民的利益。狭义上的教职工合法权益仅仅指教职工在从事教育教学工作过程中，依照法律规定的根据职业所享有的权益。而本文中所指教职工合法权益是广义上的内涵即教职工合法权益不是一个单一的法律概念而是一个多重权益的综合体。对于每一个教职工而言，职业中的职业权益与个人自身的权益是密不可分、不可或缺的，都是其合法权益的重要组成部分。

基于以上论述及对于教职工合法权益保障法理逻辑起点的分析，我们认为可以对教职工合法权益内容按照职业权益和自身权益进行分类，具体如下。

（1）物质保障权。

包括工资待遇方面的合法权益、福利方面的合法权益、社会保险方面的合法权益。"新民促法"第三十条规定：民办学校应当依法保障教职工的工资、福利待遇，并为教职工缴纳社会保险费。本条是关于民办学校依法保障教职工待遇权益的规定。教师的待遇包括教师的工资待遇、医疗待遇、住房待遇和养老保险待遇。依法保障教师待遇，对于真正贯彻尊师重教、尊重知识、尊重人才的方针，提高教师的经济地位和社会地位，从而最终促进教育事业的发展，具有重要意义。[①]

---

① 许安标、刘松山编《〈中华人民共和国民办教育促进法〉释义及实用指南》，中国民主法制出版社，2003，第103页。

（2）职业发展权。

"新民促法"第二十九条规定："民办学校应当对教师进行思想品德教育和业务培训。"本条是关于民办学校应当对教师进行思想品德教育和业务培训等职业发展权益的规定。

教师培训是指对已在职的教师进行有组织有计划的再培养，是教师职业教育的继续延长。加强对教师的业务培训是学校教育管理工作的重要组成部分。教师只有不断地接受业务培训，才能更新知识，提高业务素质，从而进一步提高教学水平。对教师进行培训，不仅是对教师自身的要求，也是国家和学校的一项重要职责。因此，本条有针对性地规定，加强对教师的业务培训是民办学校的一项重要职责。

（3）人身权利。

民办学校教职工作为普通公民同样应当享有宪法规定的各项人身权益。包括工作条件权，这是确保教职工正常顺利开展教育教学活动的一项基本权利。学校应为每一位教职工提供工作所必需的条件，保障教职工的生命权、健康权。教职工有权利按学校规定领用和消费办公用品，享受学校提供的工作环境。

（4）民主管理权。

包括管理监督权：教职工可以通过选取教职工代表进入学校理事会或董事会，参与学校重大事项的决策，对学校教育教学、管理工作和教育行政部门的工作提出意见和建议；同时可以通过教职工代表大会或者其他形式，参与学校的民主管理和监督。还包括合法权益保障权：可以依照工会法，建立工会组织，维护自身的合法权益；此外当教师认为自己的正当权益受到侵害或在学校受到不公正待遇时，教师有权向教育行政部门和行业协会提出申诉，乃至司法诉讼。

"新民促法"第二十六条规定：民办学校依法通过以教师为主体的教职工代表大会等形式，保障教职工参与民主管理和监督。民办学校的教师和其他工作人员，有权依照工会法，建立工会组织，维护其合法权益。本条是关于民办学校民主管理权益的规定，具体内容详见表1。

表1 民办学校教职工合法权益内涵及法理框架

	国家法律	地方法规	现实权益
民主管理权	《国务院30条》(2017)第十八条:依法落实民办学校师生对学校办学管理的知情权、参与权,保障师生参与民主管理和民主监督的权利。完善民办学校师生争议处理机制,维护师生的合法权益	《广东省关于促进民办教育规范特色发展意见的通知》(以下简称通知)(2013)第十三条:民办学校要完善教职工代表大会制度和工会制度	参与学校民主管理工会与教代会组织党组织与党员培养评优评奖
物质保障权	"新民促法"第三十一条:民办学校应当依法保障教职工的工资、福利待遇和其他合法权益,并为教职工缴纳社会保险费,国家鼓励民办学校按照国家规定为教职工办理补充养老保险 《国务院30条》(2017)第十八条:民办学校应依法为教职工足额缴纳社会保险费和住房公积金;鼓励民办学校按规定为教职工建立补充养老保险,改善教职工退休后的待遇;落实跨统筹地区社会保险关系转移接续政策,完善民办学校教师户籍迁移等方面的服务政策	《广东省实施〈中华人民共和国民办教育促进法〉》(2009)(以下简称《广东省实施办法》)第十四条:民办学校应当依法保障教职工的工资、福利待遇,建立教职工工资专户制度,按时足额发放教职工工资,依法参加社会保险,缴纳社会保险费,并按照国家有关规定办理住房公积金;鼓励民办学校为教职工购买补充养老保险	工资 日常福利 户口 档案 住房公积金与补贴 养老与社会保险 医疗保险 生育保险 退休待遇 教龄与工龄计算 寒暑假带薪休假
职业发展权	"新民促法"第三十二条:民办学校教职工在业务培训、职务聘任、教龄和工龄计算、表彰奖励、社会活动等方面依法享有与公办学校教职工同等权利	《广东省实施办法》(2009)第十五条:民办学校教师办理专业技术职务评定、教师资格认定、科研项目申报、评优评先等与公办教师享有同等权利;各级人民政府教育、人力资源和社会保障主管部门应当把民办学校教师队伍培训纳入本系统培训计划;民办学校教师参加国家、省规定的教师继续教育学习的,学习期间的工资福利待遇不变	职务聘任 职称评定 内部培训 外出进修
人身保障权	《教育法》(1995)第三十三条:国家保护教师的合法权益,改善教师的工作和生活条件,提高教师的社会地位;第三十五条:学校及其他教育机构的管理人员、教学辅助人员和其他专业技术人员属于学校的职工,他们的合法权益,学校也应当予以保护	1. 广东省实施《中华人民共和国教师法》办法(1999)(以下简称实施办法)第五条:全社会都应当尊重教师,保障和维护教师的合法权益,树立尊师重教的良好社会风尚	工作条件 工作氛围 教学负担 社会地位

资料来源:笔者自制。

二 广东省民办学校教职工合法权益现状的调查与分析

广东省民办教育起步早、发展快，经过近40年的飞速发展已经成为促进广东省教育事业发展的一支不容忽视的力量。当前广东省民办教育正在经历从规模扩张向质量提升转变的历史性飞跃，民办学校数量不断增长，在校学生数量不断增加，教职工队伍也在不断壮大。加强民办学校教职工合法权益的保障，促进民办学校教职工队伍建设成为推动新时期广东省民办教育蜕变的重要课题。为此我们于2017年11月至2018年1月开展了广东省民办学校教职工合法权益现状的问卷调查工作。

（一）关于民办学校教职工物质保障方面的合法权益（见表2）

表2 广东省及各地区民办学校教职工月工资水平情况

单位：%

人民币（元）	全省	珠三角地区	粤北地区	粤西地区	粤东地区
2000 元以下	11.07	5.58	24.93	4.71	5.04
2001~3000 元	23.25	13.14	40.76	17.65	28.06
3001~4000 元	14.14	14.29	10.85	16.47	20.14
4001~5000 元	15.50	18.56	11.14	16.47	12.23
5001~6000 元	10.05	13.63	4.11	9.41	9.35
6001~7000 元	9.11	11.99	4.11	11.76	7.19
7001~8000 元	5.96	8.37	1.47	7.06	5.76
8001 元以上	10.90	14.45	2.64	16.47	12.23

资料来源：笔者根据问卷调查统计所得（以下均同，不再标注）。

关于民办学校教职工工资情况，通过调查，广东省民办学校教职工工资总体偏低，与本地区同类型公办学校教职工工资还有明显差距，并且存在明显的地区分化和校际分化。通过表2数据可知广东省民办学校教职工月工资收入在4000元以下的比例占到了48.46%，接近一半，总体上低于公办学校教职工工资水平，此外，当问及"与本地区同类型公办学校相比，您对自己工资水平的满意程度"时，感到不满意或非常不满意人的比例高达46%。不仅如此，分地区来看，各个地区之间民办学校教职工工资水平也存在很大差距，珠三角地区和粤西地区教职工工资明显高于粤北和粤东地区。通过实地走访调研各个学校，我们发现目前绝大多数民办学校教职工工资水平基本由学校自主确定，尽管2016年"新民促法"以及《广东省实施〈中华人民共和国民办教育促进法〉办法》都以法律法规等形式明确规定民办学校应当保障教职工工资福利待遇等的合法权益，保障民办学校教职工享受与公办学校教职工同等待遇。然而从各地区实际情况来看，鲜有地方出台保障民办学校教职工最低工资水平的政策，民办学校确定教职工工资的自主性较大。

关于民办学校教职工社会保险购买以及津贴情况，通过调查，发现广东省民办学校教职工在社会保险和福利津贴等方面与公办学校教职工存在较大差距，民办学校教职工合法权益没有得到有效落实。统计的数据显示仍然有8%的民办学校未给教职工购买任何保险，而为教职工购买基本养老保险、医疗保险、生育保险、失业保险、工伤保险以及住房公积金的比例分别为82.55%、78.55%、62.81%、58.89%、59.32%、45.53%。

值得注意的是，当问及"与本地同类型公办学校相比，您所购买的社会保险处于什么水平"时，选择低于或远低于的比例分别为35.4%、28.6%，两者相加的比例高达64%，只有0.85%选择了远高于（见表3）。这表明在实践中仍然有相当高比例的民办学校没有或者没有按照规定足额为教职工购买社会保险，与公办学校教职工享有同等待遇的权益没有得到切实保障。此外，当问及"节假日加班、补课，教职工是否能得到相应补助"时，回答"从不""很少"的比例分别为20.68%、23.57%。两者相加的比例达到了44.25%，这显示广东省仍然有许多民办学校没有切实保障教职工节假日加班、补课获取补贴等基本福利的权益。

表3　与本地区同类型公办学校相比，广东省民办学校购买五险一金落实情况

单位：%

水平	全省	珠三角地区	粤北地区	粤西地区	粤东地区
远高于	0.85	0.33	0.59	1.18	3.60
高于	3.74	2.95	4.69	3.53	5.04
持平	31.40	26.39	42.23	28.24	28.78
低于	35.40	36.56	33.72	35.29	34.53
远低于	28.60	33.77	18.77	31.76	28.06

（二）关于民办学校教职工职业发展方面合法权益

关于民办学校教职工培训进修等职业发展方面情况，通过调查，发现广东省民办学校教职工在培训进修方面的权益没有得到有效落实。2016年通过的"新民促法"第二十九条规定："民办学校应当对教师进行思想品德教育和业务培训。"依法保障民办学校教职工培训进修的合法权益不仅仅是促进民办学校教职工自身发展的必然要求，也是国家和社会促进民办教育事业发展的重要职责。《广东省实施〈中华人民共和国民办教育促进法〉办法》（2009）第十五条规定：民办学校教师参加国家、省规定的教师继续教育学习的，学习期间的工资福利待遇不变。然而从实践中来看，通过问卷调查和实地走访统计的数据显示，广东省民办学校教职工培训进修期间没有照发工资的比例为20.85%，全额照发的比例为62.72%，有大约38%的民办学校没有或者没有全额照发教职工培训进修期间的工资。具体数据如表4及表5所示。

表4　广东省及各地区民办学校教职工培训进修期间工资照发的比例

单位：%

发放情况	全省	珠三角地区	粤北地区	粤西地区	粤东地区
不发	20.85	17.38	27.27	14.12	24.46
发1/2以下	6.81	7.38	5.57	7.06	7.19
发1/2	4.77	3.61	5.28	8.24	6.47
发1/2以上	4.85	5.08	2.93	7.06	7.19
全额发	62.72	66.56	58.94	63.53	54.68

表5　广东省及各地区民办学校教职工培训进修经费保障情况

单位：%

保障情况	全省	珠三角地区	粤北地区	粤西地区	粤东地区
不保障	25.53	24.10	26.10	22.35	32.37
保障1/2以下	11.06	12.30	8.80	15.29	8.63
保障1/2	7.49	8.03	6.74	5.88	7.91
保障1/2以上	10.13	10.49	9.09	10.59	10.79
全额保障	45.79	45.08	49.27	45.88	40.29

（三）关于民办学校教职工人身权利方面的合法权益

关于民办学校教职工人身权利方面的合法权益情况，调查显示，广东省民办学校教职工人身权利方面的权益保障程度偏低。民办学校教职工人身权利方面基本权益是国家宪法和法律保障每个公民的最基本权益，民办学校教职工作为承担或者辅助教育教学工作的一线人员，肩上承担着教书育人、培养社会主义事业接班人的神圣职责，因此保障民办学校教职工人身权利的基本权益是确保教职工正常顺利开展教育教学活动的首要前提和必然要求。民办学校教职工人身权利方面基本权益得不到保障，其他方面诸如民主管理、物质保障、职业发展等权益的保障也就无从谈起。如表6所示，通过问卷统计的数据显示，对于教职工学校工作所需的教室、教学设备、实验室、办公室、研究设备、课间休息室、人际关系基本环境的评价，选择非常满意或满意的比例分别为14.89%、36.09%，14.13%、36.77%，7.66%、27.32%，8.34%、30.98%，6.72%、25.02%，6.47%、23.23%，11.57%、49.28%。这表明广东省民办学校教职工对学校工作基本环境的总体评价偏低。此外，当问及"您对正在承担的教学或其他工作的感觉如何"时，回答感到疲惫或者非常疲惫的比例分别为41.01%、14.39%，有超过半数的教职工对承担的工作感到疲惫。

表6　广东省及各地区民办学校教职工人身权利基本权益的落实情况

单位：%

	非常满意	满意	一般	不满意	非常不满意
教室	14.89	36.09	40.26	5.11	3.66
教学设备	14.13	36.77	38.13	7.83	3.15

	非常满意	满意	一般	不满意	非常不满意
实验室	7.66	27.32	43.91	13.28	7.83
您的办公室	8.34	30.98	39.32	12.85	8.51
研究设备	6.72	25.02	46.89	13.53	7.83
课间休息室	6.47	23.23	40.34	16.00	13.96
人际关系	11.57	49.28	32.17	3.74	3.23

（四）关于民办学校教职工民主管理方面合法权益

关于民办学校教职工参与学校民主管理的情况，调查表明，广东省民办学校教职工学校民主管理参与度普遍偏低。2016 年通过的"新民促法"第二十六条明确规定：民办学校依法通过以教师为主体的教职工代表大会等形式，保障教职工参与民主管理和监督。调查的数据显示，当被问到"学校是否有教职工代表大会或工会组织"时，回答"两者皆无"的比例高达34.55%（见表7）。另外，当问到"学校做出涉及教职工利益问题的重大决策时，是否经过学校教代会或工会组织讨论"时，回答"从不""很少"的比例分别为34.22%、21.67%。两者相加的比例高达55.89%。另有选择"有时""时常""常常"的比例分别为20.99%、12.97%、10.15%。通过对这两项数据的统计可见，目前广东省民办学校教职工参与学校民主管理程度偏低，这是就全省的总体情况而言，分地区分类统计来看，不同地区的情况各有不同。

表7 广东省及各地区民办学校工会和教代会落实情况

单位：%

	全省	珠三角地区	粤北地区	粤西地区	粤东地区
工会	29.45	36.07	16.42	27.06	33.81
教代会	8.00	5.25	12.32	8.24	9.35
两者皆有	28.00	31.64	20.53	45.88	19.42
两者皆无	34.55	27.05	50.73	18.82	37.41

首先就粤北地区而言，通过分类统计显示，在问及"学校是否有教职工代表大会或工会组织"时，回答"两者皆无"的比例达到了50.73%，

远高于全省平均值。而当问及"学校做出涉及教职工利益问题的重大决策时，是否经过学校教代会或工会组织讨论"时，回答"从不""很少"比例分别为 35.59%、20%。

其次就粤东地区而言，对应问题回答"两者皆无"的比例为 37.41%，另外一个问题对应回答"从不""很少"的比例分别为 39.57%、18.71%；对于粤西地区而言，相应数据分别为 18.82%、21.18%、24.71%；珠三角地区数据则对应为 27.05%、34.05%、22.86%。调查结果数据显示，广东省民办学校教职工在参与学校民主管理方面的权益保障情况不容乐观，且地区分化较严重，珠三角与粤西地区情况较粤北和粤东地区略好，但从全省来看，加强民办学校教职工在参与学校民主管理方面的权益保障任重而道远，尤其需要引起各方的高度关注和重视。

关于民办学校教职工权益救济方面的情况，调查显示，广东省民办学校教职工权益救济渠道狭窄，权益救济机制有待建立健全。在问卷中问及"当您的合法权益受损，您会选择什么样的救济渠道来维护"时，选项设置分别为：A. 当事人协商解决；B. 调解；C. 向教育行政部门申诉；D. 向劳动部门申请劳动仲裁；E. 向人民法院提起诉讼；F. 其他填空题。调查结果统计显示以上权益救济渠道的选择比例分别 47.06%、18.58%、12.19%、12.28%、1.02%、8.87%。教职工选择通过合法诉讼程序来维护自己合法权益的比例非常低，值得一提的是，有 8.87%的人选择其他选项，答案填写大都为"申诉无果、无用、忍气吞声"等。这进一步表明民办学校教职工合法权益救济渠道和机制有待建立健全。

我们还通过问卷来调查广东省民办学校教职工对当前权益保障现状的总体满意度评价，调查结果显示，选择非常满意、满意、一般、不满意、非常不满意的比例分别为 5.19%、24.85%、47.4%、15.15%、7.4%。选择满意和非常满意的相加仅为 30.04%，这进一步表明广东省民办学校教职工对于合法权益保障现状的满意度总体偏低（见表8）。

表 8　广东省及各地区民办学校教职工合法权益保障现状满意度

单位：%

	全省	珠三角地区	粤北地区	粤西地区	粤东地区
非常满意	5.19	4.26	6.16	7.06	5.76
满意	24.85	19.34	29.91	34.12	30.94
一般	47.40	50.00	43.40	48.24	45.32
不满意	15.15	18.03	14.08	5.88	10.79
非常不满意	7.40	8.36	6.45	4.71	7.19

针对民办学校教职工对自身合法权益的了解程度，调查表明，广东省民办学校教职工对自身合法权益的了解程度普遍偏低。我们通过问卷调查"您是否知道自己作为教职工依法享有哪些权利"时结果统计显示，选择根本不知道、知道一点、基本了解、比较清楚、非常清楚的比例分别为14.72%、40.09%、32.6%、8%、4.6%。其中选择比较清楚或者非常清楚的比例仅为12.6%（见表9），表明广东省民办学校教职工对自身权益保障的认识有待提高。

表 9　广东省及各地区民办学校教职工对自身合法权益了解程度

单位：%

	全省	珠三角地区	粤北地区	粤西地区	粤东地区
根本不知道	14.72	18.36	8.80	10.59	15.83
知道一点	40.09	41.64	35.78	43.53	41.73
基本了解	32.60	29.34	39.59	25.88	33.81
比较清楚	8.00	6.39	9.97	16.47	5.04
非常清楚	4.60	4.26	5.87	3.53	3.60

此外值得引起注意的是，我们在问卷的最后还特意设置了一道开放式的必答题——"就当前情况下，与公办学校教职工相比，民办学校教职工合法权益保障现状最急需改进的是什么"。通过关键词统计得出出现频率最高的前五项分别为工资待遇、五险一金、工会及教代会、培训进修、公平。而经过进一步统计分析，我们发现民办学校教职工普遍呼声最高、反映最集中的五大诉求分别是：其一，工资待遇过低，工资待遇与工作不成比例，与公

办学校相比严重失衡，应切实解决同工同酬问题；其二，五险一金特别是退休后基本养老保险的额度过低；其三，建立健全权益保障机构，倾听教职工声音，切实保障教职工合法权益；其四，解决职业发展培训进修的瓶颈问题；其五，解决在观念上、待遇上与公办学校教职工不公平对待的问题。

三　广东省民办学校教职工合法权益保障存在的问题

通过近两个月的问卷调查和实地走访调研，我们发现广东省内特别是珠三角地区民办学校教职工合法权益保障取得了不小的成就，涌现出许多优秀的本土民办学校，这些学校勇于探索，敢为人先，在构建民办学校教职工与公办学校教职工同等法律地位、保障教职工合法权益、稳定教职工队伍方面取得丰富的成果，为其他民办学校的发展起到了良好的示范和带头作用，也在一定程度上反映出广东省民办教育发展势头迅猛，呈现教职工队伍在促进民办教育发展方面起到独特作用的趋势。

然而从总体上来看，广东省民办学校教职工合法权益保障的现状仍然不容乐观，保障的程度仍然很不充分，从法律层面到实践层面要想与公办学校教职工享有同等法律地位仍然很难实现，并且内部分化严重，不仅存在地域上的分化差别，同一地区不同阶段不同层次学校之间也存在巨大的差别。具体而言，主要存在以下几个突出的问题。

（一）民办学校教职工工资水平失衡且分化严重

调查显示，广东省民办学校教职工在物质保障方面面临的最大问题是与公办学校相比工资待遇水平严重不平衡。如调查得出的数据：广东省民办学校教职工月工资4000元以下的比例占到了48.46%，接近一半，总体上低于公办学校教职工工资水平。这种严重的不平衡还同时表现为校际分化即同一地区不同阶段不同类型民办学校教职工工资待遇有明显差异。如民办幼儿园教职工工资待遇最低，远低于同地区民办中小学以及民办高中及民办高校的教职工工资待遇；还有地区分化即广东省内不同地区之间同类型同阶段民办学校教职工工资待遇水平分化更为明显，如粤北地区、粤东地区明显低于珠三角地区和粤西地区。此外与公办学校相比，广东省民办学校教职工工资待遇还存在明显的同工不同酬问题，民办学校教职工工资待遇与工作内容与强度不对等，这种不对等情况影响教职工的归属感，极大地挫伤教职工的工作积极性。

（二）民办学校教职工培训进修投入滞后且严重不足

民办学校教职工在职业发展合法权益方面面临的突出问题是许多民办学校尚未建立起针对教职工职业发展的培训进修保障体系。一方面由于许多地方尚未将民办学校教职工纳入与公办学校教职工统一的培训进修体系，这种制度上的障碍导致民办学校教职工相对封闭，缺乏参加培训进修的机会；另一方面由于民办学校资金来源主要为学费，办学经费相对紧张，加上民办学校观念上重使用轻培养，对教职工培训进修投入较公办学校严重不足。如通过问卷调查和实地走访统计的数据显示，广东省民办学校教职工培训进修期间没有照发工资的比例为 20.85%，全额照发的比例为 62.72%，有大约 38% 的民办学校没有或者没有全额照发教职工培训进修期间工资，这直接导致了民办学校教职工职业发展权益难以得到切实保障。

（三）民办学校教职工教学与工作压力过大

教职工人身权利的合法权益是其他各项权益得以保障的前提基础，然而，广东省民办学校教职工的人身权利合法权益最容易被忽视，这直接导致民办学校教职工人身权益的基本权利难以得到切实保障。通过调研发现，广东省民办学校教职工教学和工作压力、工作时间等明显高于公办学校教职工，经常性的加班加点透支了教职工的生命健康。如经过调研统计的数据显示，广东省民办学校教职工对正在承担的教学或其他工作感觉疲惫或者非常疲惫的比例分别为 41.01%、14.39%，超过半数的教职工对于承担的工作感到疲惫，许多女性教职工没有足够的产假和产假工资，基本的人身权益难以得到保障，此外许多民办学校领导的管理缺乏人性化，教职工没有得到应有的尊重，教职工普遍缺乏安全感和归属感。

（四）民办学校教职工参与学校民主管理程度低下

从调研的结果来看，广东省民办学校教职工在参与学校民主管理方面的合法权益问题尤为突出，教职工参与学校民主管理的程度还很低，权益救济渠道狭窄，导致侵犯教职工合法权益的事例屡见不鲜。这当然也由于民办学校教职工维护自身合法权益的意识较为薄弱，但更多的则是因为民办学校在保障教职工合法权益方面观念偏差，实践不作为。主要表现在两个方面：一方面就广东省而言仍然有相当比例的民办学校没有设置工会或者教职工代表大会等，没有设立倾听一线教职工声音、维护教职工合法权益的组织机构，如通过调研发现，广东省民办学校没有依法设立工会或者教代会等组织的学校比例高达34.55%；另一方面，许多民办学校保障教职工合法权益的机制还很不完善，由于缺乏必要的监督与评估，学校工会组织或教职工代表大会往往流于形式，难以切实履行保障教职工参与学校民主管理的权利。

四 广东省民办学校教职工合法权益保障的政策与建议

（一）破除不合时宜发展理念，奠定民办学校教职工权益保障的思想基础

民办教育事业是社会主义教育事业的重要组成部分，是当前广东省教育事业发展的重要增长点和促进教育改革的重要推动力量。广东省民办教育的蓬勃发展不但减轻了地方财政教育投入压力，有效解决了学位不足问题，而且实现了教育投入的多元化，是穷国办大教育的创举。然而在很长时间里，在国家教育事业中一直是公办教育一统天下的格局，由于长期形成的观念歧视，民办教育始终被视为公办教育的附庸和补充，没有得到充分重视，这是造成当前难以落实民办学校教职工享有与公办学校教职工同等法律地位现实

困境的思想根源。

此外，民办学校与公办学校只是在办学主体和办学经费来源上不同，同样都具有社会主义教育事业的公益性。然而许多地方政府由于观念上的偏差，认为民办学校办学只是一种市场行为，不具备社会主义教育事业公益性，因而在民办学校教职工权益保障上不作为，将其与公办学校划清界限，区别对待，是造成民办学校教职工权益保障难以落实的又一个思想根源。①

管理学理论认为，理念是行动的先导，没有正确的理念做指导，再好的制度安排都难以得到执行和落实。因此加强广东省民办学校教职工合法权益的保障、落实民办学校教职工与公办学校教职工同等法律地位的首要前提是积极转变与新时期民办教育事业发展不相适应的陈旧理念，各级地方政府要从思想高度上认识民办教育事业在社会主义教育事业中的重要地位，同时加强理念的宣传和引导，在全社会营造民办学校健康发展的良好氛围，解除民办学校教职工合法权益保障的思想桎梏。同时民办学校教职工也要加强自身权益保障的法律法规学习和运用，提高认识，学会维护自身合法权益。

（二）加快完善地方法律法规，夯实民办学校教职工权益保障的法理基础

事实上，广东省民办学校在保障教职工合法权益方面出现的诸多困难和不足与现行的相关法律法规难以落实密切相关。加强民办学校教职工合法权益保障的一个重要前提是从法理的角度对民办学校教职工合法权益的具体内涵和外延做出明确而清晰的界定。国家层面现行的相关法律法规主要是2016 年通过的"新民促法"和《中华人民共和国民办教育促进法实施条例》简称"一法一例"。然而"一法一例"对于民办学校教职工合法权益的规定相对抽象和笼统，国务院也未就此做出配套的实施细则，导致教职工权益保障在具体实践中缺乏可操作性，权益保障难以落实。鉴于国家层面立法

---

① 吴开华、张铁明：《民办学校教师权益现状的调查与思考——以广东中山市为例》，《中小学管理》2009 年第 11 期，第 36~39 页。

涉及面广、影响范围大、周期较长，短时间内依靠国家层面立法保障对于解决当前现实困境显然不够理性和务实。

广东省作为全国改革开放的试验田和排头兵，以勇于创新和敢为天下先著称。2009 年广东省人大常委会通过的《广东省实施〈中华人民共和国民办教育促进法〉办法》以及 2013 年广东省政府发出的广东省关于促进民办教育规范特色发展意见的通知对于加强广东省民办学校教职工合法权益的保障、促进广东省民办教育的规范健康发展做出了巨大贡献。

站在新的历史起点，进入新的发展时期，面对新的发展问题，广东省应当抢抓民办教育发展的新机遇，以新时期"一法一例"为蓝本进一步加快推进本地民办学校教职工权益保障的立法工作。采取将其他省、自治区、直辖市民办学校教职工合法权益保障的成功经验与本地区民办学校教职工合法权益保障的实践特点相结合的方式：一是尝试探索解决民办学校法人属性定位相对模糊的问题，给予民办学校明确的法人属性定位；二是着力探索明确界定民办学校教职工合法权益的具体内容包括核心内涵和外延。广东省民办学校教职工合法权益保障必须首先"有法可依"，之后才能着力推进"有法必依，执法必严，违法必究"。①

（三）注重权益保障顶层设计，加强民办学校教职工权益保障的制度基础

在中央出台政策细则保障规范民办学校教职工合法权益相对较困难的背景之下，全国多个省区市地方政府在保障民办学校教职工合法权益方面进行了政策创新和实践探索。目前许多地方政府采取的是"单兵突进式"方式，鼓励各个所属地区政府积极探索，出台政策，设计条款以完善民办学校教职工权益保障制度。广东省作为民办教育大省锐意进取，改革创新，在尝试解决民办学校教职工权益保障问题的各个层面上取得了不小的成就与突破。

---

① 刘啸、张海英、郝占辉：《教育公平视域下民办学校和教师法律地位的困境与出路》，《商业时代》2011 年第 15 期，第 106～107 页。

目前公办学校教职工的工资有国家财政的保障和支持，而许多民办学校教职工的工资主要来源于民办学校学费，并且学校拥有很大的自主性，这在很大程度上造成了民办学校教职工工资普遍偏低且与公办学校教职工工资失衡的局面，以及由此衍生的民办学校教职工同工不同酬的问题。为解决民办学校教职工合法权益保障中突出的工资问题，广东省内许多地方政府进行了有益探索。如广州市出台的《广州市人民政府关于促进民办教育发展的意见》第十六条规定：提高民办学校教职工工资水平，市教育部门会同市人力资源和社会保障部门制定民办学校教职工工资指导标准；民办学校要建立健全教职工工资专户制度和增长机制；等等。针对民办学校教职工进修培训方面的权益保障问题，公办学校教职工进修培训经费由国家或地方财政予以保障和支持，而民办学校教职工培训经费完全由民办学校或教职工自己解决，加上民办学校办学主体重使用轻培养的理念偏差导致民办学校教职工进修培训机会少、渠道窄、平台低。为深入贯彻落实民办学校教职工在职业发展方面享有与公办学校教职工同等法律地位，广东省许多地方政府也进行了有益探索，如《佛山市关于促进民办教育规范特色发展的暂行实施意见》第十五条规定：全市各级教育部门要建立民办学校校长培训和教师继续教育鼓励和监督制约机制，严格执行与公办学校相同的培训成本分担政策。《深圳市民办教育管理若干规定》第二十一条规定：民办学校应当依法保障教师每年参加继续教育的时数与同级同类公办学校教师相同。

广东省多个县市地方政府针对教职工合法权益保障进行的制度性探索是一种自下而上的有益尝试，各个地区所取得的经验成果为广东省民办教育改革、加强民办学校教职工权益保障提供了参考和启发。然而这种自下而上的探索也暴露出一些问题，比如许多地方政府往往只是针对民办学校教职工某些个别突出权益问题进行探索，而忽视从全局统筹考虑建立系统的民办学校教职工权益保障机制；[1] 许多地方各自为政，造成广东省民办学校教职工权

---

① 吴开华、张铁明：《民办学校教师权益现状的调查与思考——以广东中山市为例》，《中小学管理》2009 年第 11 期，第 36~39 页。

益保障在地区间极度不平衡；等等。因此结合管理学实践，在新时期民办学校教职工权益保障方面广东省要更加强调运用系统的观点，注重权益保障顶层设计，善搭平台，设立省级民办教育管理处，自上而下推动建立系统民办学校教职工合法权益制度保障机制。实行"两条腿走路"，考虑将民办学校教职工纳入公办学校教职工范畴统筹谋划，打破体制机制障碍，从制度上切实保障民办学校教职工享有与公办学校教职工同等法律地位。同时在充分考虑各个地区发展不平衡的基础上，采取帮扶措施，大力促进地区之间、学校之间民办学校教职工权益保障的平衡发展。

（四）建立健全权益保障机构，强化民办学校教职工权益保障的组织基础

在调研的过程中，我们发现民办学校教职工合法权益难以得到保障的一个重要原因是民办学校教职工权益救济缺乏相应的渠道，特别是缺乏公办学校教职工权益救济的保障监督机构。一方面，民办学校教职工合法权益的保障得不到相应监督便会流于形式，止于表面；另一方面，民办学校教职工特别是一线的教职工关于合法权益保障的理性声音无法"上达天听"，无人受理便会严重挫伤广大教职工的工作热情，影响学校教育教学工作的正常开展，极大地阻碍民办教育事业的健康发展。因此必须要正视问题，以建立健全教职工权益保障监督机构为抓手，积极尝试探索设立从教育行政主管部门到民办学校自上而下的两级保障机构。一方面，在教育行政主管部门尝试设立专门的教职工权益保障领导小组办公室，全面加强对民办学校教职工各项合法权益保障落实情况的监督，以定期与不定期相结合的方式积极开展专项巡视活动，并将教职工权益保障落实情况巡视结果列入部门考核对象，以切实履行教育行政主管部门的监督职能。另一方面，民办学校也要着力建立健全学校工会组织和教职工代表大会组织，充分发挥工会组织和教职工代表大会组织在保障教职工合法权益方面的作用。①

---

① 陈梦迁：《教师权益保障体系分析》，《教学与管理》2006 年第 1 期。

五 结论

总而言之，加强民办学校教职工合法权益保障，落实民办学校教职工与公办学校教职工同等法律地位是一项系统而艰巨的工程。既需要国家和政府高屋建瓴、统筹规划、构建系统的民办学校教职工合法权益保障机制，也需要社会、民办学校以及教职工同心同德、不懈努力。"九层之台，起于垒土；千里之行，始于足下"。只要国家、政府、民办学校、教职工自身及社会各界齐心协力，脚踏实地，共同夯实民办学校教职工合法权益保障机制的各项基石，我们完全可以相信一支数量充足、结构合理、相对稳定、专业能力过硬的民办学校教职工队伍定会为广东省教育事业的发展插上腾飞的翅膀。

广东省民办高校的法人治理结构：
现状、问题与对策

刘志华　任亚杰*

摘　要： 广东省民办教育发展规模大、速度快，民办高校是民办教育的重要组成部分，建立现代学校制度，完善民办高校法人治理结构，深化内部管理体制改革，是当前民办高校改革的重要内容，对其发展也具有十分重要意义。现阶段，广东省民办高校法人治理结构主要存在民办高校董事会职能尚须落实、民办高校校长队伍的建设尚待加强、民办高校监督机构的作用尚待完善等问题。完善民办高校法人治理结构可以从完善和创新董事会工作机制、发挥决策核心的作用，加强校长团队建设、提升民办高校决策执行力，发挥监督机制作用及增进法人治理结构和谐等方面入手。

关键词： 民办高校　法人治理结构　监督机制

《国家中长期教育改革和发展规划纲要（2010～2020 年）》中提出：要"完善中国特色现代大学制度。完善治理结构……加强章程建设。各类高校应依法制定章程，依照章程规定管理学校"。完善法人治理结构是新修订的《中华人民共和国民办教育促进法》的一项重要内容，同时也是民办学校建立现代学校制度，规范管理的基础。该法提出了对民办学校法人

---

　* 刘志华，华南师范大学政治与公共管理学院教授，博士，研究方向为教育管理学、教育领导学、教育管理心理学；任亚杰，华南师范大学政治与公共管理学院研究生。

治理结构的明确要求，还规定了学校理（董）事会的职权，对校长的管理职权也做了明确的规定。研究、探讨和完善广东省民办高校法人治理结构，有利于为民办高校的健康发展提供强有力的法理依据，使广东省民办高校适应新的时代发展要求。

一　广东省民办高校法人治理结构发展现状

（一）董事会是学校最高决策机构

2018年12月29日第十三届全国人民代表大会常务委员会第七次会议通过《关于修改〈中华人民共和国民办教育促进法〉的决定》（简称新修订的《民办教育促进法》），新修订的《民办教育促进法》第三章第二十条规定，民办学校应当设立学校理事会、董事会或其他形式的决策结构并建立相应的监督机制。第三章第二十二条规定，学校理事会或者董事会行使下列职权：（一）聘任和解聘校长；（二）修改学校章程和制定学校的规章制度；（三）制定发展规划，批准年度工作计划；（四）筹集办学经费，审核预算、决算；（五）决定教职工的编制定额和工资标准；（六）决定学校的分立、合并、终止；（七）决定其他重大事项。其他形式决策机构的职权参照本条规定执行。调查显示，在广东省55所民办高校中，实行"董（理）事会领导下的校长负责制"的民办高校有49所，约占89.1%；此外，还有6所民办高校采取其他类型的决策机构。可见，从领导体制上讲，目前民办高校在内部管理体制上大多采用"董事会领导下的校长负责制"。根据广东省民办高校许可证制度的要求，民办高校建立董事会的覆盖面已达到近90%。尽管法律也允许学校中别的决策机构存在，但主体仍然是董事会或理事会。①

---

① 黄一玲：《试论民办高校法人治理结构的完善》，《中国成人教育》2017年第3期，第37～41页。

（二）校长是最高行政负责人

校长是民办高校的最高行政负责人，《国务院关于鼓励社会力量兴办教育促进民办教育健康发展的若干意见》（国发〔2016〕81 号）规定，要完善校长选聘机制，依法保障校长行使管理权。新修订的《民办教育促进法》第三章第二十五条规定，民办学校校长负责学校的教育教学和行政管理工作，行使下列职权：（一）执行学校理事会、董事会或者其他形式决策机构的决定；（二）实施发展规划，拟订年度工作计划、财务预算和学校规章制度；（三）聘任和解聘学校工作人员，实施奖惩；（四）组织教育教学、科学研究活动，保证教育教学质量；（五）负责学校日常管理工作；（六）学校理事会、董事会或者其他形式决策机构的其他授权。据调查研究，几年来随着广东省民办高校发展日趋专业化，民办高校校长参与董事会决策、拥有投票权的比例也相应提高。

（三）"书记进董事会、党政交叉任职"现象突出

据广东省教育厅 2018 年相关信息发布，广东白云职业技术学院、广州华夏职业学院等高校的党委书记按照法定程序成为学校董事会董事，全程参与学校改革发展重大问题的研究决策，切实发挥党委的政治核心作用和监督保障作用。广东培正学院、广州珠江职业技术学院、广州松田职业技术学院等高校的党委书记兼任副校长，直接参加校长办公会研究决策，直接参与办学活动和内部管理。广东白云职业技术学院、广州科技职业技术学院等高校的党员校长兼任学校党委副书记，与党委书记共同承担学校党建工作责任，把党的教育方针政策贯穿到办学治校各方面。私立华联学院、广州华南商贸职业学院等大多数高校党员副校长兼任学校党委委员，参与学校党委各项工作，有效地把党建工作落实到分管工作领域。目前，全省民办高校共建立基层党支部 1646 个，32419 名党员全部被纳入党的基层组织，有效管理基本实现全覆盖。①

---

① 信息来源：广东省教育厅。

二 广东省民办高校法人治理结构
建设中突出存在的问题

（一）民办高校董事会职能尚须落实

1. 法律依据不详尽

2018 年新修订的《民办教育促进法》及其实施条例的相关规定是"民办学校的举办者根据学校章程规定的权限和程序参与学校的办学和管理"。其对于举办者与决策机构关系的规定过于简略，难以操作，且极不合理。其表现形式就是董事会中举办者的代表过多。调查显示，目前举办方代表在学校决策机构组成人员中所占的比重是比较高的，其中董事会成员中举办方代表在 3～5 人的学校占到了 35% 以上，举办方代表在 7 人以上（含 7 人）乃至全部董事会成员为举办者及其代表的学校也占有一定比例。

2. 人数、结构不合理

2018 年的新修订的《民办教育促进法》虽规定了民办高校的决策机构为董（理）事会或其他形式，对民办学校董事会的人数下限做了规定，但没有上限规定和结构规定。① 举办者往往根据自己对学校控制的需要来确定董事会的组成人数。据对广东省 55 所民办高校的调查，董事会成员最少的5 人，最多的 11 人。董事会人数的多少差异很大。

目前，广东省民办高校董事会结构中有一个明显的缺陷，就是几乎没有教职工代表，学生代表就更没有了。广东省民办高校董事会成员结构中还有一个比较普遍的问题，就是董事会成员中名人化倾向严重。在调查中我们发现，董事会在选聘校外董事时往往考虑由具有较高社会名望的人担任董事，如退休的政府官员、大学的退休领导和知名教授，甚至中科院院士等。同

---

① 信息来源：广州市教育局。

时，在走访调查中我们发现，目前民办高校董事会成员的年龄偏大，个别人员甚至因身体健康状况难以胜任董事会的活动，应该注意改善。

3. 制度建设不健全

在走访调查中，我们发现，广东省许多民办高校成立董事会，往往是为了应付上级的需要，如学校设置、各类评估和许可证年检等。一些举办者成立董事会只是摆摆样子，学校一切大事仍由少数人把持。董事一年开一次会议，大家见面说说好话就算完事，对学校各项事务的政策由董事长或校长说了算，实际上"董事"不"懂事"。

4. 职责分工不明确

新修订的《民办教育促进法》虽然分别规定了董事会与校长的职责，但对于如何保证校长和董事会的权力合理运行，并没有做出明确的规定。笔者在走访调查中发现，广东省某民办高校 5 年就有 10 位校领导先后离校，主要原因是"校长与董事长办学理念截然不同"。还有，广东省某民办高校董事长何某，在办学条件已经非常紧张的状态下，仍要求校长竭尽全力扩大招生，使得校长与董事会之间的矛盾越发凸显，最终导致董事长和校长互炒鱿鱼，而这一所办学较早的民办高校也快速陷入发展危机。

5. 监督机制不完善

在走访调查中我们了解到广东省一所创办多年并有一定实力的民办高校被举办者子弟掏空，大量资产被转移，学校几近破产。另有某民办高校的投资者（董事长）利用信息不对称，欲把教师学生集体转卖，严重地损害了师生的利益。在实践中，民办高校普遍存在"家族式"的管理，"一人专权"的现象比较常见。

（二）民办高校校长队伍的建设尚待加强

1. 人才队伍老化

虽然近几年来情况有所好转，但队伍老化的情况还是严重存在。校长从公办高校退休校领导中聘任的情况还是非常普遍。调查中我们发现，有的民办高校学校领导中甚至没有 50 岁以下的人员，70 岁以上的民办高校校长也还不少。总体来看，年轻的校级领导数量太少，民办高校发展后劲不足，人才储备亟待培养。

2. 缺乏创新性管理

由于年龄偏大，加之有些校长多年以来一直在公办高校从事管理工作，对民办高校的办学实际不熟悉，管理工作中照搬照抄原来公办学校的比较普遍。守摊子的多，听从举办者意见的多，从学校实际出发，在管理中敢于探索、创新和改革的比较少。

表1 广东省部分民办高校校（院）长履历

学校名称	现任校(院)长	曾任职	年龄（岁）
广东白云学院	黄大乾	曾任华南农业大学党委委员	56
北京理工大学珠海学院	赵显利	曾任北京理工大学副校长	64
广东科技学院	王国健	曾任华南师范大学党委常委、党委书记兼校长	69
广州工商学院	邝邦洪	曾任华南师范大学中文系主任，教授，硕士研究生导师；西江大学校长，党委副书记	66
中山大学南方学院	喻世友	曾任中山大学党委副书记、副校长	62
广州大学华软软件学院	何大进	曾任广州大学副校长	69
北京师范大学珠海分校	涂清云	历任北京师范大学物理系主任助理、科学技术处副处长、物理系副系主任、教务处副处长兼招生办公室主任、教务处处长兼招生办公室主任、教务处处长	55
广州商学院	杨文轩	曾任华南师大党委书记、党总支书记、总务长、副校长	71
广东理工学院	张湘伟	曾任重庆大学副校长、汕头大学校长、广东工业大学校长	68
吉林大学珠海学院	付景川	现任吉林大学校长助理兼教务处处长，教授，博士生导师	66

数据来源：各民办高校官网。

3. 办学权落实薄弱

《国务院关于鼓励社会力量兴办教育促进民办教育健康发展的若干意见》（国发〔2016〕81号）规定，完善校长选聘机制，依法保障校长行使管理权。但是民办高校校长的职能权利，往往是董事长分配的，给多少是多少。每当校长与董事长出现分歧和纠纷时，往往是董事长炒校长的鱿鱼。可见，校长的自主办学权和相关权益得不到保障，影响了学校管理的规范性和制度化。

（三）民办高校监督机构的作用尚待完善

2016 年 12 月 27 日，广东省发展和改革委员会价格监督检查与反垄断局局长陈波带队上线广东"民声热线"。针对多名学生投诉民办高校艺术专业多年存在的违规收费问题，陈波透露，目前检查了 1/3 的高校，发现违规的占检查的 1/2。由于法律制度设计的缺陷，目前民办高校很少设立监事会，在公司法人治理结构中处于重要环节的监事会，在民办高校法人治理中被忽略了，对其监督主要依赖于行政监督和高校的自律，内部制衡失调的风险较大。[1] 实践调查，广东省民办高校设置监督机构的很少，即使设置了监督机构，其名称也是五花八门，有的叫"教授委员会"，有的叫"教学质量督导委员会"，有的叫"教职工代表大会"。虽然新修订的《民办教育促进法》第二十七条规定，"民办学校依法通过以教师为主体的教职工代表大会等形式，保障教职工参与民主管理和监督"，但相关调查研究显示，这与真正意义上的监督机构还有很大的距离。[2]

三 创新法人治理结构，提高民办高校的决策水平

（一）完善和创新董事会工作机制，发挥决策核心的作用

1. 规范董事会人数

关于民办高校董事会人数，2018 年新修订的《民办教育促进法》第三章第二十一条规定："学校理事会或者董事会由 5 人以上组成，设理事长或者董事长一人。"也就是说，民办高校董事会最少不得少于 5 人，其中 1 人

---

[1] 信息来源：广东民生热线网。
[2] 王诺斯、张德祥：《制度创新视域下民办高校分类管理的现实困境分析》，《中国高教研究》2017 年第 2 期，第 14～23 页。

为董事长。董事会人数过少，覆盖面小，决策会有偏颇，相关利益者的代表性难以体现，诉求反映难以全面。董事会人数过多不利于董事会作用的发挥。因此笔者建议民办高校董事会人数应确定在 9～13 人为宜。确定民办高校董事会的人数，还要从学校的投资结构、学校的规模、办学的性质等方面综合考虑。

2. 完善董事会结构

《国务院关于鼓励社会力量兴办教育，促进民办教育健康发展的若干意见》（国发〔2016〕81 号）规定："董事会（理事会）应当优化人员构成，由举办者或者其代表、校长、党组织负责人、教职工代表等共同组成。"从广东省民办高校的实际来看，民办高校的董事会主要是由举办者、办学者和社会相关人员组成，教职员工代表参与的很少。笔者建议，民办高校董事会应当至少由六部分人员组成：举办者或其代表、校长、党组织负责人、教职工代表、社会专业人士（含校友代表）、学生或家长代表，以保证董事会结构的多样性、专业性、合作性、高效性。

3. 明确董事会职责

新修订的《民办教育促进法》等相关法律基本明确了民办高校董事会的主要职责，需要强调的是董事会的筹资职责相对来说较为薄弱，很多民办高校章程都没有涉及。因此，有必要强化董事会的筹资职能和责任。[1] 同时，需要处理好学校内部以董事会为代表的决策层和以校长为首的执行层的关系，使董事会和校长各负其责，目标一致，既有分工，又有合作。

4. 健全董事会制度

第一，确定董事会的议事规则：一是会议制度；二是表决制度。《中华人民共和国民办教育促进法实施细则》中，规定了例行会议和临时会议。民办学校董事会每年至少应召开一次会议。从调研中反映的民办高校现实情况来看，普遍感觉一年召开一次董事会太少，可适当增加董事会会议次数。

---

[1] 柯佑祥：《民办高校的属性识别及其调控机制研究》，《教育研究》2012 年第 9 期，第111～118 页。

第二，建立董事会回避制度。董事对涉及自己相关利益的表决应当回避，特别是在涉及学校发展的重大问题及校长等高级管理人员的任免问题上。①

5. 加强董事会监督

2018 年的新修订的《民办教育促进法》仅仅规定了民办学校应当建立相应的监督机制，但对如何推进监督制度还是"空白"，有待探索。笔者认为，建立民办高校董事会的监督制度是重要的，但最关键的是要清楚监督什么、谁去监督、如何监督。

（二）加强校长团队建设，提升民办高校决策执行力

1. 重视校长团队建设

迄今为止，国家层面关于民办高校校长队伍建设方面尚未有系统的专门文件，值得一提的是黑龙江省在贯彻新修订的《民办教育促进法》精神的过程中，专门下发了《关于加强我省民办高校校长队伍建设的意见》，除严格明确民办高校校长的核准程序和各项职责外，还提出了建立校长培训制度，即通过组织高端培训、国内考察、国外集中培训等活动，使民办高校校长牢固树立忠诚于党的民办教育事业的信念，成为民办教育事业的专家，忠于职守，敬业克己，作民办教育工作者的表率和楷模，② 即通过培训来提高民办高校校长的政治素质和业务管理能力。据了解，这是我国民办高校恢复办学以来各省市自治区下发的第一个关于民办高校校长队伍建设的专门文件，广东省可以向其借鉴学习。

2. 完善校长准入制度

关于民办高校校长的任职条件，从国家层面来看，已经有了一些规定。2018 年新修订的《民办教育促进法》规定，民办学校参照同级同类公办学校校长任职的条件聘任校长，年龄可以适当放宽，并报审批机关核准。这个规定显然过于笼统和宽泛。因此建议广东省结合自身工作实际，下发相关文

---

① 黄勇：《教育治理视野下的民办高校股权激励机制研究》，《中国高教研究》2014 年第 8 期，第 21～24＋38 页。

② 邱昆树、王一涛、石猛：《我国民办高校校长群体特征及其政策启示》，《中国高教研究》2016 年第 8 期，第 74～79 页。

件通知，用以指导广东省民办高校校长任职。

3. 支持校长开展工作

笔者认为，民办高校校长的职权既是董事会聘用委托的，也是国家相关法规赋予的。民办高校校长不应该是需时即来、挥之即去的"临时工"。2018 年 8 月 10 日司法部发布的《中华人民共和国民办教育促进法（修订草案）（送审稿）》第二章第二十八条明确规定："民办学校校长依法独立行使教育教学和行政管理职权。"《中华人民共和国民办教育促进法（修订草案）（送审稿）》也特别规定，"民办学校的举办者根据学校章程规定的权限和程序参与学校的办学和管理"，而不能任意地干预学校事务。[①]

4. 加快接班人才培养

我国悠久的"家文化"传统和民办高校恢复办学的国情使民办高校家族化管理成为一种难以超越的过渡性质的现象。因此，地方政府与教育行政部门要对民办高校主要负责人的选拔与退出，进行必要的规范和指导。近年来，许多省市政府组织对"富二代""创二代"子女开展培训工作，希望他们更好地担当起延续企业"香火"的重任。广东省可以借鉴其他省市的创意，保持民办高校发展的连续性。

（三）发挥监督机制作用，增进法人治理结构和谐

1. 健全监事会组织结构

健全民办高校监事会组织结构，要加强监事会领导班子建设，提高监事会领导的待遇，赋予其明确的任务和职责。从当前需要出发，笔者建议：一方面，广东省民办高校至少要设立综合办公室和纪律检查等工作部门，配备专职工作人员；另一方面，监事会的活动经费应列入学校年度经费预算，这样民办高校监事会的活动和工作开展才有着落。

2. 建立监事会重大问题决策机制

民办高校监事会参与学校重大问题的讨论，提出意见与建议，是发挥

---

① 潘留仙、陈文联：《民办高校内部治理中校长应有的角色》，《中国高教研究》2016 年第 8 期，第 80~84 页。

监督作用的重要途径之一。在学校干部选拔任用方面，尽管监事会没有最后决定权，但应保障教职工对干部选拔任用的知情权、参与权、选择权与监督权。

3. 加强教职工代表大会建设

根据 2018 年 12 月 29 日第十三届全国人民代表大会常务委员会第七次会议通过的《关于修改〈中华人民共和国高等教育法〉的决定》，高等学校应通过以教师为主体的教职工代表大会等组织形式，依法保障教职工参与民主管理和监督，维护教职工合法权益。教职工代表大会是教职工参与民主管理和民主监督的机制，公办高校的教师有权通过教职工代表大会的形式参与学校民主管理，那么民办高校的教师也应当有这个权利。① 实践证明，教代会制度是适合民办高校运行实际的，调查表明，广东省 55 所民办高校中成立教职工代表大会的仅占 23%，因此广东省民办高校需要进一步加强教代会制度建设。

结　语

2018 年 12 月 29 日第十三届全国人民代表大会常务委员会第七次会议通过《关于修改〈中华人民共和国民办教育促进法〉的决定》，修法不仅在对民办学校的"财权"上给予了充分的、必要的法律保障，而且对学校的"治权"，也就是说对学校内部的管理权也提供了法律保障。

笔者认为，要保证广东省民办高校法人治理结构合理有效，首先，民办高校需要高度重视学校章程建设。这个章程不仅要规定办学的宗旨、目的、学校的性质，而且要规定学校决策的体制机制、运行的体制机制，包括董事会、理事会的组成，董事长、理事长、董事、理事的任期。董事长如果是终身制怎么退出？下一届董事长怎么产生？是董事会提名还是教育部门提名，

---

① 杨炜长：《利益相关者视角下民办高校监管体系的构建》，《中国高教研究》2012 年第 6 期，第 77～81 页。

还是董事长提名？这些问题都要在章程里面明确。还有在董事会里面家族成员能占多大比重，这在国外是有明确规定的。为防止民办学校实施家族化治理的模式，笔者认为民办高校董事会的家族成员不能超过半数，甚至还应该更少，比如说1/4、1/3等，这些也都要在章程里面有所规定。其次，完善民办高校法人治理结构，应包括民办学校董事会、校长、监事会及其他的监督机制，完善民办学校的内部治理结构。原来的条文只规定了监事会，但是考虑到民办高校规模不一样，没有必要统一模式。规模比较大的要有理事会或者董事会，也要建立相应的监事会；规模小的则要有相应的内部监督机制。最后，加大政府支持力度，如《中华人民共和国民办教育促进法》已经颁布实施17年了，新修订的《民办教育促进法》已修订完成，广东省也应出台符合广东省情况的实施办法和细则，以保障民办高校正常运行和健康发展。

附录：

广东省民办高校法人内部治理结构调查问卷

尊敬的各位领导：

诚挚地感谢您于百忙之中填写此次调查问卷，为了全面了解广东省民办高校法人治理结构现状、总结经验、发现不足、收集有效建议，为保障民办高校正常运行和健康发展，特进行本次调查。希望您如实反映您的真实情况，并诚恳地期望您给出意见建议。

本调查表选项说明：调查表中的选项，请选择您认为最符合的选项。

调查内容

1. 贵校的内部领导体制类型是？［单选题］

○ 董（理）事会领导下的校长负责制

○ 党委领导下的校长负责制

○ 举办单位或教育行政部门直接领导

○ 其他类型的决策机构

2. 贵校董事会成员多为［多选题］

○ 办学者

○ 大学的退休领导和知名教授

○ 退休的政府官员

○ 其他

3. 贵校董事会人数为？［单选题］

○ 5 人

○ 6 人

○ 7 人

○ 8 人

○ 9 人

○ 10 人

○ 11 人

○ 12 人

○ 13 人

○ 13 人以上

4. 贵校董事会平均年龄为：［单选题］

○ 30~40 岁

○ 41~50 岁

○ 51~60 岁

○ 61~70 岁

○ 71 岁以上

5. 贵校董事会组成人员中举办者代表为几人［单选题］

○ 1 人

○ 2 人

○ 3 人

○ 4 人

○ 5 人

○ 5 人以上

6. 贵校校长是否为董事会成员？［单选题］

○ 是

○ 否

7. 贵校校长年龄为：［单选题］

○ 30 ~ 40 岁

○ 41 ~ 50 岁

○ 51 ~ 60 岁

○ 61 ~ 70 岁

○ 71 岁以上

8. 贵校是否设有监事会或其他类型的监督机构？［单选题］

○ 是

○ 否

9. 贵校是否设有教职工代表大会？［单选题］

○ 是

○ 否

10. 您在我们调查表以外，您对完善民办高校法人治理结构还有哪些宝贵意见？［填空题］

案 例 篇

广东民办高校中外双专业双学位
本科人才培养模式

刘益宇　伍汗飞*

摘　要：　为响应国家和广东省《中长期教育改革和发展规划纲要》中"关于推进教育国际化"的号召，实践广东高等教育先行先试的理念，广东民办高校加快高等教育国际化的步伐，借鉴海外先进教育理念，引进海外优质教育资源，培养具有国际视野、综合素质高、外语和专业能力强、融合中西方文化、参与国际竞争与合作的涉外型实用人才。本文对广东省的中外合作办学项目展开调研和探讨，归纳目前民办高校国际化的人才培养模式优势，并指出每种模式的特点及存在的问题，旨在寻找一条适合广东民办高校发展的国际化人才培养特色之路。

---

* 刘益宇，哲学博士，华南师范大学科学技术与社会研究院副教授，硕士生导师；伍汗飞，华南师范大学科学技术与社会研究院硕士研究生。

关键词： 广东　民办高校　国际化　人才培养

一　广东民办高校中外双专业双学位本科人才培养的基本情况

高校国际化人才培养是一种新型的国际交流与人才培养模式，在国外发展已较为成熟，在国内仍然是新事物，尚处于起步阶段，有待进一步探索和发展。

从1993年广东省第一所民办高校成立至今，从教育部了解到，广东共计54所民办高校，其中27所本科院校，27所高职院校。在本科院校中并没有研究生学历授予资格的单位。从办学范围看，综合大学32所、财经院校10所、理工院校9所、艺术院校2所、语文院校1所。广东民办高校总学生数为654506人，其中本科生427901人，高职专科生226605人。作为民办教育主要发源地之一，广东民办高校走过了一条艰辛曲折的道路。与公办高校相比，广东民办高校起步晚、底子薄，又缺乏政府的财政支持，办学环境和条件都与公办高校相差甚远，存在生源质量不高、教师队伍难以稳定等问题。面对艰难的发展困境，广东民办高校在市场的大风大浪中成长，充分利用广东的开放和创新精神，开拓国际化教育教学合作，借鉴先进的教育理念和教学方法，先后与美国、澳大利亚、英国、加拿大、德国等十多个国家的高校建立了合作关系，走出一条符合广东实际的国际化人才培养道路。

"中外合作办学是教育体制一种创新"①，是新时代民办教育发展的一大特色。在广东，民办高校国际化人才培养及与国外合作办学兴起于20世纪90年代。其中广州商学院是广东省最早推行国际化办学、举办中外合作项目的

---

① 李志红、梁炳钊、俞胜英：《中外合作办学的研究与实践——广东白云学院中英"3 + 1"项目的实践与探讨》，《广东白云学院学报》2008年第4期。

高校，迄今该校已培养 12 届国际化本科学生。如今，设有中外合作项目的广东民办高校，涉及专科、本科和硕士三个层次。合作的国家与地区覆盖欧洲、北美、东南亚、欧洲、新西兰、日本、韩国、中国港澳台等，合作办学项目数量较多的分别为澳大利亚、美国、英国、加拿大。合作模式主要有"2＋2"本科双学位、"3＋1＋1.5"或者"3＋2"等本硕连读双学位、"2＋2"专升本等。合作的专业主要集中在商业及管理方向、经济金融类方向、英语教育类方向等。合作办学地域主要分布在广州、深圳、东莞、珠海等珠三角经济发达的市区（见表1）。

表1   2017 年广东民办高校国际化人才培养情况

民办高校名称	国际化人才培养合作办学国家	合作办学学历	创立年份	合作起步年份
广东白云学院	美国、德国、加拿大、日本、英国、澳大利亚	本科双学位、国外硕士	1989	2006
广东培正学院	美国、德国、加拿大、日本、英国、荷兰、澳大利亚、西班牙	本科双学位、国外硕士	1993	2012
广东科技学院	美国、英国、泰国	本科双学位、国外硕士	2003	2013
广州商学院	美国、英国、澳大利亚	本科双学位、国外硕士	1997	2002
广东东软学院	美国、印度、加拿大、英国、澳大利亚	本科双学位、国外硕士	2002	2015
广东理工学院	美国、英国、加拿大	本科双学位、国外硕士	1995	2014
广东工业大学华立学院	美国、德国、加拿大、英国、澳大利亚、西班牙、新加坡、泰国、马来西亚、立陶宛	本科双学位、国外硕士	1999	2013
北京理工大学珠海学院	英国、美国、加拿大、澳大利亚、韩国、爱尔兰	本科双学位、国外硕士	2004	2012
中山大学新华学院	美国、英国、澳大利亚	本科双学位、国外硕士	2005	2013
中山大学南方学院	美国、日本	本科双学位	2006	2016
广东外语外贸大学南国商学院	韩国、日本、法国、加拿大等	本科双学位	1996	2012
华南农业大学珠江学院	美国、英国、澳大利亚、新西兰、加拿大	本硕双学位	2006	2011
华南理工大学广州学院	美国、德国、加拿大、英国、澳大利亚	本科双学位、国外硕士	2006	2012

资料来源：作者根据调研自制。

截至 2017 年 12 月，在教育部审核的广东民办高校本科院校中开设有中外合作办学机构和项目的院校计 17 所，但其中真正开展中外合作办学项目且项目处于运转的院校其实不多（如表 1），主要有广州商学院、广东白云学院、广东培正学院、广东科技学院、广东工业大学华立学院、广东外语外贸大学南国商学院、华南理工大学广州学院等。这些民办高校与国外高校以双学历"2+2"或"3+1"合作办学或小部分短期访学为主。其他形式的合作办学并没有得到实质性的开展。"考察民办高校与外方合作办学状况，发展前景并不明朗。以广东培正学院为例，对外合作院校主要以经济发达、科技先进及教育水平突出的发达国家为主，如英国、美国、加拿大等。从合作办学模式上看，均过于单一，受众群体也较为单一。"[1]

二 广东民办高校中外双专业双学位本科人才培养模式特色与优势

目前，广东民办高校的发展正处于关键期和质量攻关期。"抓住社会人才需求和民办高校优势的交汇点，就是民办高校的最佳定位。从民办高校的现实水平来看，在未来相当长一个时期内不宜提'创办中国的哈佛'这类不切实际的口号。民办高校当前的主要优势，是适应社会需求，培养就业型的应用型、实用技术型人才。"[2] 特别是近年来，广东民办高校加快国际化合作的步伐，创新人才培养模式，与国外高水平大学开展合作办学项目，可以取人之长补己之短，提高学术水平和教学质量，培养出符合广东、全国乃至全球需求的具有国际视野和国际化意识的高素质国际化人才。目前，广东民办高校主要是采用应用型国际化人才培养模式。

近年来，广东民办高校加快国际间的教育交流与合作，中外合作办学从

---

① 王姝槿：《广东民办高校中外合作办学现状及对策》，《广东培正学院论丛》2016 年第 2 期，第 71～74 页。

② 华灵燕、熊亚：《民办高校的类型与层次定位研究》，《浙江树人大学学报》2009 年第 5 期，第 28～32 页。

无到有，并快速发展，现如今已经为国际化应用型创新人才的培养提供了实施的平台，从人才培养模式到教学运作和管理与国外高等教育相对接。目前，许多广东民办高校实施应用型国际化人才培养模式，例如广州商学院、广东白云学院、广东科技学院、广东东软学院、广东培正学院等。为探究构建国际化应用型人才培养模式，本文以广州商学院中外合作项目和广东白云学院为例，就中外合作办学项目的具体形式和实施办法进行详细的阐述，该项目目前已经招生并正在实施中，为国际合作人才培养提供了有益探索。

（一）广州商学院"一体两翼"的人才培养模式

广州商学院前身是华南师范大学增城学院，是广东省第一所新机制二级学院、全国第一批独立学院。学院创办于1997年，自1999年开始招收第一批学生；学院于2002年开始招收本科生，是广东最早开展本科教育的民办本科高校。2002年举办广东首个中外合作办学本科项目，在广东高校中率先开展中外合作办学本科教育。2014年5月16日，教育部致函广东省人民政府，同意华南师范大学增城学院转设为广州商学院（教发函〔2014〕134号）。

为响应国家和广东省《中长期教育改革和发展规划纲要》中"关于推进教育国际化"的号召，实践广东高等教育先行先试的理念，加快高等教育国际化的步伐，广州商学院成立国际学院，旨在借鉴海外先进教育理念，引进海外优质教育资源，培养具有国际视野、综合素质高、外语和专业能力强，能够融合中西方文化参与国际竞争与合作的涉外型实用人才（来自2015年广州商学院中美双专业、双学位项目招生简章）。广州商学院校长杨文轩教授接受新华社记者采访时强调："学校秉持'应用型、开放式、国际化'办学思路，坚持'学生为本、立德树人'教育理念，探索实施以德育为先，以专业实践能力为体，以信息化和国际化为两翼的'一体两翼'高素质应用型人才培养模式。"[①]

广州商学院开展中外合作办学首先是按"优势＋急需"的原则与国外

---

① 《广州商学院：培养"中西合璧，融会贯通"的国际化人才》，新华网，2017年12月5日。

知名大学合作，引进其最优质的专业和开展科研学术合作，即结合广州和珠三角地区发展急需的人才，引进具有相应专业优势的海外高校进行合作办学或开展学术合作，加快培养符合地方经济发展需求的国际化人才。在引进办学资源和办学模式时，学校谋求与中国国情的紧密结合，包括在海外的优势课程中注入中国本土的法规知识和案例内容，使学生兼具中西专业知识，具有跨文化的沟通能力。学校采用共同管理的方式来开展中外合作办学，项目由中外合作学校共同派出的专家和师资团队进行管理，双方共同制定人才培养方案，共同实施课程教学、教学管理与考核。通过紧密的合作，引进海外优质教学资源，提高课程和师资的国际化程度，最终实现国际化和本土化的融合。

自成立以来，广州商学院国际学院先后与美国、英国、加拿大、澳大利亚、德国等国家的多所高校签订合作协议，开展广泛的学术交流与合作。现与海外高校合作开展"3＋1"学分互认联合培养国际专班、"3＋1＋1"本硕连读项目和国际交流生项目。在广商接受国际化教育的学生，既有文化自信，又做到中西兼容；既有高尚品德，又有国际视野；既能熟练运用中英文两种语言，又有国际化思维、创新能力和团队精神。优秀的国际化师资、浓郁的国际化校园氛围和丰富的国际学习体验，让广商学子在中西文化的熏陶下成长、成才。

1. 广州商学院国际化人才培养模式的优势

广州商学院是广东省最早推行国际化办学、举办中外合作项目的本科高校。早在 2003 年，学校作为华南师范大学增城学院，已率先与澳大利亚南昆士兰大学（USQ）合作举办国际会计专业本科（教育部批文号 MOE44AU2A20020323O）。迄今该合作项目已培养 12 届本科学生。2012 年，学院又再次获教育部批准，与美国贝佛大学（BU）合作举办中美物流管理专业本科项目（教育部批文号 MOE44US2A20121317N），并于 2013 年面向广东省统招本科双专业、双学位学生。为了进一步引进海外大学的优质教育资源，广州商学院于 2011 年成立国际学院，与国外优秀学府合作举办多层次的中外合作办学，同时与美、英、澳、加、德等国多所高校建立了"学分互认、联合培养"的专业课程衔接体系,举办本硕连读国际班和交换生项目。国际学院不仅秉承英美博雅教育,普及小班全英教学,践行导师制,更注重中外优质资源的融会贯通,致力于培养具有国际视野、熟悉中国的国际法规和经济政策环境、基础知识扎实、具有跨文化沟通能力的复合型国际商务人才(来自广州商学院官网)。

第一,发挥学科优势,培养复合型人才。专业设置通常根据市场需求进行综合性设置和调整,一般是多学科协调发展的综合性院校,在此基础上,确定1~2个专业作为优势学科重点发展,其他专业协调发展。而跨学科人才是目前市场紧缺人才,广东大学生创业创新项目培养计划明确提出优先考虑跨学科组队项目。因此,发挥学校的综合学科背景与学科优势,培养创新创业能力强的复合型人才,是顺应时代变革的。一方面在课程设置上增加消费者心理学、管理学、品牌推广、金融基础知识等与优势学科相关联的课程,使艺术设计专业教学的课程内容更加系统,专业口径更加宽阔;另一方面加强与优势学科的交叉互动,如与经济系、会计系合作申报广东省大学生创业创新项目,共建网上购物平台、格子铺设计经营等。[①]

第二,利用国际教育中心平台,培养具有国际化视野的专业人才。"跨文化""跨国界""跨领域""跨专业"之"综合"教育的理念,在当代的教育中,是具有创新性和前瞻性意义的。同时在全球化经济的影响下,境外公司进驻中国市场,使我们拥有了更多与国外优秀专业人士进行交流合作的机会,并面临与其博弈的挑战。具有语言交流能力和国际化专业素养的专业人才是令人期待的。康大教育园成立的国际教育中心是培养这种人才的优越平台,应得以充分利用。一方面,通过"3+1+1(2)"模式将学生送出去,即国际联合办学本硕连读,学生在本校学习3年,第4年学习与国际接轨的课程,本科毕业后到国外读1~2年后取得硕士学位,学生兼受国内外艺术教育,既深明本土文化的价值,又感受异邦文化的魅力,更能适应国际

---

① 龙莉红、林木森:《独立学院艺术设计专业"一体两翼"人才培养模式的改革研究与实践——以华南师范大学增城学院为例》,《考试周刊》2012年第47期,第6~7页。

化市场的需求。另一方面，可以借助国际教育中心的资源，将国际人才和先进理念引进来，通过聘请国外知名人士担任客座教授，举办国际学术交流会和学术讲座，毕业生设计作品联展等方式，学习国际设计院校的理念和方法，丰富教学手段，拓宽学生的国际化视野，提高学生的创新设计意识和跨文化语境下的新的设计思维模式。这种国际化氛围也有利于学生培养外语能力。①

第三，多种中外合作项目，为应用型国际化人才培养助力。为了探索本、专科学历层次的衔接，更好地培养应用型国际化人才，广州商学院于2017年与英国赫尔大学和美国德拉斯浸会大学等多所知名高校合作，办学采用"一体化课程，学分互认，中外分段教学"的培养方式，招收专本连读专业学生。专本连读的学制分段为"3+2"或"3+1"。例如，本硕连读项目设置了会计、国际商务两个专业。会计学专业旨在培养具备会计、经济、管理和法律等方面的知识和能力，熟悉国内的有关会计制度和跨级准则，并熟悉国际会计的基本理论、基本准则及国际惯例的国际化、应用型高级专门人才。本专业不仅符合中国会计师协会的专业要求，还获得澳洲会计师公会的专业认证（CPA AUSTRALIA）。学生在完成第三年的专业课后即可由澳大利亚会计师协会授予CPA Australia Associate Membership资格，完成最后阶段的四门考试并有三年工作经验后，即可获得澳大利亚会计师公会的CPA专业资格。同时，澳大利亚会计师公会与加拿大注册会计师协会（CGA Canada）和英国特许管理会计师公会（CIMA）签署了会员互认协议，使双方会员有机会获得对方会员资格。国际商务专业（国际贸易、市场营销方向）旨在培养适应全球化经济形势和国内外市场的需求，系统掌握国际商务基本理论和方法，包括国际贸易和市场营销方向，具有较强的商务英语水平和跨文化沟通能力的国际化、应用型高级专门人才。国际商务专业兼具商务英语和经管的双重学科优势。本专业设立"主辅专业创新班"，报读

---

① 龙莉红、林木森：《独立学院艺术设计专业"一体两翼"人才培养模式的改革研究与实践——以华南师范大学增城学院为例》，《考试周刊》2012年第47期，第6~7页。

"创新班"的学生在完成本专业课程的基础上，选修"商务英语"或"信息管理"专业，可同时授予"主辅修双专业"，即第一专业国际商务，辅修专业为商务英语或信息管理。该项目优势有：中外学分互认，课程中西兼容，无缝衔接的专本连读；国际化教学模式，优秀的中外师资团队；中英双语，小班互动式教学；国家承认的专科文凭和本科学位；"3＋1"和"3＋2"专本连读学制，便捷的海外升学模式。收费标准：专科阶段：3.3万元人民币/年。海外高校的学费和生活费各不一样，一般而言，留学美国每年学费加生活费2万～3万美元，留学英国每年学费加生活费2万～2.5万英镑，留学澳大利亚每年学费加生活费4万～5万澳元。

（二）广东白云学院国际化人才培养模式

广东白云学院是广东最早的民办高校，也是广东省最早推行国际化办学、举办中外合作项目的本科高校之一。2005年，经教育部批准，在广东白云职业技术学院基础上组建广东白云学院，成为广东省首批建立的民办本科院校之一。2009年成为广东省第一批具有学士学位授予权的民办本科高校。广东白云学院秉承"市场导向，服务社会"的办学理念，以国际化战略为引领，以信息化战略为支撑，深入推进中外合作办学和国际化人才培养，并成立国际学院。培养经过多年的发展，国际学院规模不断扩大，目前在校生400多名，其中在校中外双本科学生200多名，已出国留学生60多名；中英合作专本硕连读市场营销专业学生200多名，毕业生800多名，已赴英国留学获得中外双本科学位的留学生200多名。国际学院坚持培养与国际接轨的应用型复合人才，以"拥有中外双学位（或两个专科文凭）、熟悉中外文化、掌握中外两种语言、获取中外两种职业资格"的特点，深受国内外用人企业好评，毕业生就业率极高。

1. 广东白云学院国际化人才培养模式优势

目前，广东白云学院与10个国家30余所学校和机构开展了出国留学、交流、境外实习项目。所有国际课程将在国内进行通识课程和学科基础课程的学习，学生在国内学习的课程和语言成绩达到相关要求后，可以申请前往与该校合作的国外大学继续学习，对接方式多样，国外学习时间缩短，费用大大节省，深受广大学生和家长的认可。学校现开展有"2＋2"或"3＋1"本科双学位项目、"3＋2/3＋1＋2"本升硕合作项目和"3＋2/3＋1.5"等专升本项目。本科双学位合作的国家有美国、澳大利亚、英国、德国、韩国、日本。合作的专业有计算机类、金融类、工程类、社会工作类、翻译类、会计类、设计类、商科类等。这种新型中外合作办学是白云学院人才培养模式一大特色，培养具有国际视野、综合素质高、外语和专业能力强、可融合中西方文化的国际化应用型人才。其优势如下。

第一，培养适合国内市场的应用型国际化人才。经过几年的实践，该院在中外合作办学方面已积累了相当多的办学经验，并继续保持和发展合作中心的办学优势，在不断总结经验教训的基础上，坚定不移地把中外合作办学项目做优做大。比如市场营销专业方面，要树立教育营销观念，建立市场意识，加大市场营销的力度与深度。如在招生工作方面，要认真策划市场宣传及广告活动，眼睛不能只盯着广东市场。要采取多种形式有选择性地开拓新的目标市场。同时，树立"精品/品牌"意识，办出有特色和有社会影响力的合作项目，提高社会的知名度和影响力。充分利用学院现有的各种资源，在目前开办 BTEC/HND 课程的基础上，通过进行市场调查和项目可行性的分析论证，结合学院的实际情况和社会的需要，探讨开拓更多的 HND 专业方向和专业课程。如艺术专业、汽车专业、旅游专业、酒店管理专业等。也可考虑与其他国家教育机构合作，物色一些质量好、声誉高、适合我国人才培养和开发需要，并与我院的教育层次比较匹配的课程项目。

第二，获取中外双学历，铺设通向海外留学的便捷之路。该校积极引进国（境）外优质智力资源和教育资源，先后与美国、加拿大、英国、澳大利亚等国家和地区的 20 多所院校签订了合作协议或备忘录，在国际交流、国际合作、外国留学生招收等方面，通过短期互访交流、举办中外合作办学项目、学分互认、学期交换、研修生等合作项目，开展多形式、宽领域、有深度的合作。学生通过学习国外高质量的课程体系（如英国 HND 课程），将可获得国际权威机构颁发的国外大学文凭证书和国内大学文凭，也可选择在英、美、澳等国家数百所大学继续深造直至硕士学位。2015 年，该学院国际学院为英国合作院校输送了大批优秀学子。例如，近年来市场营销"HND3 +0"专科学生，2015 年专科毕业后出国攻读本科学位，2016 年本科毕业后，继续留于海外深造，攻读硕士。2017 年底这一批学生学有所成，顺利归国。目前，该学院国际学院为优秀的白云学子出国深造提供了平台，一大批优秀学子正在英国普利茅斯大学、考文垂大学、北安普顿大学就读，使他们可以体验留学生活，感受异国风采，更深地了解不同文化，全方位提升自己的综合实力和就业竞争力。

第三，富有特色的国际化人才培养模式。首先，帮助学生实现出国留学前的全面过渡。通过国外高质量的课程体系（如英国 HND 课程）的学习，学生能够在国内接受国际教育，熟悉国际教育的教学过程和教学方法，提高英语水平，达到雅思考试水平要求，为出国留学打下坚实的基础，有利于其今后顺利完成国际教育，融入国际社会。其次，节约投资，节省时间。本科双学位项目在 4 学年中一般分两个阶段完成，第一阶段（一、二年级）在国内学习 10 门通识课和 10 门学科基础课，包括以雅思英语考核为导向的英语课；第二阶段（三、四年级）符合出国条件的学生在国外合作大学学习高级专业课程。完成所学课程后，经过学分互认，将获得中外两个会计专业的学士学位。届时不能出国的学生，待本科毕业后可以出国攻读硕士、博士学位。通过中外高质量课程体系的学习，国内 2 年 + 国外 2 年，获得学士学位证书。另外，还有本硕连读项目，为在校本科生提供出国深造的机会。与国内取得相对应学位相比，既可以缩短学习时间又可以减少学习费用。另外，国内专升本更容易。该学院的"3 +2/3 +1.5"等专升本项目为可以报考本校或其他本科院校专插本的学生提供专升本的机会。例如，该学院中英合作双学历"3 +1"专本连读项目，该项目学生入学第一年主要进行英语强化训练，一年后按学生意愿分为 BTEC 商务与营销、BTEC 国际商务、BTEC 商务与财务管理、BTEC 商务与人力资源管理四个专业方向。学生在广东白云学院学习 3 年获得中英 2 个专科学历后，第四年可赴英国、澳大利亚、美国、加拿大等国家大学学习 1～2 年，获得相应国家大学颁发的学士学位，也可出国攻读研究生课程以及硕士学位课程；还可以在国内参加专插本，录取后插入本科三年级就读 2 年，获得广东白云学院本科毕业证和学士学位。

（三）广东民办高校中外双学位双专业本科人才培养模式的实施效果

以广州商学院为例，该学院国际化人才培养模式已实行 10 多年，现在可以适当去评估其有效性。为了全面评估其实施效果，作者深入广州商学院进行调研，访谈了学院的领导。在此基础上，提出国际化人才培养模式未来发展的改善建议。

该学院校长杨文轩教授认为，在国际化办学方面，学校严格地按照广州商学院标准来开展国际化办学。经过 10 多年的探索，学校形成了自身的国际化办学理念。首先，建立中西兼容的课程体系，体现中外合作办学专业的特色。其次，推行博雅教育和多维式教育，"博"是指要文理相通，所以学校的中外合作办学课程中设置了"通识教育"模块；"雅"是指儒雅，就是以学生为中心，培养学生的人文情怀与美德；"多维式教育"是指开展多元化的第二课堂教学和社会活动，培养有责任感的国际公民。最后，用国际化标准和国际办学模式来办学，这是最重要的，不仅要采用国际化质量评估体系来保证国际一流水准教学，还要建设国际化的师资队伍和管理队伍，推行小班制互动式教学模式。发展至今，学校已与美、英、德、澳、加、日等国20 多所著名高校签署合作协议，联合开展 2 个"中外合作办学本科项目"，多个"中外本硕连读项目"和"中外专本连读项目"，并与众多海外高校建立了稳固的学生交换和学术交流合作关系，形成"专、本、硕"一体化的国际教育格局，是广东省国际化办学层次最多、学生规模最大的本科高校之一。

中外合作办学是广东民办高校办学的一大特色。该模式实施效果与国际化毕业生就业、深造等情况直接相关。经过调研，收集了广州商学院和广东白云学院国际化毕业生的各类数据，并了解毕业生对该模式的认同和满意度。通过中外联合培养的毕业生，具备中西兼容、跨文化沟通的能力，有国际视野，有更强的就业竞争力。在广州商学院，自 2002 年开办第一个中外合作办学项目起，广州商学院已培养了 13 届国际化项目毕业生，共计 1300 余人，其中超 80% 的毕业生进入全球 500 强企业和四大会计师事务所工作，超过 15% 的毕业生继续升读海外一流大学。值得一提的是，2017 年该学校与美国贝佛大学联合培养的首届 90 名毕业生，已取得中美双专业、双学位本科文凭。这批毕业生中约有 40% 在美国就业，有不少回国创业，约有 40% 升读硕士，已被世界 300 强的高校录取，包括香港大学、英国华威大学、美利坚大学、悉尼大学等世界一流名校。总体而言，从毕业生去向来看，该人才培养模式的实践基本达到了预期。

尽管广东民办高校国际化人才培养模式已经取得一定的成效，但是仍有局限性和弱点。首先，长期偏重应用性人才培养。与公办院校比，民办录取的生源、师资力量、科研力量等方面都处于弱势。这些决定了民办高校在以后相当长时间内的办学方向将定位于"应用性"。此弱点限制了今后扩大该培养模式的空间。其次，多届毕业生就业的统计表明，大多数学生就业于广东中小企业。出现这种现象，表面上与民办高校办学层次有直接的关系，但从更深层次来看，是高等教育由精英化教育趋向大众化教育所致。最后，从整个民办高校环境来看，社会对广东民办高校培养人才认可度不高。由于民办高校起步晚，尚未形成较高知名度，加上学费较高，民办高校培养模式仍未得到社会普遍认同，有待进一步加大宣传和推广工作。因此，把国际化人才培养模式打造成民办高校的品牌特色，还有很长的路要走。

随着广东经济新一轮的发展和转型，民办高校会在经济社会中发挥着越来越重要的作用，民办高校也会迎来发展的新机遇。未来，广东更多的学生会选择到民办高校就读，选择国际化的发展方向。

三　广东民办高校中外双专业双学位本科人才培养模式存在的问题及其特点

目前，广东民办高校中外合作办学仍然存在各种问题。第一，对中外合作办学重视不够。广东民办高校开展合作办学过程中，缺乏一定的人力、物力，也存在领导层对合作办学重视不够的情况，导致合作办学或者维持现状，或者干脆停滞不前。目前，民办高校中外合作仍处于初级甚至低级水平，高层次合作遭遇巨大的阻碍。第二，办学质量不高，师资力量薄弱。目前，广东民办高校办学质量不高，教师队伍不稳定，一些院校很难吸引高层次教师人才，教师专业水平难以达到与国外开展合作办学教育与科研的要求。在对外合作办学的联络和对接中，往往没有专业教师跟进和指导，其合作专业度以及合作知识和方向的把握都不够明确，这种既不专业又不够重视的执行力，对合作办学规模的发展是很大的阻碍。第三，办学经费不足。在教育产业化背景下，广东民办高校在办学中普遍遇到教学资金的投入更加侧重于营利性的问题，民办办学主体高度关注投资回报率。加上，广东民办高校发展历史较短，知名度相对不高，社会认可度不高，很难向社会筹集到足够的办学经费，导致办学资金紧缺。资金注入不足限制了民办高校国际化人才培养的发展。第四，合作大学的知名度不高。尽管广东民办高校与美国、英国、德国等教育领先的国家和地区建立了合作办学模式，但是与其合作的大学水平普遍不高。以广州商学院为例，与英国合作的大学有朴茨茅斯大学、赫尔大学、密德萨斯大学、西伦敦大学、西英格兰大学，与美国合作的大学有贝佛大学、达拉斯浸会大学、中西洲立大学，与澳大利亚合作的大学有悉尼科技大学、墨尔本皇家理工大学、西悉尼大学等。第五，缺乏科研型国际化培养人才模式。高层次的科研型人才培养，代表着一所高校真正的办学水平，是衡量大学办学质量的最重要指标。目前，广东民办高校对准市场的人才需求，倾向于培养应用型人才或者职业技术型人才，仍缺乏高层次的科研型人才培养；而缺乏高层次的科研型人才培养，广东民办高校的办学质量和社会认可程度就很难有大的突破。

目前，广东民办高校中外合作办学特点如下。

第一，中外合作办学层次低规模小。在与国外高校对接合作过程中，部分民办高校由于教育资源的不足，导致合作项目签署后无法实施和实际操作运行，呈现"空壳"状态。同时大部分民办高校仅有本科学位授予资格，而没有更高学历授予资格，这就直接导致合作办学层次低，不能与更高学历授予机构合作，部分院校在专业发展中仅仅是"维持现状"。民办高校自身也不积极谋求发展，这就直接导致中外合作办学一直处于低层次小规模停滞状态中。这种情况不改变，很难真正培养出更多具有国际视野的应用型人才。第二，中外合作办学模式单一。目前广东民办高校中外合作办学模式仅处在初级阶段，在学历合作模式中仅"2＋2"或"3＋1"本科双学位学历模式。本科 2 年或 3 年在国内院校就读，在修满合作项目学分的基础上，派往国外院校继续 2 年或 1 年的学习，最终双方合作大学授予双方院校学历文凭证书。在中外合作办学中，交换生及其他合作模式实际上均没有启动。在现有合作模式中，又仅仅局限于国际贸易经济学专业，其他学科和专业都没有机会参与。这既限制了合作办学的规模，也影响了受教育群体自身的发展，对民办高校办学发展造成严重不利。第三，倾向应用型人才的培养。近年来，广东民办高校加快国际间的教育交流与合作，中外合作办学得到快速发展。但绝大多数广东民办高校实施的是应用型国际化人才培养模式，例如广州商学院、广东白云学院、广东科技学院、广东东软学院、广东培正学院等。

四　广东民办高校中外双专业双学位本科人才培养模式的发展趋势

在经济全球化和"一带一路"倡议的大背景下，随着我国的外向型经济不断发展，对外贸易向更高层次发展，中国企业"走出去"步伐不断加快，中国尤其广东急需具有扎实的外语能力、适应我国经济发展需要的国际化专业人才。在这一背景下，我国的经济发展遇到的第一个瓶颈就是国际化专业人才的短缺。国际化人才极度缺乏，在我国已成为制约社会经济发展的重要因素。"据有关专家估计，2005～2009 年，我国国际化专业人才的缺口至少在 100 万人以上。"①

---

① 孙云辉：《国际经济与贸易专业人才培养模式探讨》，《中国林业教育》2007 年第 1 期，第 16～18 页。

作为改革前沿阵地中的广东民办高校，必须紧紧把握我国国际化人才需求的大方向，加快国际化合作交流的步伐，狠下功夫提升国际化教育教学的质量和水平。因此，论及广东民办高校国际化人才培养模式发展趋势首先应从政府政策解读开始。2010年7月国务院出台《中长期教育改革和发展纲要（2010~2020)》文件，2010年10月广东省出台《广东省中长期教育改革和发展规划纲要（2010~2020)》文件，以及2017年1月9日广东省出台《广东省教育发展"十三五"规划（2016~2020年）正式发布》文件。这三份重要的教育规划文件是广东教育的顶层设计和总体规划，均提到"推进教育国际化"。这为广东民办高校发展明确了未来的趋势和方向，对广东民办高校国际化人才培养起到重要的引导作用。

（一）以国际化人才培养目标为核心，加大教育拖入力度

培养什么样的国际化人才，达到什么样的培养标准，这是广东民办高校国际化人才培养的定位和目标。第一，要培养具有国际视野的应用型、复合型高级人才。第二，要培养国际交际能力、专业技能等全面发展的达到国际化要求的综合型人才。第三，要培养适合国际市场发展要求的高级实践型人才。第四，要培养国际化学术研究的科研型人才。第五，还要加大教育经费的投入力度，才能拓展国际化人才培养的可持续发展。在广东民办高校中，学生参与中外合作办学项目需要付出高额学费、生活费。近年来，我国陆续设立了几种不同形式的出国留学奖学金。如教育部的联合培养奖学金项目、国家留学基金委设立的公派留学攻读学位奖学金项目及公派出国合作研究进修奖学金项目等。

（二）以创新为突破点，加快国际化步伐

广东民办高校开展国际合作可以通过教育合作、科技合作等涉及教学、培训及研究多个领域。通过国际科技合作项目，学生可以直接接触国际前沿问题，将所学的知识在国际前沿课题中应用，并在国际化的工作实践中得到演练。广东民办高校还可以采取"双校园"的国际化人才培养模式，优势

主要体现在：降低培养费用、接受多种锻炼、扩大受益对象群体、利用多种资源等多个方面，实现了实质性合作办学。加强与世界名校在教育、教学和管理上的合作，最大限度地吸收国外优秀经验，使学生在校期间就能练就在国际交往中所需要的技能和经验。一方面，可以开展更多形式的合作办学，拓宽合作办学广度。在开展合作办学中，除"学历"以外，对国外高校中有较高国际影响力和认知度的"证书"技能教学也应该开展。各高校可以在自身现有专业基础上，针对不同专业开展合作办学，提供真正有含金量的专业证书。这样合作办学的意义就不会局限于"学位"上，还可以拓展到各个领域，以合作的"专业技能"化解决合作模式单一的问题。另一方面，要加深合作的深度。可以采取引进国外的教学模式、邀请对方教师来学校教课、派遣学校教师去对方进修等这种"融合型"的模式；也可以采取保留各自教学模式，通过双方各自评估对方学校开设的课程、互认对方学校学分的"嫁接型"模式加深合作深度。

（三）以市场为导向，科学制定国际化人才培养方案

为了培养国际化人才，广东民办高校借鉴国际先进办学理念科学制定国际化人才培养方案，选送本科生高年级和研究生层次的学生到国外高校学习半年至一年，让他们有机会直接接触作为未来的国际化人才所应熟悉的跨国文化及掌握已学过的且所需要的外语、国际经济、政治、文化等方面的知识。回来后，通过彼此交流海外学习的经验和体会，他们能将在跨国经历中所获得的实践经验贡献到我国大学的国际化建设中，为营造大学的国际化氛围做出贡献。另外，高校还应开辟学生到国外跨国公司进行考察和实习的路径，有条件的还可以创造将学生送到港澳地区或国外的大公司去实习的机会。

（四）以质量为中心，全力打造"小而强"的知名民办高校

广东民办高校要办百年名校必须以质量为中心，全面提升办学的知名度，充分利用国际教育平台，合理借鉴国际知名高校先进办学理念，坚持走

国际化人才培养模式。要深刻认识到教学质量是广东民办高校的立校之本，也是强校之本。广东民办高校应根据自身实际，选择"小而精、小而强"的国际化高水平定位，创办类似洛克菲勒大学那样高水平的知名学府，打造百年甚至千年名校。在课程设置上，借鉴国外高水平大学先进课程。在教学模式上，全力打造"严进严出"的科研型人才培养模式，建立科学量化的教学评价标准和教学"淘汰制"。

（五）提升国际化合作层次，凸显科研型的人才培养

广东民办高校开展合作办学，首先需要了解自身现有资源，在选择与国外高校进行合作时，应侧重选择与国外知名度高且有国际影响力的大学进行合作。有能力的民办高校还应侧重选择与国外知名度高的大学进行科研型人才培养合作。这样既可以提升民办高校自身的知名度，也可以在合作办学中逐渐提高自身的办学实力。同时，民办高校可以充分利用自身实践基地中的资源，有重点地与具有海外背景的机构或企业进行合作，以了解国外资讯，间接推动与国外资源的联系对接。

与此同时，可以在现有教师群体中建立以海外留学背景教师、国际合作办学机构人员为主的网络平台，并对这些资源进行整编和共享。在有条件的高校中，鼓励教师与国际院校直接联系，配合国际合作单位开展合作办学项目，这样既可以解决语言沟通困难的问题，也可以消解与国际院校间的生疏感和距离感。只有更深入地对接和交流，才能提高合作办学的层次和办学规模，才能真正实现民办高校自身发展的再升华。

全慈善办学理念与校企共育、产教融合模式

——以广东碧桂园职业学院为例

徐安琪　张　涛*

摘　要： 要实现"真脱贫"和"脱真贫"，就需要将"扶贫""扶志"与"扶智"有机结合起来，在这方面，广东碧桂园职业学院提供了一个典型案例。作为一所全慈善办学性质的职业学院，广东碧桂园职业学院依托碧桂园集团，成立了"校企共同办学理事会"，形成了较成熟的校企协同育人机制；另外，在学习和借鉴"广东特色"的基础上，学院在产教融合方面也形成了企业导师、企业实践教学等自己的特色，成效显著。但是长远来看，学院接下来还需要解决学校特色与教育一般规律的冲突、企业大学与企业长效竞争力的冲突等具体问题。

关键词： 慈善办学　职业教育　精准扶贫　教育扶贫　产教融合

2014 年 6 月，国务院颁发了《国务院关于加快发展现代职业教育的决定》，确立了"政府推动、市场引导，加强统筹、分类指导，服务需求、就业导向，产教融合、特色办学，系统培养、多样成才"的基本原则，确立的目标是："到 2020 年，形成适应发展需求、产教深度融合、中职高职衔

---

* 徐安琪，华南师范大学科学技术与社会研究院 2017 级硕士研究生，研究方向为杜威技术哲学、杜威教育哲学；张涛，哲学博士，华南师范大学科学技术与社会研究院讲师，主要研究方向为莱布尼茨、技术哲学、系统哲学。

接、职业教育与普通教育相互沟通，体现终身教育理念，具有中国特色、世界水平的现代职业教育体系。"2017 年 1 月，国务院发布了《国务院关于鼓励社会力量兴办教育促进民办教育健康发展的若干意见》，特别指出："职业院校应明确技术技能人才培养定位，服务区域经济和产业发展，深化产教融合、校企合作，提高技术技能型人才培养水平。"也是在 2017 年 1 月，国务院印发了《国务院关于印发国家教育事业发展"十三五"规划的通知》，其中明确提出要"推行产教融合的职业教育模式"。2017 年 10 月，习近平主席在党的十九大报告中指出，要"完善职业教育和培训体系，深化产教融合、校企合作"。2017 年 12 月，国务院颁发了《国务院办公厅关于深化产教融合的若干意见》，特别突出了将"发挥企业重要主体作用"等作为指导思想，将"校企协同、合作育人"等作为原则，确立的目标是："逐步提高行业企业参与办学程度，健全多元化办学体制，全面推行校企协同育人……需求导向的人才培养模式健全完善，人才教育供给与产业需求重大结构性矛盾基本解决，职业教育、高等教育对经济发展和产业升级的贡献显著增强。"

由以上文件可以看出，近几年来，国家层面对于职业教育的指导经历了由"政府推动、市场引导"到"企业主体、需求导向"的转变，并逐步确立了以"产教融合、校企共育"为主的职业教育模式。广东省是我国第一经济大省，也是职业教育大省，在职业教育方面有着长期的积累、优秀的成果和丰富的经验。2015 年 1 月，广东省人民政府出台了《广东省人民政府关于创建现代职业教育综合改革试点省的意见》，明确提出了"基本形成产教融合、校企合作人才培养的'广东模式'"等发展目标，以及以"发挥企业重要办学主体作用"等内容为重点的教育管理制度改革方向。2015 年 11 月，广东省教育体制改革领导小组办公室印发了《广东省现代职业教育体系建设规划（2015~2020 年)》，提出了"以现代职业教育综合改革试点省建设为抓手，坚持产教融合、校企合作，坚持工学结合、知行合一……建立广东特色、国内一流、世界水平的现代职业教育体系"的指导思想。2016 年底，广东省出台了《广东省教育发展"十三五"规划（2016~2020

年)》，也提出了"加快建设产教融合、校企合作的现代职业教育体系"的具体目标。

广东省之所以能够成为现代职业教育综合改革试点省，并提出要着力打造职业教育的"广东模式"，是建立在其较成功、成规模、有特色的职业教育基础之上的。截至 2017 年底，广东省拥有私立华联学院、潮汕职业技术学院、惠州经济职业技术学院、广东碧桂园职业学院等 27 所民办高职院校，其中部分职业学院在二三十年前从办学之时就坚持走了"产教融合、校企共育"的发展模式①，由此逐步形成了"广州特色"或"广州模式"。此外，作为全国职业教育最发达的几个省份之一，广东省的职业教育也与全国的职业教育发展保持着密切的联系，前者既是后者的重要组成部分，又不断提供着新鲜的思路和模式。例如，扶贫工作是我国作为社会主义国家所长期坚持的伟大事业，在近几年习近平主席系统地提出了"精准扶贫"的论述，他在党的十九大报告中特别指出，要坚持精准扶贫、精准脱贫……注重扶贫同扶志、扶智相结合……做到脱真贫、真脱贫。因此，如何真正实现"扶贫""扶志"与"扶智"的真正结合，"做到脱真贫、真脱贫"，是我国全体人民所面临的一项艰巨任务。面对如此任务，在全慈善办学理念指导下成立的广东碧桂园职业学院，或许能够提供一些成功的经验。

一 学校简介

广东碧桂园职业学院（以下一般简称为"学院"），由碧桂园控股有限公司董事局主席杨国强先生、副主席杨惠妍女士创立的广东省国强公益基金会投资主办，由广东省教育厅主管，于 2013 年开始筹建，2014 年得到广东省人民政府的批准和教育部备案，2014 年 7 月通过高考招收了第一批学生。

---

① 陈优生：《产学结合的途径及其探索》，《惠州大学学报》（社会科学版）1994 年第 2 期，第 1~5 页。

学院坐落在清远市清城区东城街大学东路 2 号，校园占地总面积 300 亩，建筑面积 18.9 万平方米，学习、生活设施先进完善，第一期工程建筑面积约 8.7 万平方米。① 2016～2017 学年，学院开设建筑工程技术、工程造价、装饰工程技术、园林技术、物业管理、酒店管理和学前教育 7 个专业，全日制在校生数 1013 人。计划到 2020 年，新增专业 3～4 个，在校全日制学生增加到 2000 人左右。②

学院的办学目标是"慈善教育源头扶贫，阻断代际贫困延伸；经济大潮黄埔军校，培养一线精英人才；校企融合工学交替，创新人才培养模式；德能兼备万元月薪，提升职教社会地位；职院改革成功案例，引领职教创新潮流"。学院的办学思路是：坚持以"人品为本、作育精英、善行慈心、回报社会"为办学理念和以办国内一流、以国际知名的高职院校为办学总体目标；立足清远、广东产业结构转型，以及技术技能型人才的需求，依托碧桂园控股有限公司的主导产业和优势资源进行专业布局和建设，以碧桂园控股有限公司内部坚强、稳定的实习实训场所为后盾，以"校企融合、产教联动、工教一体、工学结合"的人才培养模式，使学生能够尽快适应现代化生产、建设、管理、服务一线需要，培养出"对人好，对社会好"的高素质技术技能型人才。③

二 全慈善办学理念

广东碧桂园职业学院是一所慈善性质的全日制普通高等学校，其办学宗旨是"办慈善高校，助贫困学生，育精英人才，为社会服务"，致力于"阻断贫困代际传递链"，实行全免费，即对贫困家庭学生免学费、教材费、食

① 广东碧桂园职业学院：《广东碧桂园职业学院简介》，http：//www. bgypt. com/gaikuang/jianjie/。
② 广东碧桂园职业学院：《广东碧桂园职业学院高等职业教育质量年度报告（2018）》，广东碧桂园职业学院，2017。
③ 广东碧桂园职业学院：《广东碧桂园职业学院简介》，http：//www. bgypt. com/gaikuang/jianjie/。

宿费，提供寒、暑假期往返路费和全年服装、床上用品、全部学习用品以及生活用品等，使受助学生"一人成才，全家脱贫"。

学院之所以选择全慈善办学理念，缘起其举办者杨国强先生的教育思想和慈善理念。杨国强是碧桂园集团董事局主席、创始人，出生于广东顺德，自幼家境贫寒，用他自己的话说："在18岁之前没有穿过鞋，读中学时因家贫没有钱交学费，是国家免学费并发了两元助学金，我才上完学。"[1] 正是因为有这种贫寒的经历，杨国强先生拥有了坚定的回馈社会做慈善的信念。杨国强先生多次提及，他之所以能够从一个水泥工逐渐成长为世界500强企业碧桂园集团的董事局主席，皆是因为当初掌握了"泥瓦匠"的一技之长。[2] 这种经历，这也使杨国强先生有了"职业教育与脱贫致富相结合"的教育扶贫理念。

坚持走"职业教育"与"全慈善"相结合的道路，杨国强先生所领导的碧桂园集团也是经历了一个学习和探索的过程。[3] 1997年，杨国强先生设立了仲明大学生助学金；2002年，杨国强先生创办了全慈善性质的国强纪念中学，学校不仅承担学生在校期间的所有费用，并提供助学金直至学生获得本科、硕士、博士学位；2007年，杨国强先生创办了全慈善性质的国良职业培训学校，旨在对退伍军人进行职业培训，使他们掌握一技之长，顺利就业，这标志着杨国强先生将职业培训与慈善事业相结合的开始；2012年，碧桂园集团实施了"送技术下乡活动"，加强了对职业教育与慈善事业相结合的探索；2013年，广东省国强公益基金会正式成立，并在此基础上开始筹备广东碧桂园职业学院[4]，标志着杨国强先生"职业教育"与"慈善事业"相结合的教育扶贫理念已基本成熟。杨国强先生作为全国政协委员，从2014年开始连续四年在全国两会上提交关于职业教育的提

---

[1] 李思吟：《寒门学子，逐梦翱翔——国华纪念中学办学探索》，司树杰、王文静、李兴洲：《中国教育扶贫报告（2016）》，社会科学文献出版社，2016，第234~249页。

[2] 广东省国强公益基金会，http：//www.guoqiangpwf.org/index.html。

[3] 《企业扶贫的碧桂园模式》，《小康》2017年第8期，第2~3页。

[4] 广东省国强公益基金会，http：//www.guoqiangpwf.org/index.html。

案，分别是：2014 年《关于加强职业教育以实现中华民族伟大复兴的提案》；2015 年《关于办好职业教育实现精准扶贫的提案》；2016 年《关于鼓励和引导民营企业积极参与教育扶贫的提案》；2017 年《关于推进职业教育发展助力扶贫攻坚的提案》。通过这些提案可以看出，在杨国强先生看来，职业教育与扶贫工作是密不可分的，是"扶贫""扶志"与"扶智"相结合的点。

杨国强先生的教育扶贫理念可以概括为：其一，社会应该改变对高职教育的偏见，并且应当大力发展高职教育，以服务于我国的社会经济发展；其二，"授之以鱼，不如授之以渔"，"扶贫"要与"扶志""扶智"相结合，要阻断贫困代际传递；其三，全慈善的职业教育是"扶贫""扶志"与"扶智"的结合点，是脱贫与致富的一条捷径；其四，教育要追求公平和正义，要避免"因贫辍学"和"因学致贫"，高中毕业生不应该直接就业，如果不能读大学，就应该选择职业学院，掌握一技之长；其五，企业要有社会责任心、奉献心和爱心，学生要懂得感恩，学有所成之后要力所能及地回馈社会。

三 校企协同育人、产教深度融合

校企共育和产教融合的人才培养模式，并不是广东碧桂园职业学院的首创，而是广东省职业教育经过三四十年的长期发展而逐渐形成的"广东模式"和"广东特色"。但是，广东碧桂园职业学院紧紧依托碧桂园控股有限公司这一世界五百强企业，学校和企业产权一致，再加上全慈善办学理念的支撑，使学院的发展思路更加清晰，改革进程更加高效，办学思想更能够落到实处。因此，在"广东特色"的基础上，广东碧桂园职业学院又具有一些特色之中的特色。

（一）校企共同办学理事会

为贯彻落实《国务院关于加快发展现代职业教育的决定》（2014 年 6

月发布）的精神，广东碧桂园职业学院于 2015 年 5 月成立了校企双方深度参与的"广东碧桂园职业学院校企共同办学理事会"，2017 年 7 月改为"碧桂园集团校企共同办学理事会"①，负责对碧桂园职业学院发展建设进行顶层设计，承担对总部下属各个公司参与办学工作的指导、促进职责。理事会的职责主要涉及两方面：一是建立产教联动机制，每年安排专业委员会进行一次产业调研，以专业为单位收集产业转型和技术升级、企业新增岗位、岗位用人标准、人才需求数量、企业职业培训和技术研发需求等方面的信息，为学院专业结构调整、人才培养方案修订、职业培训、技术研发提供依据，使学院人才培养、职业培训、科学研究与技术工作更好地服务产业发展和企业需求；二是建立校企共同办学机制，包括校企共同开发专业、校企共同创新人才培养模式、校企共建专业教学团队、校企实践教学资源共享、校企合作共同开展职业培训和技术研发等五个具体的职责。

在校企共同办学理事会的平台上，学院建立学院院长定期参加碧桂园集团高管会议，与碧桂园集团高层定期会晤，交流工作并决策校企合作育人重大事项的工作机制，学院职能部门及教学部门定期到企业调研，商讨落实校企合作育人相关工作的机制，制定校企合作育人的相关工作制度，与企业签订合作育人协议，保障校企合作育人的相关工作有效落实和持续推进。校企双方深度参与的"校企共同办学理事会"有利于形成校企共同办学、协同育人机制，并借此按学院的办学定位、发展规模等顶层设计，进行决策、规划，使企业能够深度参与人才培养、专业建设等方面的具体工作；明确了校企双方在育人全过程中的职责，确立了学院"双主体"办学的性质，并在"校企共同办学理事会"的统筹协调下稳步有序地推进"双师型"教学团队的培育，在教师"工、教一体"的基础上，促进学生的"工、学融合"，提高人才培养的能力和水平。

---

① 广东碧桂园职业学院：《广东碧桂园职业学院高等职业教育质量年度报告（2018）》，广东碧桂园职业学院，2018。

（二）校企协同育人

广东碧桂园职业学院不只是在资金方面依托于碧桂园集团，而且在培养学生的过程中也吸收了集团的优势资源，形成了良性的校企协同育人机制。在教师层面，学院实施了企业导师制度，使得企业的成功管理人员服务于学生的发展；在制度方面，学院实施了包括全员育人、全过程育人和全方位育人的全员导师育人制度，学院的全体教师、管理干部和企业教师都是学生的导师。在学院就读的学生大都来自非常贫困的家庭，家庭的贫苦状况使部分学生在某些方面的心理敏感度较强，在处理一些事情的时候容易缺乏多样化的解决途径。导师育人制度使得学生的心理健康得到了维护，使学生的言行更加规范。学院所有教师和管理干部在做好教学、管理工作的同时，负责 8~15 名各年级学生的思想、心理、作风的教育培养，通过每周一下午的"师生互动坊"活动，聚焦人才培养目标和分主题引导，使学生向着德才兼备方向不断前行。学院在企业实践教学培养中还专门为每名学生配备了企业导师，负责对学生思想教育和专业技术的指导。

此外，学院的校企协同育人还体现在"三段式"教学组织模式上。所谓"三段式"教学组织模式，是指为了革新传统教学模式，提升学生实操技能，突出企业实践教学培养，铸造学生就业核心竞争力，将学生在读的六个学期分为三个阶段。第一阶段（第 1~3 学期）：全面强化基础。聚焦专业工作岗位群对知识、素质和技能的要求，对学生进行综合素质、职业素养、专业基础知识和基本技能培养。第二阶段（第 4 学期）：根据需求，实施专业岗位分流定向培养。学生实施专业工作岗位群分流，聚焦学生定向岗位对知识、素质和技能要求，对学生进行岗位所需专业知识和技术技能的深化学习和强化训练。第三学期（第 5~6 学期）：聚焦专业岗位职务能力企业实践培养。将学生定向岗位延伸至相应的企业岗位。安排到各个管理或技术岗位，实行企业导师一对一或一对二的企业实践教学培养，在管理岗位中按职务要求边工作边培养，真正实现教育培养与工作过程相结合，教育教学与生产过程相融合。以"师带徒"、典型工作任务训练、工作案例分析、集中授课和问题导向研讨等教学组织形式，对学生进行专业岗位职务工作能力培养。聚焦企业岗位职务工作能力要求，按照企业实践教学的组织方式开展企业实践教学，对学生进行岗位职务工作能力提升培养。

（三）产教深度融合

学院着手构建专业实践教学体系：其一，以校内现有资源为基础，建好现有各专业的校内实训场所，以此作为专业技术技能生手训练的第一阵地；其二，组建服务于各专业群的，由相关专业与企业资源实施整合的、具有独立经营管理与专业人才培养双重功能的教学公司；其三，依托校企共同办学理事会，将碧桂园集团下辖全国各分公司（包括境外公司），纳入学院各专业实践教学基地，承担相应的专业人才培养任务，建立双主体办学体制机制；其四，学院全力建设专业实践教学体系，根据专业人才培养定位，设计好每一门实践教学课程的每一环节，明确每一门实践课程的技术技能教学目的、任务和要求，规定好每一门实践教学课教学组织形式与考核方式，使专业实践教学体现"学中做，做中学，边学边做"的现代高职教育理念。与此同时，学院也可以发挥自身在碧桂园集团中的协调作用，一方面，集团运营模式的更新能够刺激学院的日常工作机制和办学运行机制的创新；另一方面，学院的知识更新和人才输出又能够为集团的创新发展带来动力，最终实现了学院发展与集团利益的双赢。

典型案例

学院与筑美公司就基层一线管理干部校企合作联合培养签约

2016 年 10 月 14 日下午，学院与现代筑美家居有限公司（以下简称筑美公司）在国华大楼学术报告厅隆重举行基层一线管理干部校企合作联合培养签约仪式。

刘惠坚院长表示学院与筑美公司合作协议内容涉及广泛，包括各种类型的专业人才、岗位人才的联合培养，订单培养；双方各种类型资源的协同共享；双方共同联合申报技术研发课题和管理攻关课题；双方共同培训企业员工和生产管理干部，以及双方共同打造省级乃至国家级专业人才培养基地等。其中，最重要的合作内容是基层一线管理干部校企合作联合培养。

首先，校企合作的产权关系。在合作理念、资源投入和资源共享方面学院和筑美公司之间既有深度又天衣无缝。企业在人才培养方案的制定上，即人才培养目标定位、课程设置、教材内容、培养标准等方面拥有话语权、决定权，这在与其他院校只能通过协议条款行使有限的话语权有着根本的区别，使学院的人才培养能够从根本上改变脱离岗位实际、脱离企业需求的局面。

其次，人才培养的目标定位。学院与筑美公司联手实施的人才培养方案，对准高新就业和掌握核心岗位能力，这与其他院校的人才培养定位形成重大区别。

再次，产教融合的改革深度。学院各专业学生前三个学期实行综合素质、专业基础学习和技术技能基础训练，第四学期进行专业岗位群分流，强化专业的岗位素质和技术技能训练，第五、第六学期、安排到各个管理或技术岗位，实行企业导师一对一或一对二的企业实践教学培养，在管理岗位中按职务要求边工作边培养，真正实现教育培养与工作过程相结合，教育教学与生产过程相融合。这与一般院校放羊式的顶岗实习，或简单的实习实训有原则性区别。

最后，培养模式的运行管理。在各专业学生为期一学年的"专业岗位能力"企业实践教学培养过程中，校企双方共同研究并建立了完善的"企业实践教学培养"方案和运行管理体系，包括培养目标定位、各岗位层的素质和能力指标体系、培养过程的培养方式、与岗位能力要求相关的系列课程、毕业设计训练、考核与评价要求以及各项在企业环境中实践培养的管理制度等。整个第三年的学生企业实践培养过程，就是一个校内人才培养的企业环境延伸过程，构成专业学生校内外培养的有机整体。

筑美公司人事行政中心总经理周辉首先介绍了现代筑美家居有限公司是

一家投资 20 亿元、拥有 19 栋现代化厂房 50 亿元产能的全球最大的工程装饰材料生产基地的家居公司，是目前中国家居行业的一艘制造航母。公司在为社会做出行业重大贡献的同时，积极投身职业教育，是碧桂园集团属下第一家与学院实施全面合作，对学院的人才培养模式改革给予鼎力支持的企业。

（四）成效

学院在校企共同办学理事会的统筹下，所采取的校企协同育人机制、产教深度融合等机制，取得了良好的效果，这体现在就业率、就业去向、用人单位满意度、毕业生薪资等方面。2017 年 7 月，学院的首届毕业生共 290人，签约就业单位 288 人，自主创业 2 人，就业率达 100%；毕业生平均薪酬 3689 元/月，其中，有 11 名毕业生通过碧桂园集团所属企业岗位竞聘，月薪过万元；就业对口率为 84.48%，其中，进入基层一线管理干部或技术骨干岗位的学生有 179 人，占就业毕业生人数的 61.72%。调查显示，98.43% 的毕业生对学院就业服务满意度高。根据毕业生对学校就业服务细分类型 3 的满意度来看，毕业生对学院在就业工作重视程度、就业指导讲座、就业指导工作人员服务、"产教融合、校企共育"模式方面的满意度较高，分别是 97.67%、97.11%、97.11%、96.36%。学院对首届毕业生进行了用人单位满意度评价，评价指标包括：思想素质、基本素质、专业素质三方面。学院对 290 份用人单位调查问卷表进行了统计分析，结果为：有74.18% 的毕业生被评价为"优秀"，有 21.61% 的毕业生被评价为"称职"，有 3.18% 的毕业生被评价为"基本称职"，另 1.03% 的用人单位未对此项进行评价，反映出用人单位对学院的毕业生满意度较高。①

---

① 广东碧桂园职业学院：《广东碧桂园职业学院高等职业教育质量年度报告（2018）》，广东碧桂园职业学院，2018。

四　结语

要真正实现"扶贫""扶志"与"扶智"的有机结合，全慈善性质的职业教育无疑是最佳选择，学生不仅不用为高昂的学费担忧，而且毕业之后可以直接选择对口专业就业，甚至学生在顶岗实习阶段就已经可以拿实习工资了。在具体的培养模式方面，广东碧桂园职业学院在校企共育和产教融合的"广东模式"基础上，在国家政策的指导下，结合时代的需要，发挥了企业大学的优势，建立了比较完善的办学机制，真正实现了校企协同办学和产教深度融合。

然而，广东碧桂园职业学院毕竟创办的时间还不长，许多机制还需要完善；同时，随着国家各项政策的变化，学院的办学模式也需要不断调整。例如，随着扶贫攻坚战的不断推进和国家扶贫政策的有力实施，我国贫困的人口逐渐减少，学院的慈善性质或许会逐渐淡化，"慈善为全部"或许将依序改为"慈善为主体""慈善为主导""慈善为宗旨"，即全免费学生的人数会越来越少。此外，从学院首届毕业生就业去向来看，大部分毕业生（尤其是优秀的毕业生）选择了碧桂园集团，这对于加强企业文化固然是好事，但这种状况有可能导致的"近亲繁殖"与"裙带关系过重"等现象，长此以往会使企业的竞争力下降，为避免这种现象的出现，碧桂园集团会继续调整学院的培养模式，例如引入其他企业合作办学，或者减少进入碧桂园集团就业的毕业生人数，这也有利于学院发展成为综合实力更强、特色更鲜明的职业学院。

此外，作为一所企业大学，学院需要妥善解决办学特色与教育一般规律的冲突问题。例如，学院采取了准军事化管理制度，虽然在学生就读期间起到了很好的效果，但依然是靠外在强制力所采取的"他律"，这与自我约束性质的"自律"有着本质的不同，学生毕业后如何实现从"他律"到"自律"的转变将是一个不得不解决的重要问题。此外，准军事化管理的高强度体能训练，如果缺乏先进的运动科学理论的系统性指导，有可能会对学生的身体机能造成不可逆的损伤。因此，从学生的长期发展来看，准军事化管理制度的利弊还有待探讨；至少，准军事化管理制度还有待于科学化、精细化和多样化。为促进学生的全面发展，学院采取的措施是建立"大思政课"，效果显著；但是作为一所职业学院，学院更应该加强职业伦理、工程技术伦理等课程的设置，以符合全国职业教育的发展趋势，这可以通过与其他本科院校的合作来实现。

广东民办高校粤港澳联合办学模式

—— 以广州涉外经济职业技术学院为例

秦洪雷　徐安琪*

摘　要： 粤港澳在民办教育合作方面的优势未得到体现，截至 2019 年 4 月 1 日，在"教育部中外合作办学监管工作信息平台"上能够检索到的粤港澳合作办学项目，只有"广州涉外经济职业技术学院与香港公开大学合作举办酒店管理专业高等专科教育项目"一项。该项目的吸引点主要在于，根据香港入境事务处优秀人才入境计划，学生取得香港公开大学本科或研究生学历之后，就可以留在香港工作，连续居住满 7 年（从赴香港公开大学读书开始计算）即成为香港永久居民。然而，该项目自实施以来，在出入境时间限制和生源质量方面遇到明显困境。香港和澳门均是国际化大都市，蕴藏着丰富的国际化合作平台，从某种意义上讲，与港澳的教育合作，就意味着与世界的教育合作，也就意味着"推进教育国际化"。根据《粤港澳大湾区发展规划纲要》的指导精神，如何有力促进粤港澳大湾区的教育事业、教育行业或教育产业的大发展，尤其是如何继续发挥社会力量促进教育合作、破除政策壁垒、实现优势资源互补和共享，是亟待解决的问题。

关键词： 粤港澳大湾区　境外联合办学　中外合作办学　香港公开大学

---

* 秦洪雷，哲学博士，华南师范大学港澳台事务办公室主任；徐安琪，华南师范大学科学技术与社会研究院 2017 级硕士研究生，研究方向为杜威技术哲学、教育哲学。

广东省一直被视为我国改革开放的前沿阵地，被誉为我国改革开放的"排头兵"，这不只是因为广东地区拥有一千多年的海外贸易历史，更是因为广东省在地缘上紧邻中国香港、澳门这两座国际化城市。香港是国际金融中心、国际航运中心、国际贸易中心，是全球最自由经济体之一；澳门是世界旅游休闲中心、中国与葡语国家商贸合作服务中心；广东省与香港、澳门的交流与合作，在地缘方面、文化方面、历史方面、经验方面都具有得天独厚的优势。① 2019 年 2 月 18 日，中共中央、国务院印发了《粤港澳大湾区发展规划纲要》，规划近期至 2022 年，远期展望到 2035 年，将建设粤港澳大湾区上升到国家战略层面，进一步肯定、稳固和加强了广东省与港澳的合作。在此背景下，有力促进粤港澳大湾区的教育事业、教育行业或教育产业的大发展，已经提上日程。

事实上，广东省与香港、澳门在教育领域方面的合作，已经积累了一定的历史经验和合作基础。在人才流动方面，在广州、深圳、珠海等地任教的教师、学校管理者，卸任或离休后再到香港、澳门地区就职的事例已屡见不鲜；反之亦然。在学生交流方面，广东地区的学生，花费一个小时的车程赴港、赴澳进行学术交流活动，参加雅思（IELTS）、托福（TOEFL）或德福（TestDaF）的培训或考试，寻找寒暑假的工作实习机会等，已经成为常态；反之亦然。在学校合作方面，香港和澳门地区的学校到广东省进行合作办学或捐资办学的案例也多有见闻，例如，惠州学院的服装分院便是香港旭日集团自 1985 年开始连续捐资建成的②。

然而，截至 2019 年 4 月 1 日，在"教育部中外合作办学监管工作信息平台"③ 上能够检索到的被上级教育行政主管部门正式批准和正式备案的粤港澳合作办学项目，只有"广州涉外经济职业技术学院与香港公开大学合

① 参见《粤港澳大湾区发展规划纲要》。
② 陈优生、刘仕辉：《杨钊先生捐资联办惠州大学服装分院实践评析》，《辽宁高等教育研究》1998 年第 5 期，第 30~34 页。
③ 平台网址：http://www.crs.jsj.edu.cn/。

作举办酒店管理专业高等专科教育项目"一项。[1] 因此，我们于 2018 年 3 月 2 日实际走访了广州涉外经济职业技术学院，并采访了学院院长以及粤港合作项目负责人，在此后的一年多时间里也多次跟进各类数据，希望能够通过对该项目的分析，透视出粤港澳合作办学方面的优势、问题、对策及趋势。

一 广州涉外经济职业技术学院简介

广州涉外经济职业技术学院于 2004 年 3 月成立，是广东省省属全日制财经类民办普通高职院校，地处广州市白云区，学校占地面积 1096 亩，建筑面积 20 多万平方米，当前普高在校生规模 9465 人。学院注重培养具有外语、外经、外贸专门知识的高素质、高技能人才，设有外语与国际教育、外贸与管理、商务、财金、信息工程、设计与艺术、健康与护理、华文、通识教育等 12 个二级学院，开设 40 个专业，现有专任教师 452 人。为凸显"涉外"办学特色，学院在多个专业开展双语教学，开展了"海外短期游学""交流生项目""海外暑期课程""海外留学"等多个项目，先后与美国、加拿大、英国等多个国家和地区的近 20 所大学建立了友好合作关系，成功开展了多层次、多形式的对外交流项目，现有留学生近百名。[2]

学院坚守"走向世界从这里开始"的办学理念，以培养"涉外型人才"为重点，坚持以学生为中心、以就业为导向、以能力为本位的教学宗旨，采用"2 + 0.5 + 0.5"（即两年专业教育 + 半年校内实习 + 半年校外实习）的培养模式，强化外语（外语口语课全部由外籍老师执教）、计算机技能和专业技能操作，突出素质教育，培养"一专多能"的应用型人才。近年来，学校受到表彰和获得的荣誉有："广东省高等教育（民办）院校竞争力十强""最具特色民办教育高职院校""全国职业教育产教融合特色办学示范

---

[1] 参考 http：//www.crs.jsj.edu.cn/aproval/localdetail/2334。

[2] 参考 http：//www.gziec.net/xygk.aspx？briefld = 1。

高校""广东省社会组织五 A 级单位""广东省职业教育先进单位""全国教育改革创新示范（院）校"。在《广州日报》发布的"2017 全国民办高职高专院校排行榜 TOP100"榜单中，共有 8 所广东民办高职院校入榜，其中广州涉外经济职业技术学院排名第五位。近三年，学生在全国、省、市各项大赛中获奖 350 多项，其中在全国、省比赛中共获集体奖 45 项，个人获省级以上奖 11 项。2012 年 12 月广州涉外经济职业技术学院荣获年度十大品牌民办高校殊荣。同年获得"最具社会认可度学院奖"和"高效综合治理优秀学校奖"。2013 年 7 月被授予"在新形势下生命教育理论与实践探索示范基地"荣誉称号，被评选为"生命教育科研先进单位"。

为适应经济全球化的发展趋势，满足外向经济发展的需要，突出"涉外"的特色，学院瞄准市场设专业，对准岗位设课程，以培养"涉外"型人才为重点，采用"外语 + 专业 + 技能 + 创业素质"的培养模式，拓宽专业，强化外语、计算机等技能，突出素质教育，学生所有英语口语课全部由外籍教师担任，强化英语学习，培养具备复合型技能的涉外型人才。

二　与香港公开大学酒店管理专业合作办学项目

2017 年 2 月，广州涉外经济职业技术学院与香港公开大学酒店管理专业的合作项目获广东省教育厅行政审批，按照国家有关政策和法律规定，同年 4 月 24 日由教育部在教育部中外合作办学监管工作信息平台网上正式公布备案。该项目是广东省内民办高职院校 2017 年唯一一家被上级教育行政主管部门批准和国家正式备案的中外合作办学项目。该项目旨在培养具有良好英语能力、熟悉国内外酒店管理行业准则的应用型、技能型人才。

（一）合作项目实施背景

中外合作办学项目，之所以须经过省教育主管部门行政审批、教育部备案，一是因为民办高职院校的师资力量和办学水平相对薄弱，中外合作办学模式要求学校引进优质的教育资源，对学校的综合实力提升具有强大的引领作用；二是民办高职院校的知名度和品牌效应相比公办院校较低，举办中外合作办学项目常常会受到考生和家长的质疑。而经过省教育厅的严格审批和教育部网上公布备案的项目，考生和家长可以查到，可以对增强学校的诚信度、突出办学特色和国际化品牌打造起到很好的背书和宣传作用。

虽然申请该项目对学校整体要求很高，但在学校董事长积极倡导和大力支持下，校领导与相关部门勇于探索与境外高校合作办学模式，致力于引进境外优质教育资源，经过一年多高效工作和不懈努力，与香港公开大学签署了联合举办酒店管理专业专科教育项目协议书，并通过了省教育厅组织的专家评审、面试答辩、网上公示等环节，最后终于成功获得了省教育厅审批和教育部网上正式备案。酒店管理专业是该校唯一的省级重点专业，多年来以国际化视野勇于推进人才培养模式改革，创新课程体系，大力开展双语教学，突出国际化办学特色，与国际高星级酒店紧密合作，建设了高素质的师资队伍和现代化的实训设施，培养的毕业生职业素养好，就业率高，具有国际竞争力，多次得到上级领导和行业企业的好评。

（二）粤港双方合作基础

香港公开大学（The Open University of Hong Kong）的前身是1989年成立的香港公开进修学院，1997年5月更名为香港公开大学，是一所在教学和人才培养方面突出应用性和实操性的创新型大学，现为香港九所公立大学之一，也是英联邦大学协会会员之一，是具有学士、硕士、博士学位和荣誉博士授予资格的高等学府，也是国际公认的远程及成人教育中心之一。设有人文社会科学院、李兆基商业管理学院、教育及语文学院、科技学院、李嘉诚专业进修学院等，现有全日制学生约9000人。该校一直致力发展现代及先进的创新教学方式，为学生提供最优质的教学体验，并屡次获香港特别行政区政府拨款支持，并于2013年被美国苹果公司邀请加入iTunes U，成为首批与iTunes U合作的全球大学之一；其在教育理念、办学特色、教学质量保证体系、合作办学等方面的学术成就与贡献颇受外界认可。

香港公开大学酒店管理专业是校内久负盛名的品牌专业，在亚洲排名前十，拥有香港其他大学无法企及的行业配合度和就业率。该校办学理念强调与社会实际发展相协调，力求课程设计与行业协会的要求相统一，并且与行业的快速发展同步，同时每一项专业均通过香港行业协会认可，培养的人才可以胜任全球旅游接待业的实物要求与管理岗位。在广州涉外经济职业技术学院方面，酒店管理专业是该学院的优势特色专业，于2014年成为广东省重点专业建设项目，在育人方面突出国际化双语专业建设特色和实践性人才培养模式，培育了省级和校级精品课程，具备优秀教学团队，毕业生就业率高，为95%以上，在广东省酒店行业和民办高校中具有良好的品牌效应和国际影响力。①

故而，香港公开大学与广州涉外经济职业技术学院在酒店管理专业方面达成合作，属于强强联合模式。加之，近年来酒店行业迅猛发展，对国际化、应用型专门人才的需求强烈，双方选择在酒店管理专业进行合作也符合市场需求。此外，该合作项目还能实现地缘优势，降低时间成本和费用成本，比与欧美国家的院校合作更加易于在办学层次、教学制度、文化和语言等方面做好沟通协调，有利于合作项目发挥粤港双方的各自优势和引进港方优质的教育资源。

（三）合作模式与优势特色

粤港双方已经签订符合法律规范的合作协议，项目名称为"广州涉外经济职业技术学院与香港公开大学合作举办酒店管理专业专科教育项目"，符合国家关于中外合作办学的相关规定，并已经经过上级管理部门批复，保证了该项目的合法性和持久性。在此基础上，粤港双方在多个方面开展了深入合作。

在课程方面，粤方引进港方课程门数占全部专业课程门数的35%，引进港方专业核心课程门数占专业核心课程门数的42%；由港方教师面授的课程教学时数占所有专业课程教学时数的41%，由港方教师面授的核心课程教学时数占专业核心课程时数的39%，专业课程设计满足中外合作办学

① 参考 http：//www.gziec.net/ys/index.asp。

四个 1/3 的量化标准。课程设置特别强化外语教学以满足海外留学的需要。项目引进港方 1/3 的核心课程，主要采用英文教学，部分课程使用双语教学。核心课程包括：酒店管理概论、主题公园管理、节事活动管理、餐饮管理、客房管理、商业经济学、商业组织与管理、会展策划与管理、人类资源管理概论、会计基础等。港方选派的教师均为具有丰富教学经验的现任在职教师，粤方多数教师持有硕士及以上学位，相当一部分教师具有海外留学背景。

在学生培养方面，粤方的酒店管理专业粤港合作项目，已经于 2018 年被列入广东省普通高考招生计划，招收的学生单独成立"粤港班"，进行"3＋1＋1"（专科＋本科＋硕士）紧密衔接的直通车学习模式。学生在广州涉外经济职业技术学院学习三年期间，学习引进的港方 14 门优质核心课程，由港方教师参与授课，使用港方教材和港方教学方法，学生成功获得粤方大专文凭和港方的课程修读证书及面试之后，可直接进入香港公开大学李兆基商学院攻读一年本科课程，获得香港公开大学本科学历，继续升入研究生课程攻读一年，将可获得硕士学位。

在合作办学优势和合作办学特色方面，比较吸引学生的是通过学习获得相关工作机会和香港永久居民资格。根据香港入境事务处优秀人才入境计划①，学生取得香港公开大学本科或研究生学历之后，就可以留在香港工作，连续居住满七年（从赴香港公开大学读书开始计算）即可成为香港永久居民。报读本项目的学生在涉外学院将受到国际水准的教育和国际学生待遇，粤港办学双方将在学生的学业、生活、管理、交流、设施方面提供优质服务，让学生不出国门、花较低费用就能享受境外高校的良好学习环境和教育资源，为学生开启走向世界的圆梦之旅和境外职业生涯之门。

（四）实施效果与发展困境

该项目的授课对象是突出外语能力培养的"粤港班"，每年学费 2.5

---

① 参考 http：//www.immd.gov.hk。

万~3万元人民币，2017年9月招收第一批21名学生，2018年9月招收第二批22名学生，与国际班学生合班上课；目前，该项目稳步发展，实施效果良好。① 但是，该项目的未来发展依然面临一些挑战。

在教师流动方面，港方教师来粤授课比较方便，但是粤方教师到港方学校参加培训受到赴港签注时间的限制，不能在港停留过长时间，且非深圳居民需要屡次回内地重新申请签注，这使粤方教师经常不能全程参与港方的培训课程。在生源方面，粤方招收到的学生基本上全部属于高考第三批，在学习能力、学习水平方面整体有所欠缺，这导致在学习港方的全英语课程，以及在雅思、托福等英语等级考试中，整体表现不尽如人意。不过，目前也有学生能够很快地适应新的学习环境，并很好地利用了该合作项目的优势特色，在专业课学习、英语等级考试等方面表现出了异于平常的状态，得到了家长和老师们的充分肯定。在授课方面，粤港班学生与其他国际班学生合班上课，这种合办授课的模式并不能很好地突出和发挥该合作项目的优势；然而，该问题的解决，还得寄望于招生数量上的突破。

三　粤港澳合作办学的可行性路径

通过广州涉外经济职业技术学院与香港公开大学在酒店管理专业方面的合作项目，我们可以看出，粤港澳在民办教育领域的合作的确具备一些天然的优势，在粤学生可以通过花费较少的生活成本享受到香港地区的教育资源，并且在未来职业发展方面取得衔接。然而，从实际的合作数量、合作层次和合作规模上来看，粤港澳在民办教育领域的合作并没有显示出太突出的优势，这是值得令人深思的。这或许是由于我国民办高校整体发展较弱，而国家和广东省的政策多关注于推进粤港澳在一流大学建设方面的合作，港澳方面也整体缺乏与广州民办高校合作的热忱；面对庞大的民办教育市场，这

---

① 参考广州涉外经济职业技术学院《高等职业教育质量年度报告（2019）》，http：//www. gziec. net/20190111. pdf。

种现状是令人遗憾的。因此，如何实际地促进粤港澳在民办教育领域的合作，将是一项非常重要的课题。

2010 年 7 月国务院出台了《中长期教育改革和发展纲要（2010 ~ 2020)》，2010 年 10 月广东省出台了《广东省中长期教育改革和发展规划纲要（2010 ~ 2020)》，2017 年 1 月广东省出台了《广东省教育发展"十三五"规划（2016 ~ 2020 年)》，这三份规划文件可以被视为广东教育的顶层设计和总体规划，其中均提到"推进教育国际化"这一任务。香港和澳门，均是国际化大都市，蕴藏着丰富的国际化合作平台，从某种意义上讲，与港澳的教育合作就意味着与世界的教育合作，也就意味着"推进教育国际化"。因此，就广东省来说，无论如何，都应该利用好紧邻港澳这一地缘优势。为此，广东省需要继续加大在粤港澳民办教育领域的投入，吸收已有的办学经验并予以制度保障，以市场为导向、以质量为中心，形成优势明显的粤港澳民办学校合作办学模式。

四　结语

在中共中央、国务院颁布的《粤港澳大湾区发展规划纲要》中，第八章的标题为"建设宜居宜业宜游的优质生活圈"，第一节标题为"打造教育和人才高地"，强调"推动教育合作发展"和"建设人才高地"，明确表示"支持粤港澳高校合作办学""充分发挥粤港澳高校联盟的作用""支持大湾区建设国际教育示范区，引进世界知名大学和特色学院，推进世界一流大学和一流学科建设""鼓励港澳青年到内地学校就读，对持港澳居民来往内地通行证在内地就读的学生，实行与内地学生相同的交通、旅游门票等优惠政策"。这些政策，无疑将促进粤港澳大湾区教育领域的发展，民办学校在粤港澳合作办学方面也将有所受益。但是，我国民办学校整体发展较弱，具备粤港澳合作办学基础的民办学校在数量上不多，在规模上较小，这反映出要推动粤港澳大湾区的民办教育发展，还需要国家出台更具体的政策文件。

服务地方的应用型人才培养模式

——以惠州经济职业技术学院为例

刘剑玲　李英哲*

摘　要： 民办高等职业教育是非营利性教育的重要形式，具有公共组织属性，履行公共服务职能，其发展具有重要现实价值和意义。随着我国工业化进程的加快、产业结构的调整和技术设备的不断更新换代，社会对技术工人的要求越来越高，对熟练掌握高精尖设备操作技术、具有技术革新和创造力的高级技能人才的需求量越来越大。提升民办高等职业教育在整个职业教育体系中的地位并振兴民办职业教育已逐渐成为社会的共识。对民办高职院校已有的人才培养模式进行分析和整合有益于提高民办高职院校对人才培养的认知，为民办高职院校创新人才培养模式的建立提供指导，为教育部门决策提供理论依据，促进我国应用型人才培养的持续快速发展。

关键词： 民办高等职业教育　服务地方　应用型　人才培养模式

一　民办高等职业院校人才培养导向

民办职业教育作为我国职业教育的一个重要组成部分，在发展过程中有

---

* 刘剑玲，教育学博士、副教授，就职于华南师范大学政治与政治与公共管理学院，主要研究方向为学生事务管理、教师专业发展、教育学原理等；李英哲，华南师范大学政治与公共管理学院研究生。

着其独特的优势，发展民办职业教育有利于完善我国职业教育人才结构。民办高等职业教育是国民教育体系中高等教育的一种类型和层次，是与高等本科教育不同层次的一种高等教育类型。和本科教育强调学科性不同，它是按照职业分类，根据一定职业岗位实际业务活动范围的要求，培养第一线实用性（技术应用性或职业性）人才。这种教育更强调对职业的针对性和职业技能能力的培养，是以社会人才市场需求为导向的就业教育。在这样的形势下民办高等职业教育要想更好发展就必须把提高质量作为重点，以服务为宗旨，以就业为导向，培养服务地方发展的应用型人才，探究民办高等职业院校人才培养新模式。

惠州经济职业技术学院创办于 2004 年 3 月，是经广东省人民政府批准、教育部备案的一所具有独立颁发国家承认的三年制大专学历文凭的全日制普通高等院校。学校有财经学院、工商学院、信息工程学院等 9 个学院 36 个专业，建立了安东尼服装工程系实训工厂、金融实训中心、工商学院物流中心等 17 个高起点、高水准的校内实践基地，120 多个校外实训基地。

毕业生就业率高，社会评价良好。数年来，学校毕业生就业率均高于全省同类院校平均就业率，近三年各专业就业率均超过 98%，对口就业率达 60%，名列全省同类院校前茅，近 90% 的毕业生服务于当地中小微型企业，雇主满意度良好。该校多次被评为广东高等教育院校（民办）竞争力 10 强单位。学校拥有一个配置合理、结构优化、经验丰富的教学团队，打造了一支高素质、敬业爱岗的"双师型"教师队伍。获全国创建和谐校园先进单位称号、广东高校校园文化建设优秀成果评比一等奖等。学校提出"没有差生，只有差异生"的工作理念，致力于教育教学质量工程建设，注重家校联系和学生的内涵发展，2015 年 3 月，荣获"家长学生信赖品牌学院"称号，2015 年 7 月，荣获"2015 年中国职业技术学院 50 强"称号。

近年来，惠州经济职业技术学院全面推进人才培养模式的改革和创新，致力于将学校发展为"学生喜爱、教师留恋、同行认可、社会满意"的特色高职院校。

二 民办高等职业院校人才培养模式比较

（一）应用型人才培养模式的内涵及发展

人才培养模式是学校为学生构建知识、能力、素质结构，以及实现这种结构的方式，它从根本上规定了人才特征并集中体现了教育思想和教育观念。[①] 应用型人才培养模式是指将受教育者培养成为能将专业知识和技能应用于所从事专业实践的专门人才的过程。是培养熟练掌握社会生产或社会活动一线基础知识和基本技能和主要从事一线生产的技术人才的培养过程，其具体内涵随着高等教育的发展而不断发展。

国外对校企合作这种人才培养模式的研究比国内更早也更为广泛，其中有不少成功的范例。例如：德国的"双元制"模式[②]，俄罗斯的"教学生产联合体"模式[③]，英国的"三明治"模式[④]，美国的"合作教育"模式[⑤]。我国在学习和采纳西方的优秀经验后提出了培养以工学结合为导向的人才模式。"工学结合"的培养模式一经提出便成为我国职业院校关注的重点，各院校在此基础上大力推进校企结合的教学工作模式。校企结合作为应用型人才培养模式的核心已经成为我国民办职业教育界普遍的共识，是我国高职院校应用型人才培养的必由之路。民办高等职业教育是以培养学生技能应用为教育目的，以服

---

① 中华人民共和国教育部：《关于深化教学改革，培养适应 21 世纪需要的高质量人才的意见》。

② "双元制"是源于德国的一种职业培训模式，"双元"是指在职业培训中，要求参加培训的人员必须经过两个场所的培训。"一元"是指职业学校，其主要职能是传授与职业有关的专业知识；另"一元"是企业或公共事业单位等校外实训场所，其主要职能是让学生在企业里接受职业技能方面的专业培训。

③ "教学生产联合体"模式是改善教学过程，实现教学与生产及科研单位的合作，迅速把科研成果应用到国民经济和教学中去，并加强三位一体，以通力合作培养人才，更进一步发挥高校的潜力。

④ 英国的"三明治"教学模式，本质上是学校学习与工厂实习合理结合的一种培养模式，需要工厂企业的大量参与。

⑤ "美国合作教育"的模式主要是交替模式。学生一般在学校接受半天的理论学习，下午或晚上进入企业进行实践性的兼职工作，并获得应有的报酬。

务企业和地方经济发展为方向，培养应用型高技能服务型人才的教育。

应用型人才培养模式是以为地方或行业经济发展服务为主旨；以构建应用性学科体系、发展应用性科学研究作为学科建设的指导思想；以应用性人才培养为目标，主要培养工程应用性、技术应用性、服务应用性、职业应用性、复合应用性等专业应用型人才。强调学科和应用两个方面，学校和企业共同参与培养过程，教学计划由校企双方共同协商、实施与管理；生产工作是教学计划的必要组成部分并占有合理的比例，也是学生成绩考核评定的重要内容。

工学结合、校企结合作为高等职业教育应用型人才发展的方向与基本路径，有利于民办高等职业院校特色专业的建立，有利于民办高职院校实践教学改革，提高学生综合职业素养，提高学生就业率。国内各大民办高职院校都在积极探索自己学校的独特的应用型人才培养模式，近年来，应用型人才培养效果显著。

（二）应用型人才培养模式类型

民办高职院校要实施应用型人才培养模式，首先要实现理论研究和教育实践相结合、组织保障与制度保障相结合、专业技能训练与职业素质培养相结合、校内实训与校外实习相结合和学生顶岗实习与就业相结合。近年来各大民办高职院校对开展工学结合的培养模式进行了探究，并提出了一系列具体的应用型人才培养模式。

惠州经济职业技术学院以市场为导向，以学生全面发展为目标，高端设计人才培养模式，提出"43334"的应用型人才培养教育体系，即办学理念四句话"以生为本、以质立校，学工并举，崇尚实用"；发展方针三句话"以模式引领发展，以管理促进质量，以软实力提升硬实力"；学院发展三个战略"专业建设发展战略，师资队伍规划发展战略，校园建设规划发展战略"；方法路径三句话：班有先进党员系有战斗堡垒，系有精品课程校有特色专业，系有教学名师校有创新团队；学校发展目标四句话"学生喜爱，老师留恋，同行认可，社会满意"。这个体系既提供了明确的目标，又提供了实现这一目标方式和手段，使培养目标不仅仅是一种主观构想，而且是一系列可实施的行为，且揭示了行为趋向，提供了行为手段，规定了行为路线，使人才培养活动呈现规范化的可操作状态。

根据专业特点制定培养模式。例如工科专业应用性强，与数学、物理学的基础理论学科不同，工学重应用和经验（实验），而不是特别重视机理；工作和学习时经常根据国家标准进行设计，因此可以选择顶岗实习制、工学交替推行"课堂进企业"的实践教学模式，更好地将理论与实践相结合。

根据企业需求制定培养模式。例如汽车与机械学院相关专业，企业不愿意在员工入职后再花费时间进行培训，学校采用订单式的培养模式，由学校与企业共同制订培训计划，学生毕业时直接进入企业工作，省去找工作的麻烦，获得企业认可。

根据核心能力要求培养学生。例如服装设计专业需要更多开发学生的创新思维，学校成立了设计工作室并与企业合作采用模块式的培养方式，创办"教、学、做、研"实体，有效地进行了理论教学向技能教学的转变；企业管理、金融会计相关专业毕业生就业后需要大量时间去适应企业管理模式，因此学校采用企业式教学，在校内开设"会计工厂"，让学生在实际工作环境中学习。

惠州经济职业技术学院根据各学科不同的教育价值特点，企业、市场的需求不同，各专业学生核心能力培养要求不同，共提出了订单式、模块式、工学交替式、顶岗实习式、协同式、企业式、校企融合式七种具体的应用型人才培养模式，进一步对不同学院的应用型人才培养模式进行调整以达到育人模式可操作性并保证人才培养效果（见表1）。

表1　惠州经济职业技术学院应用型人才培养模式相关对比

类型	目标导向	培养方式	模式特点		服务领域
			优点	缺点	
订单式	为企业直接培养储备人才	企业根据自身的人才需求及规格向学校下达人才培养订单，学校在企业的主导和协作下按订单进行人才培养，所培养的人才经企业验收合格后即被企业录用	直接解决学生就业问题，直接满足企业用人要求	学校以企业要求作为培养计划忽视其他方面能力培养	车辆、机械等工科相关专业　主要校企合作单位：广州市卡斯特汽车自动变速器维修有限公司

225

续表

类型	目标导向	培养方式	模式特点		服务领域
			优点	缺点	
模块式	多元化培养学生	将整个学习过程细分为不同的模块，根据学科专业不同，将学科分为不同的阶段，弹性的设置学分	学生自主选择模块，培养学生某一方面的特长	易忽视学生全面发展和课程之间的相关性	设计等相关专业 主要校企合作单位：旭日集团真维斯服饰（中国）有限公司
工学交替式	提高学生实践能力	学校根据企业的用人需要，分段交替安排在校学生的学习与实习过程	更有利于学生知识技能的实践和掌握	学校和企业学习结合难以保证	市场营销等相关专业 主要校企合作单位：恒大棕榈岛项目 CALL 客服中心
顶岗实习式	缩减学生就业试用期、培养适合企业的专项人才	实习期间，学校一方面派遣实习指导教师负责指导和管理学生，另一方面也聘请企业各相关部门的管理人员或能工巧匠作为学生在企业的实践指导教师，与校方一起共同承担学生的管理与培养工作	缩短学生的试用期和实习期，学生提前了解企业运行模式	实习时间较长待遇较低，从事一线流水线工作	计算机、IT 等工科专业 主要校企合作单位：南方电网，比亚迪汽车中国电信惠州分公司
协同式	全方位培养学生	鼓励全员参与，建立科学合理的理论教学和实践教学体系	注重学生多方向协同发展，通过完善的课程设置增强学生核心竞争力	易造成学生学而不精	英语、幼师等相关专业 主要校企合作单位：惠爱幼儿园
企业式	企业化办学导向，营造企业氛围	学校实训基地按照企业生产模式建立部门，学生管理实施企业化	有利于学生提前接触企业运行模式，有利于学生更好地适应企业工作	不利于学习氛围的营造	管理类、金融类专业 主要校企合作单位：惠州市金财互联信息科技有限公司
校企融合式	以市场需求为导向，校企共同培养高技能人才	以企业的培训部门和系部相关专业教研室为基层教学单位，通过校企双方共建专业、共享师资、建立校内生产性实训基地等一系列措施	可以在校完成学历教育，并根据企业的用人需求开展各类面向社会的培训活动	中小型企业人才培养意识缺乏与学校沟通存在障碍	应用广泛，多数学科在使用 主要校企合作单位：白鹭湖喜来登酒店 惠州君豪大酒店 智能针织软件（深圳）有限公司等

资料来源：作者根据调研自制，以下表格来源同此。

（三）应用型人才培养模式效果

1. 构建多元化校企育人模式

民办高职院校以企业为依托，企业为学校提供资源。民办高职院校的经费相对紧张，校内办学条件有限，校内教学硬件设施不足，与企业结合能发挥企业优势为学校提供优质的办学资源和实践条件。企业投资在校内建设实践基地，为学生们提供真实企业环境从事实训教学，有利于降低教学成本实现产学研的有机结合。惠州经济职业技术学院深化校企合作，与企业联合建立校内实训基地，将公司和工厂开进校园，创建会计工厂。学生以"员工"身份入内实训，既是上课，又是工作。学生扮演"员工""老总"，既是学习，又是工作；老师是"经理""厂长"，既传授知识，又管理指导。让学生在真实的生产和经营环境中，成为"有技术、能操作、懂管理"的技能型人才等（见表2）。

表2　惠州经济职业技术学院产学结合情况表

指标	2014~2015学年	2015~2016学年	2016~2017学年
产学合作企业数（个）	55	97	47
产业合作企业（不含专业方向）数（个）	12	14	15
产业合作企业接受顶岗实习学生数（人）	577	1468	656
产学合作企业接受毕业生就业数（人）	215	610	277
与产学合作企业订单培养数（人）	766	1287	514
与产学合作企业合作共同开发课程数（门）	3	6	131
与产学合作企业合作共同开发教材数（种）	2	0	1
产学合作企业支持学校兼职教师数（人）	42	70	51
学校为产学合作企业技术服务年收入（万元）	6.4	0	26.7

2. 拓宽"双师型"教师发展平台

学校教学质量与水平主要取决于学校师资队伍建设水平。强大的师资队伍是保证人才培养质量，提高学校核心竞争力的必要条件。在校企结合的模式下，学校通过从企业引进高精尖专业技术人才担任兼职实训教师，与专任理论教师一同完成课程教学任务。通过实践与理论结合的模式鼓励教师去企业学习实践，考取相关职业技能证书，有效调动青年教师教书育人和参与学科专业建设的积极性，帮助教师提高教学科研水平和实践能力。惠州经济职业技术学院近半数专任教师具有企业工作经历，能够很好地衔接起专业与行业、学校与企业，同时，学校也鼓励专任教师利用寒暑假时间到企业挂职锻炼，专任教师挂职锻炼的总时数稳步上升。

3. 实施"做中学、学中做"的教学改革

采用校企合作工学结合的育人模式，使许多院校在教学管理机制上做出改革，突破传统教学模式，以就业为导向，根据企业需要和企业要求，调整和制订相关专业的教学计划。重新制定教学目标和课程标准，打破原有课程体制，不固定教学时间、教学地点、教学形式，出现"2＋1、1＋1＋1"、模块教学、学分互换、网络教学等多种教学管理和运行模式，很好地解决了传统教学模式下的管理难题。惠州经济职业技术学院服装设计专业与安东尼公司合作，以"三业对接、双轨并行"的专业人才培养新体系引领学校走出一条"做中学、学中做"的育人新模式，在"合作办学、合作育人、合作就业、合作发展"方面迈出了坚实的一步（见表3）。

表3　惠州经济职业技术学院教学实践基地情况

指标	2014～2015学年	2015～2016学年	2016～2017学年
校内实践教学基地总工位数（个）	1536	4244	4539
校内实践基地设备总数（台套）	5731	3347	3678
校外实习实训基地数（个）	142	127	90
校外实习实训基地接收学生数量（人）	5064	4438	2127
校外实习实训基地接收迎接毕业生就业数（人）	408	440	562

4. 提高服务地方应用型人才培养质量

民办高职院校在实施工学结合的过程中，通过改变课程目标设置、课程建设、教育教学模式、人才培养方案等方式，大大提升了学校育人能力。开展校内外多种教育教学模式的结合，落实文化知识学习和思想品德修养、全面发展和个性发展紧密结合的人才培养要求，注重学生综合职业能力、创新精神与发展潜能培养的有机结合，增强了学生的核心竞争力。例如惠州经济职业技术学院计算机专业根据生源特点和专业属性定位，分类调整教学内容和顶岗实习时间，对技术技能型人才注重夯实技术基础教学，对技能技术型人才注重强化职业技能训练；实施"定岗位"→"定能力"→"定课程"的建设路径，按照公共基础课、专业群平台课、专业课（专业实践课）三层次，公共选修课、必修课、专业限选课三类型重构课程体系，实施"2.5+0.5"人才培养模式。这种模式培养出来的学生职业素养好、动手能力强、地方企业认可度高。

惠州经济职业技术学院毕业生初次就业率可达99%，对口就业率达60%，从市场需求层面体现出了该校人才培养质量过硬，能够满足社会需求。毕业生到中小型企业等基层服务人数占90%以上，应届毕业生对母校满意度及雇主满意度均较高，是学生满意、社会满意的一种双赢体现（见表4）。

表4　惠州经济职业技术学院学生就业情况

指标	2014～2015学年	2015～2016学年	2016～2017学年
毕业生人数(人)	3023	3458	3510
对口就业率(%)	72.77	59.55	77.58
到中小微型企业基层服务人数(人)	2612	3138	3168
到国家骨干企业就业人数(人)	21	167	157
应届毕业生中理工农医类专业人数(人)	827	1340	2421
应届毕业生自主创业人数(人)	82	120	130
应届毕业生对母校满意(人)	3222	3249	3283
雇主满意度(%)	95.25	95.59	96.43

三　应用型人才培养模式面临的主要问题

民办高职院校各类应用型人才培养模式已取得了一定成绩，但仍处于探索发展阶段，依旧面临着一些问题。

1. 学生及家长的观念转变问题

学生和家长观念上还没有发生彻底的转变。有部分学生及家长还没能完全接受这种应用型人才培养的教学模式。认为高等职业院校应该与中专院校有所区分，应该认真学习理论知识和一定的专业技能后再参加工作。民办高职院校虽然意识到了应用型人才培养模式的重要性，但对于这种模式本质的了解还不够深入，在实际操作方面还存在在一些误区。

2. 学校发展规划问题

学校对于自身发展没有做好相应规划，对应用型人才培养模式的实施缺乏一定的保证。民办高职院校的机构设置一般比较简单，很少设置专门的指导管理机构，相关管理工作相对混乱。很多学校工学结合的教学计划由教务部门管理而实训基地等又由学生部门管理，条块分离，难以实现工学结合应有的培养效果。

民办高等职业院校现有课程和专业设置不合理。学校现有的专业和课程没能很好地与企业学习相结合，双师型教师队伍建设滞后，大量教师还停留在理论教学阶段，不能很好地满足学校和企业的双重需求。同时学校所合作的企业有时与学生的专业匹配不当，使学生成为单纯的操作工，企业为追求效益增加学生的工作时长，而学生又不能获得相应的报酬，打击了学生的积极性，并影响学生身心健康。

3. 校企结合问题

校企结合对于企业和学校来说本应属于双赢的模式。但是在实际实施过程中由于双方所需不同、资源不对等、地位不平等，企业在与学校合作过程中拥有更大的决定权。学校往往依据企业提出的要求来进行相关安排，企业是以追求利益最大化为目的，如果学校不能为企业带来利润就会使企业失去积极性。企业与学校合作是希望借助学校为企业培养人才提供创新力量，但民办高职院校师资水平和科研水平有限，有时很难达到企业的要求。

在校企结合过程中，学生到企业实习，在管理上也面临困难。因为只是阶段性的学习，在企业如何支付学生报酬方面还存在争议，同时学生毕业后不一定会全部留在该企业工作，出现了企业为别人培养人才的尴尬局面，最终导致企业产生只选人不育人的合作观念，不利于学生的整体发展。

校企结合存在一定的不确定性和不稳定性。企业以自身发展为基础，面临着市场的各种挑战，因此在合作中存在不确定性因素。同时由于企业和学校合作中，存在一定的供需不平衡关系，有时会出现几家学校联系同一家企业，这就增加了学校间的竞争。一些企业也会因此减少对学校各方面的支持或者提出更高的需求条件，给工学结合培养模式的实施增大了难度。

4. 国家政策问题

在以政府为主导的经济体制下，虽然大力支持校企结合这种人才培养模式，但政府只是提出宏观政策，没有具体的微观调控；出台的相应鼓励措施，对于追求效益和利润的企业并没有过多的吸引力，对于企业缺乏相关实质性的奖励或优惠政策。

政府部门缺少相应的管理监督机构。没有直接管理和监督校企结合的相关职能部门，没能在政府层面对于校企结合这一模式做出很好的协调。同时校企合作的政策对于校企双方都缺乏一定的约束力。

由于体制和工作人员的观念的问题。很多政府工作人员认为民办高职院校不属于体制内，像校企结合这种活动属于学校自己的事情，做好做坏与政府部门无关，对于相关政策的宣传和实施往往也会忽略民办高职院校。

四　民办高职院校应用型人才培养模式的建设路径

民办高等职业院校与公办普通高等院校在各方面存在竞争，一所民办高职院校如何能更好地做出特色成为民办高校发展面临的问题。如何将民办高职院校办成具有自身特色的优秀学校呢？应从内部和外部两个大方向来入手进行分析：一是内部进行自身评估，结合评估对前段时间工作进行归纳总结和理论抽象；二是外部以市场为导向，以学生全面发展为目标，高端设计服务地方应用型人才培养模式。陈优生教授[①]认为，学校里没有差生，只有差异生。因此人才培养模式的运行更多是一种教育体系的运行过程，这种体系

---

① 陈优生，惠州经济职业技术学院院长、党委书记，研究员，长期从事民办教育管理工作。

根据现实情况既提供明确的目标，又提供实现这一目标可操作的方式和手段，使培养目标不仅仅是一种主观构想，而且是一系列可实施的行为，揭示了行为趋向，提供了行为手段，规定了行为路线，使人才培养活动呈现规范化的可操作状态。

（一）明确目标、做好顶层设计

办学理念是一所学校的灵魂所在，办学理念是对"办怎样的学校"和"怎样办好学校"进行深层次思考的结晶，是学校生存理由、生存动力、生存期望的有机构成，是学校行为的自觉和目的。它既是学校自身发展的需要，也是学校形成和保持自己独特个性和特色的需要，更是全体教职工职业成长的需要。例如惠州经济职业技术学院将办学理念定为"以生为本、以质立校、学工并举、崇尚实用"。这一理念的提出，充分体现了时代精神和服务主体、质量核心、校企联动、创新发展的高职教育思想。惠州经济职业技术学院结合自身实际情况提出以模式引领发展、以管理促进质量、以软实力提升硬实力的发展方针。

模式引领发展。高职教育的灵魂在经济建设，根在行业和企业，关键在工学结合。高职教育作为一个类型的合理存在，关键是特色和创新。就当前而言，校企合作、工学结合是我国高等职业教育类型特色创新的抓手，在这一点上，只有不断地强化，走特色之路，才可能成功。惠职院提出工厂实业与学生就业对接、理论教学与实践教学双轨并行的办学模式，受到了多方认可。

管理促进质量。不断强化学校"职业性"这一属性。没有职就没有高职。在往职业化方向迈进的时候，在系统地规划、建设专业和课程的时候，更能体会到管理是一门科学，需要发展，需要创新，管理制度越科学、越严密，管理工作做得越细，对高职的理解就越深刻。高职教育需要创新的设计，需要严密的策划，要有目标有理性地去实现职业化。教学管理从粗放向精细转变，从重视量的管理向重视质的管理转变，从经验管理向科学管理转变，树立起"管理出质量，管理出效益"的观念。

软实力提升硬实力。软实力可以理解为一个学校办学思想的吸引力和政治导向的能力。高职教育要做到持续发展，软实力的建设必不可少。软实力的建设不仅仅是校园文化建设，还需要有一个集政府、行业、企业、媒体和学生家长等要素组成的外在环境。

（二）确定发展路径、做好教学资源建设

民办高职院校发展规划战略应该从专业建设发展战略、师资队伍规划发展战略、校园建设规划发展战略三个方面入手。学校发展的三个战略规划应该相互依存、相互作用，共同推进学校办学规模、办学质量、办学效益均衡、科学发展。

专业建设要深入课程开发、教学资源建设及利用的层面，新的课程体系能在学生班级中实施，改革成果能不断得到交流、辐射和共享，这是专业改革的重要内涵。关于职业教育的课程教学改革，最重要的是进行工学结合一体化课程的设计（包括整体设计和单元设计）。其设计原则是：以职业活动为导向，突出能力目标；以项目为载体，强化能力实训；以学生为主体，实现知识理论实践一体化。教学中，必须把培养学生的"自我学习能力"放在突出位置上，以保证学生将来持续发展的能力，工学结合一体化课程强调思维和行动的统一，强调"情境"和"发现"，以及学生的自我构建和自我管理式学习，教学过程就是认知过程和职业行动过程的结合。在具体实施时要做到以小见大，环环紧扣；做到班有先进党员、系有战斗堡垒，系有精品课程、校有特色专业，系有教学名师、校有创新团队。建立一个全新的操作平台，它基于行动导向的教学观，基于工作过程的课程开发，基于教师的专业化，基于教育发展的实战能力养成。构筑这样的平台是学院实力的展示，将学院的硬实力和软实力充分展示出来，结合在一起，才能形成坚强的实力。

（三）突出特色，提升办学内涵

职业教育作为一种类别教育，和普通教育的根本区别就在于它有明

显的职业性、技能性特征，它的本质特征决定了衡量职业教育质量的唯一标准就是学生的就业和创业能力。因此整合教育资源，改进教学方式，是当前职业教育改革的着眼点和着力点，其中的关键就是推动学校与企业联合办学，实行校企合作。校企合作应该成为一种习惯，校企合作是高职教育类型特色的灵魂和精髓，是民办高职院校一直在寻求破解的一个难题。校企要深度融合，一定要找准校企共赢的契合点，关注企业的利益点，把学校培养高技能型人才的崇高使命和企业对高校技能人才的强烈需求转化成全体教职员工培养高技能人才的强大执行力，校企合作最终会成为一种习惯。

高职院校要走开放办学的道路。开放、合作成为民办高职院校获得成功的又一亮点。高职教育要持续发展，需要一个集政府、行业、企业、媒体和学生家长等要素组成的开放环境。同时民办高职院校要以开放的姿态，加强与社会、与兄弟院校、与媒体的接触和交流，突破以往封闭办学的局限，搭建一个开放的平台。民办高职院校要对行业、企业开放，关注行业的发展需求和行业标准与动向，融入企业文化，积极响应行业，企业对高技能人才的需求；要对政府部门开放，积极争取政府部门的政策和资金支持，主动接受主管部门的指导；要对媒体开放，通过媒体的视角，传达高职的信息及热点；还要对家长开放、对社会开放，特别是在为社会培训方面要有所建树，服务社会是学校的基本职能之一。

要从顶层设计入手做好专业建设。深度开展专业剖析，明确专业设置逻辑起点及不同课程的教学目标。不管是逻辑起点，还是教学目标，这些都是顶层设计的问题，是专业建设和课程改革的关键内容，如果在顶层设计上有缺失，逻辑起点不对，专业建设和课程改革就会如盲人摸象般误入歧途。在校企合作、工学结合的框架下，确定专业定位和人才培养规格以及课程的教学目标，选用适合的技术路线和方法来构建课程体系和教学方法，应该视专业、课程及其他约束条件的不同而不尽相同，无需统一的模式和固定的套路。教学设计思路和校企运作机制都应充分突出内涵，突出导向，明确基本路径，而不是千篇一律。

（四）确立和不断完善学校职教体系

一个学校要想长久发展、创示范、争一流，关键在于管理。民办高职院校应该从粗放管理向精细化管理转变，从重视量的追求向重视质的保证转变，从经验管理体制向科学管理体制转变。目前民办高职院校部分领域和部门制度还不够健全，有的制度严重滞后，与发展了的形势不相适应，还需要不断地修订和完善。细化管理是学校管理的核心工程，它可以规范学校日常管理，明确管理目标，细化管理单元，改进管理方式，确保管理高效准确到位，提升学校工作开展的效率和管理水平，形成带动学校良性发展的健康机制。

民办高职院校想要不断发展必须注重质量建设。一是确立特色化的质量观，要把紧贴实际、瞄准职业、对准岗位作为教育质量的标准，积极加以实践；二是确立多样化的质量观，根据不同专业、不同行业、不同岗位建立起适合其要求和特点的质量考核观，把适应性、有效性、有用性作为根本要求；三是确立以资源集合能力为标志的质量文化观，即衡量一个学院、一个专业的办学水平，不是看其拥有多少教师和设备等基本办学条件，而要看其使用了多少教师和设备，是否能够整合队伍、整合资源为我所用，为人才培养所用；四是确立起社会性质量文化观，即考察一个学院、一个专业的办学水平，主要看其是否适应当地经济社会发展，是否与当地经济社会唇齿相依，高度融合；五是确立起市场质量文化观，即衡量一个学校、院领导班子的能力和水平，不是看其本身是什么学位、什么职称，而是看其能否不断适应人才市场变化发展来调整专业结构，优化培养方案，并始终保持其顺利、对口优质就业，使学生能在岗位上有很好的发展。

结　语

民办高职院校要有否定自我、超越自我的勇气和精神，要不断提升发现问题和解决问题的能力，使民办高职院校的发展更适合社会的需求。民办高职院校在产业结构和教育结构中占有双重地位，一定要把握好一个理念：产品合格并不等于顾客满意，考试好并不等于技能强。目前民办高职院校教育教学改革进入了"深水区"，遇到的困难、难题都是前所未有的，民办高职院校应该有解决这些问题的新思维、新体制、新办法。民办高职院校应该把握重点专业、特色专业，在改革的进程中进一步解放思想，加快改革创新步伐，探索服务地方的应用型人才培养新模式，拓宽民办高职院校人才培养的新视野。

附录：惠州经济职业技术学院 2015～2017 年获奖情况

惠州经济职业技术学院 2015～2017 年所获荣誉

获奖时间	获奖荣誉	证书发放单位
2015 年	2015 年中国职业技术学院 50 强	中国教育改革与发展研究会
	广东当代民办教育举办人突出贡献奖（董事长姚梅发）	广东教育学会
	广东当代民办教育校长突出贡献奖（校长陈优生）	
	广东省"优秀'两新'组织党组织书记"（党委书记李引枝）	广东省教工委
	家长学生信赖品牌学院	广东电视台新闻频道《百业资讯》栏目
2016 年	全国十佳理财师（教师颜坤林、蒋明敏）	北京市理财规划师协会
	广东省学校体育场馆向社会开放示范单位	广东省教育厅和省体育局
	广东省一级档案室	广东省教育厅
	2016 年广东省好雇主	广东省企业联合会、省企业家协会
2017 年	2017 年度中国民办教育百强	中国民办教育百强评选组委会
	全国国防教育特色学校	教育部
	2017 年"善行 100·快乐月捐季"活动中荣获全国高校第·名	中国扶贫基金会
	2017 年度全国"五四红旗"团委（团支部）	共青团中央
	全国高等学校 2017 年度军事课教学展示竞赛一等奖	教育部
	2017 年度中国纺织行业人才建设示范院校	中国纺织工业联合会

惠州经济职业技术学院 2015～2017 年职业技能比赛所获荣誉

获奖时间	项目名称	分赛项名称	奖项
2015 年	会计技能		广东省二等奖
	现代物流作业方案设计与实施		广东省二等奖
	市场营销技能		广东省三等奖
	导游服务	普通话导游服务	广东省三等奖
	服装设计与工艺	服装设计	广东省二等奖
		服装工艺	广东省二等奖
	汽车检测与维修	汽车自动变速器拆装与检测	广东省二等奖
		汽车电气系统检修	广东省三等奖
		汽车故障诊断	广东省一等奖
2016 年	导游服务	英语导游	广东省三等奖
	数控机床装配、调试与维修	数控机床装配、调试与维修	广东省三等奖
	服装设计与工艺	服装设计	广东省三等奖
		服装工艺	广东省三等奖
	英语口语	非英语专业组	广东省二等奖
		英语专业组	广东省三等奖
	汽车营销	汽车营销	广东省二等奖
	园林景观设计	园林景观设计	广东省三等奖
	动漫制作	动漫制作	广东省三等奖
	汽车检测与维修	汽车自动变速器拆装与检测	广东省二等奖
		汽车电气系统检修	广东省三等奖
		汽车故障诊断	广东省二等奖
	会计技能	会计技能	广东省一等奖
2017 年	报关技能	报关技能	广东省三等奖
	会计技能	会计技能	广东省三等奖
	市场营销技能	市场营销技能	广东省三等奖
	电子商务技能	电子商务技能	广东省二等奖
	动漫制作	动漫制作	广东省三等奖
	移动互联网应用软件开发	移动互联网应用软件开发	广东省二等奖
	园林景观设计	园林景观设计	广东省三等奖
	导游服务	英语导游	广东省三等奖
	汽车检测与维修	汽车检测与维修	广东省二等奖
	汽车检测与维修	汽车检测与维修	广东省二等奖
	汽车营销	汽车营销	广东省二等奖
	数控机床装调与技术改造	数控机床装调与技术改造	广东省三等奖
	英语口语	英语专业组	广东省三等奖
	英语口语	非英语专业组	广东省二等奖
	移动互联技术应用	移动互联技术应用	广东省三等奖
	服装设计与工艺	服装设计	广东省二等奖
	服装设计与工艺	服装工艺	广东省三等奖
	学前教育专业教育技能	个人项目	广东省三等奖

惠州经济职业技术学院 2015～2017 年校外竞赛获奖情况

获奖时间	竞赛项目	奖项	主办单位
2015 年	广东省"挑战杯"科技艺术节科研比赛	三等奖	广东省教育厅、省团委
	广东省第二届高校大学生原创心理漫画大赛	三等奖	广东省高校心理健康教育与咨询专业委员会
	第七届全国职业技能院校创业技能大赛电子商务企业经营技能全国总决赛	三等奖	全国电子商务职业教育教学指导委员会
	第 7 届全国职业院校创业技能大赛"物流企业经营技能"全国总决赛	二等奖	全国电子商务职业教育教学指导委员会、中国职业技术教育学会创业教育专业委员会
	广东省首届大学生"行业－专业－就业人才需求分析"大赛	入围奖	广东省教育厅
	数控机床装调维修与改造升级	三等奖	广东省教育厅
	"2014 年中国技能大赛——第六届全国数控技能大赛"高职组广东选拔赛数控机床装调与维修师生组项目	三等奖	广东省教育厅
	首届"联奕杯"全国民办高校电脑鼠走迷宫竞赛	三等奖	中国职业技术教育学会民办职业技术教育分会
	广东省"加博汇"杯电商创业大赛	团队销售业绩银奖	广东省高等学校毕业生就业指导中心
	广东省"加博汇"杯电商创业大赛	团队综合"三等奖"	广东省高等学校毕业生就业指导中心
	广东省"加博汇"杯电商创业大赛	优秀指导教师	广东省高等学校毕业生就业指导中心
	广东省"加博汇"杯电商创业大赛	优秀组织教师	广东省高等学校毕业生就业指导中心
	第六届全国大学生广告大赛	二等奖	广东省教育厅
	第六届全国高等院校斯维尔杯 BIM 应用技能大赛	二等奖	中国建设教育协会
	第六届全国高等院校斯维尔杯 BIM 应用技能大赛	三等奖	中国建设教育协会
2016 年	企业经营管理沙盘模拟竞赛	团体三等奖	全国电子商务职业教育教学指导委员会、中国职业技术教育学会创业教育专业委员会
	2015"奥派杯"全国职业院校移动商务技能邀请赛	一等奖、最佳创新奖	全国电子商务职业教育教学指导委员会、南京奥派信息产业股份公司

续表

获奖时间	竞赛项目	奖项	主办单位
2016 年	"诺信杯"模具设计与制造	全国一等奖	教育部高校毕业生就业协会等
	2015 年广东省普通高等学校大学生计算机设计大赛	二等奖	广东省高等学校大学计算机课程教学指导委员会
		三等奖	
		三等奖	
		三等奖	
	第七届"蓝桥杯"全国软件和信息技术专业人才大赛(省赛)	一等奖	工业和信息化部人才交流中心、中国软件行业协会、中国电子商会等
		三等奖	
	第七届"蓝桥杯"全国软件和信息技术专业人才大赛(国赛)	三等奖	工业和信息化部人才交流中心、中国软件行业协会、中国电子商会等
	第六届"外研社杯"全国高职高专英语写作大赛广东赛区选拔赛	三等奖	教育部职业院校外语类专业教学指导委员会
	第七届全国大学生广告艺术大赛	一等奖	广东省教育厅
		一等奖	
		二等奖	
	第七届全国中、高等院校学生"斯维尔杯"建筑信息模型(BIM)应用技能大赛	全能一等奖	中国建设教育协会
		专项一等奖	
		专项一等奖	
		专项二等奖	
		专项三等奖	
2017 年	2016 年第二届中国"互联网 +"大学生创新创业大赛"青聘果杯"广东省分赛(爱财猫项目)	铜奖	广东省教育厅
	2016 年广东省高职技能大赛暨 2017 年全国职业院校技能大赛高职组广东省选拔赛会计技能	三等奖	广东省教育厅
	2017 年第三届中国"互联网 +"大学生创新创业大赛(金税代账工厂项目)	银奖	广东省教育厅
	2017 年第三届中国"互联网 +"大学生创新创业大赛(金税代账工厂项目)	铜奖	中国教育部
	2017 年第三届中国"互联网 +"大学生创新创业大赛(精准扶贫下的"一村一社在线"农村服务平台项目)	银奖	广东省教育厅

续表

获奖时间	竞赛项目	奖项	主办单位
2017 年	2017 年第三届中国"互联网＋"大学生创新创业大赛（精准扶贫下的"一村一社在线"农村服务平台项目）	铜奖	中国教育部
	2017 年广东省采购师职业技能竞赛（采购师赛项/类）	一等奖	广东省人力资源和社会保障厅
	2016 年广东省高职技能大赛暨 2017 年全国职业院校技能大赛高职组广东省选拔赛导游服务（英语导游）	三等奖	广东省教育厅
	2016 年广东省高职技能大赛暨 2017 年全国职业院校技能大赛高职组广东省选拔赛（市场营销）	三等奖	广东省教育厅
	2016 年广东省高职技能大赛暨 2017 年全国职业院校技能大赛高职组广东省选拔赛（报关技能）	三等奖	广东省教育厅
	广东省第二届"互联网＋"大学生创新创业大赛"青聘果杯"广东省分赛	铜奖	广东省教育厅
	2016 年广东省高校大学生计算机设计大赛	二等奖	广东省教育厅
	2016 年广东省高职技能大赛暨 2017 年全国职业院校技能大赛高职组广东省选拔赛（移动互联技术应用）	三等奖	广东省教育厅
	2016 年广东省高职技能大赛暨 2017 年全国职业院校技能大赛高职组广东省选拔赛（移动互联网应用软件开发）	二等奖	广东省教育厅
	2016 年广东省高职技能大赛暨 2017 年全国职业院校技能大赛高职组广东省选拔赛（电子商务技能）	二等奖	广东省教育厅
	第七届"外研社杯"全国高职高专英语写作大赛广东赛区选拔赛（非专业复赛）	三等奖	教育部职业院校外语类专业教学指导委员会，外语教学与研究出版社
	第七届"外研社杯"高职高专英语写作大赛（专业组复赛）	特等奖	教育部职业院校外语类专业教学指导委员会\外语教学与研究出版社
	第七届"外研社杯"高职高专英语写作大赛（专业组决赛）	三等奖	教育部职业院校外语类专业教学指导委员会\外语教学与研究出版社

续表

获奖时间	竞赛项目	奖项	主办单位
2017 年	第五届"岭南杯'开放．创新'英语写作技能大赛"	二等奖	广州外语协会\广州日报报业集团\广州交互式信息网络有限公司(大洋网)
	2017 年全国大学生英语竞赛	三等奖	高等学校大学外语教学指导委员会
	2016 年广东省高职技能大赛暨 2017 年全国职业院校技能大赛高职组广东省选拔赛(英语口语专业组)	一等奖	广东省教育厅
	2016 年广东省高职技能大赛暨 2017 年全国职业院校技能大赛高职组广东省选拔赛(英语口语非专业组)	三等奖	广东省教育厅
	2016 年广东省高职技能大赛暨 2017 年全国职业院校技能大赛高职组广东省选拔赛(动漫制作)	二等奖	广东省教育厅
	2016 年广东省高职技能大赛暨 2017 年全国职业院校技能大赛高职组广东省选拔赛(服装设计)	三等奖	广东省教育厅
	2016 年广东省高职技能大赛暨 2017 年全国职业院校技能大赛高职组广东省选拔赛(服装工艺)	二等奖	广东省教育厅
	2016 年广东省高职技能大赛暨 2017 年全国职业院校技能大赛高职组广东省选拔赛(学前教育技能)	三等奖	广东省教育厅
	第九届全国大学生广告艺术大赛平面设计——招贴类	三等奖	广东省教育厅
	第九届全国大学生广告艺术大赛平面设计——标志设计类	二等奖	广东省教育厅
	第九届全国大学生广告艺术大赛视频类	二等奖	广东省教育厅
	2017 年中国第四届"互联网＋"大赛广东省赛	二等奖	广东省教育厅
	2016 年大学生计算机设计大赛数字媒体设计类专业组	铜奖	广东省教育厅
	第九届"全国优秀毕业设计奖"	一等奖	教育部职业院校艺术设计类专业教学指导委员会
	首届广东高校网络媒体展示节——涂鸦校园	特等奖	广东省教育厅

获奖时间	竞赛项目	奖项	主办单位
2017 年	园林景观设计	一等奖	广东省教育厅
	2017 年第八届全国中、高等院校"斯维尔杯"建筑信息模型（BIM）应用技能大赛总决赛	三等奖	中国建设教育协会
	2017 年广东省第二届"互联网＋"大学生创新创业大赛"青聘果杯"广东省分赛	全能二等奖	广东省教育厅
	汽车检测与维修	铜奖	广东省教育厅
	汽车营销	二等奖	广东省教育厅
	数控机床装调与技术改造	二等奖	广东省教育厅
	2017 年广东省大学生田径锦标赛男子丙组 800 米	二等奖	广东省教育厅
	2017 年广东省大学生田径锦标赛女子丙组跳高	三等奖	广东省学生体育艺术联合会
	2017 年广东省大学生田径锦标赛女子丙组跳远	一等奖	广东省学生体育艺术联合会
	2017 年广东省大学生田径锦标赛男子丙组 4×400	二等奖	广东省学生体育艺术联合会
	2017 年广东省大学生田径锦标赛男子丙组 1500 米	二等奖	广东省学生体育艺术联合会
	2017 年广东省大学生网球锦标赛男子丙组单打	二等奖	广东省学生体育艺术联合会
	2017 年广东省大学生网球锦标赛女子丙组单打	三等奖	广东省学生体育艺术联合会

国有民办学校发展的经验与困惑

陈友芳[*]

摘　要：　本文以历史悠久、办学质量高的中山大学附中作为案例，分析国有民办学校这一特殊民办教育类型发展，既探索国有民办学校的办学经验与社会贡献，又分析国有民办学校发展面临的困惑。本文提出为了促进民办学校的发展，政府应当重视民办教育的发展，适当加大支持力度；政府应把民办学校分类正式纳入管理；完善法律法规，加强监管监督；给予民办学校更多与社会互动的机会，增强民办教育的社会效应。

关键词：　国有民办学校　办学质量　内涵式发展

一　研究背景

《国家中长期教育改革和发展纲要（2010～2020年）》明确指出："教育行政部门要切实加强民办教育的统筹、规划和管理工作。积极探索营利性和非营利性民办学校的分类管理。"[①] 我国教育在经历三十多年的发展后，基本形成了一个办学主体多样、办学形式丰富的格局。在办学主体上，政府办学、社会组织办学、个人办学等主体成为支撑教育发展的中流

---

* 陈友芳，华南师范大学科学技术与社会研究院副教授，博士，研究方向为基础教育教材编写、基础教育学科评价。

① 教育部：《国家中长期教育改革和发展规划纲要（2010～2020年）》，http://www.moe.edu.cn/。

砥柱。而办学类型也从原来的单一政府公办学校逐渐发展成为公办学校、民办学校、混合学校共同发展、百花齐放的局面。近年来，随着社会经济的发展，涌现了一批无论是教学成绩还是管理模式都可以与纯粹的公办学校、民办学校媲美的混合学校，其中最令人关注的是国有民办类型的学校。2018 年 5 月，广东省人民政府出台《关于鼓励社会力量兴办教育促进民办教育健康发展的实施意见》，文件从加强党对民办学校的领导、实施分类管理、创新办学体制、加大政策支持力度、健全管理制度、提高教育质量、提升管理服务水平等方面，对广东省民办教育改革发展进行了全面部署，进一步调动社会力量兴办教育的积极性，促进民办教育持续健康发展。这说明，政府已经越来越关注民办学校的发展，特别是鼓励社会力量办学。

国有民办学校是指由国家和政府提供土地和校舍，依照法律程序交给具有法人地位的社会团体或者个人承办，承办者享有与公办学校同样的政策和条例，学校通过抽取学费和其他渠道来维持。学校法人负有对学校保值增值的责任，同时也要保质保量地完成国家培养计划。是自我管理、自负盈亏、自我约束、自我发展的办学实体，是介乎公办与民办之间的办学形式。国有民办学校大致有四种类型：委托个人承办、委托社会团体承办、一校办校、公办民营。[1] 2017 年，党的十九大报告中指出，要努力让每个孩子都能享有公平而有质量的教育；完善职业教育和培训体系，深化产教融合、校企合作；加快一流大学和一流学科建设，实现高等教育内涵式发展。而国有民办学校作为我国社会经济发展到一定阶段的产物，对其进行适当规范和正确引导，扩散其积极有效的管理模式、经验，将对我国的教育将起着至关重要的作用，并促进我国教育进一步发展。

中山大学附属中学作为广东省（民办）一级学校，于 1924 年开办，和中山大学一样具有光荣的历史传统，1993 年 9 月，以"国有民办的新机制"

---

[1]　黄华莉：《对国有民办学校的探讨》，《科技信息》（学术研究）2006 年第 12 期，第 295、297 页。

复办，成为中山大学新的组成部分。悠久的发展历史和不断探索的办学之路使其发展过程中的经验和遇到的困惑都非常具有代表性，其发展的经验对于大部分国有民办学校有一定的借鉴作用。

在这样的背景下，本文将具体分析广州市中山大学附属中学的办学情况，探究其中的现状以及困难，并归纳总结出国有民办学校在办学过程中普遍遇到的困惑以及有益于其发展的经验，这对促进国有民办学校发展具有十分重要的意义。

二 文献综述

1. 国有民办学校发展困惑的研究综述

（1）家庭、社会容易对国有民办学校产生怀疑和不信任，信誉度不高。

黄华莉（2006）认为，民办教育发展以来，虽然对缓解教育压力起到一定作用，但近年来有些学校打着"国有民办"的旗号，向家长收取高额的学费，这无疑加重了家庭的教育经费负担。另外，这对家庭贫困的孩子来说，是一种教育权利的剥夺。高额的学费使他们享受不到优质的教育资源，造成社会的不公平。个别影响整体，这也使家长对国有民办学校产生误解，对其整体形象产生怀疑。[①] 方圆（2011）则认为，民办教育收费比较高，而且多数民办学校零散发展，没有形成品牌，相对公办学校来说，吸引力较低。另外民办学校宣传较为缺乏，舆论导向少，导致家庭、社会对其认识片面，容易产生误解。[②] 另外，苑二刚（2012）发现，国有民办学校既有公立学校的性质，拥有原本母体校的品牌和部分支持，又能享受民办学校的优惠政策。这引起了社会对教育公平的思考，激发起强烈的讨论甚至不满。[③]

---

① 黄华莉：《对国有民办学校的探讨》，《科技信息》（学术研究）2006 年第 12 期，第 295、297 页。
② 方圆：《"名校办民校"助推民办教育的新发展》，《成功》（教育）2011 年第 8 期，第 4 页。
③ 苑二刚：《河北"公助民办"学校回归之困》，《中国商报》2012 年 8 月 28 日。

（2）国有民办学校实际上享受的资源不多，大多时候只能依靠自主独立发展。

杨磊（2012）研究发现，大部分国有民办学校由于缺乏指导和监管，操作不规范，并且没有被纳入政府的教育核心体系，只有基本的政策层面支持，很多时候只能靠学校自身制定发展、管理方针，自负盈亏，生存难度大。[①]曹建平（2013）则认为，政府本来在教育方面投入就不够，一些公办学校办民校、社会组织办校，给政府留下了"除了政府其他学校、组织也可以办校"的印象，本来就匮乏的教育资源分配到国有民办学校的就更加少了。[②]

（3）教师人才队伍不稳定。

郭胜男（2017）指出，由于政府对民办学校学费的调控，民办学校的教师薪资已经成为民办学校的负担，对教师的培训经费能省就省，福利待遇与公办学校相比也较低，导致许多教师因此选择别的学校。[③]

总体而言，国有民办学校的困惑来自三个方面：第一，来自家庭、社会的压力，破除家长和社会对国有民办学校的偏见，让其真正信任，放心地将孩子交给学校，是国有民办学校一直以来需要解决的难题之一；第二，政府给予的发展资源不足，学校如何依靠自身发展壮大，也是国有民办学校发展之路中的难题之一；第三，学校内部运营问题层出不穷，教师的去留和培育该如何协调，尤其是国有民办学校应该思考的问题。

2. 国有民办学校发展经验的研究综述

（1）打造国有民办学校的专属品牌。

吴树华、程志文、郑商平（2016）研究发现，广州地区的公办学校办民校，特别是名校办民校，在教育市场的激烈竞争下，逐渐找到了自己的办学方向，形成自身独特的办学品牌和核心竞争力，并发挥出良好的品牌效

① 杨磊：《名校办民校的治理研究》，硕士学位论文，河北大学，2012。
② 曹建平：《高中"名校办民校"的实践和发展趋势研究》，硕士学位论文，扬州大学，2013。
③ 郭胜男：《"名校办民校"的现状与问题研究》，硕士学位论文，南京师范大学，2017。

应，为社会提供优质的教育资源，实现学校的良性循环发展。① 罗士琰（2015）认为，特色发展是国有民办学校的一大王牌手段，只有学校形成特色才能促进发展，才能以办学质量优为吸引手段，吸引更多的优质生源，实现良性循环发展。②

（2）学校要解决乱收费等问题，按照法律法规办事，提高社会信誉度。

《云南政协报》也指出，国有民办学校其实是一个很尴尬的存在，是"公"是"私"难以鉴定。部分学校乱收费问题引起社会舆论，也侧面加剧了教育不公的问题。国有民办学校要解决乱收费等问题，在家庭和社会中树立良好的学校形象，提高社会信誉度。③ 张海瑞（2011）曾表示，国有民办学校办校的出发点是好的，能促进我国办学体制改革，但是很多学校不按照法律法规来办，私自收费和滥用公共资源，造成教育不公。这也说明国有民办学校在社会中争议颇大，需要依靠学校自身通过良好的行为表现来塑造形象，提高社会信誉度。④

（3）对学生开展素质教育，全面发展。

张茜（2014）认为，大多数民办学校强调应试教育和升学率，但是人才的培养是需要学校从学生的动手能力和思维能力方面下手的，只有这样因材施教，注重素质教育建设，才能真正培育出一批又一批为国家服务的人才。另外，她还认为，教师是教育中十分重要的一环，国有民办学校需要建设一支高素质、有创新能力的教师队伍来促进学生的全面发展。⑤

就目前来看，国有民办学校要从两方面来发展自身。对外而言，要让家庭和社会看到学校的办学特色，树立品牌，树立正面形象。另外，要避免违

---

① 吴树华、程志文、郑商平：《关于广州地区初中阶段名校办民校品牌效应分析》，《教育观察》（下半月）2016年第4期，第47~49页。
② 罗士琰：《义务教育阶段"名校办民校"产生的有关问题、原因及对策研究》，硕士学位论文，西南大学，2015。
③ 《"国有民办"一个"混血"怪胎?》，《云南政协报》2014年5月19日。
④ 张海瑞：《学校转制的理论与实践》，硕士学位论文，华东师范大学，2011。
⑤ 张茜：《我国中小学阶段"名校办民校"研究》，硕士学位论文，广西师范大学，2014。

反法律法规，合理收费，消除原有的负面形象。对内而言，要善于对学生因材施教，全面开展素质教育，提高教学质量和教师队伍质量，提升国有民办学校的内涵。

综上所述，目前文献中对国有民办学校发展的困惑和经验研究甚少，笔者只能从研究"名校办民校""公有民校"的文献中找到合理的叙述和有效的经验。就目前状况而言，社会的争议和政府支持的力度不够是阻碍国有民办学校发展的两座大山，需要依靠学校持续不断塑造良好、正面的形象，根据学校自身实际办学，弥补公办学校办学的不足来解决。

三　发展现状

中山大学附属中学（简称中大附中）建立于 1993 年，是由中山大学举办的"国有民办"完全中学，地处海珠区内钟灵毓秀的中山大学校园内，占地面积 2.0345 万平方米，建筑面积 1.9633 万平方米。中大附中现为广东省一级学校，广东省首届十佳民办中学，广州市一级学校。该校取得众多荣誉，连续八年被评为广州市青少年科技教育先进集体，中央电视台、《人民日报》等 40 多家新闻媒体曾对该校进行多次专题报道，是一所全国名气非常高的民办学校。中大附中的民校性质主要体现在其向学生和家长收取昂贵的学费，将收取到的学费扣除一部分用于支付给中山大学的品牌使用费后，其余的费用全由学校自己支配，具有了民校本身的商业性质。另外，按中山大学资源共享的规定和规划，中大附中的建筑用地由中山大学划分出来，中山大学附属中学与中山大学西区食堂、西大球场、游泳馆、梁球锯礼堂、大学图书馆等场室资源共享，完全能满足该校教育教学需要。中大附中与中山大学不仅共享设备和场馆等教育教学资源，而且共享部分管理人员和师资，所以大部分设施和资源属于国有。按照公立学校和民办学校的划分规则，中大附中既不属于纯公办中学也不属于纯民办中学，它在向学生和家长收取学费的同时也偶尔接受教育局的津贴和补助，例如可以获得地方政府对民办学校十几万元到几十万元不等的专项资助资金，因此它实质上是一所公助民办中学。

中大附中 2009 年被广州地区誉为"广东省'十佳'民办中小学"和"最具竞争力民办中学"。初中毕业班工作连续七年获市、区评估一等奖，每年有优秀高中毕业生被保送重点大学，且考上重点及本科 A 类的学生逐年显著增加。在广州市招生竞争、生源分流愈演愈烈的情况下，该校以先进的办学理念和办学模式、得天独厚的育人环境、一流的教学设备、淳厚的校风学风教风、鲜明的办学特色和突出的教育教学质量，吸引了大批优质生源。2017 年报考初一级的考生超过 3000 人，社会生录取人数与报名人数之比为 1∶12，高一年级录取多年来分数线一直在民办学校中遥遥领先。无论是从中大附中的办学成就还是从它的社会效应都可以看出本研究选取的中山大学附属中学不仅是广东省一所典型的公助民办学校，而且是办学十分成功的学校，对国有民办教育的发展有促进作用，它成功办学的经验也值得其他公助民办学校借鉴。

1. 管理方面

（1）管理层的分工。

中大附中设有董事会，其中董事会由中山大学的主要领导、幼儿园的负责人，以及中大附中的校长、副校长组成。学校对于内部管理人员有一套规范的选拔程序，其中中大附中的校长、副校长由董事会任命，其他的中层干部则由中大附中自己决定，一般情况下学校会在内部公开、公推、公选校中层干部。董事会常规性召开会议讨论关于学校的发展问题，尤其是关乎学校自身生存的方针政策。每年学校资源的规模水平、校内设施建设、招生数量、招收生源的比例、经费预算和结算等问题都需要中山大学的领导召开董事会决议。而对于中大附中日常内部运作的问题，例如办公室日常管理、教育质量管理、教师待遇管理、学生管理等问题，学校在很大程度上有自由权，可以自己决定这些日常事务。

（2）高效、有序、低成本的设施管理。

中大附中对于设施的购置、维修或更换也有一个完整的程序。如果中大附中想要购置新的设备，首先需要提出申请，然后根据工程的大小走不同的流程，划分工程大小的方法是工程所需要费用的多少，目前这个划分线大概是5万元，小于5万元的工程属于小型工程，由中大附中自己决定工程的实施；大于5万元的工程属于大型工程，达到这个招标数额的工程由中山大学的招标公司统一负责，走中山大学的财务流程。也就是说，按照这个标准，某一项设备的采购维修超过5万元，就要提交申请到中山大学，由大学的招标中心决定。这个规定对中大附中是非常有利的，首先，其上交了申请书后中山大学的相关部门就会处理，中大附中不需要再花费人力、物力跟进，省去了很多麻烦。其次，小型工程的费用由中大附中自己出，大型工程的资金由中山大学出，附中可以节省一大笔经费支出。

中大附中与中山大学的密切联系也为中大附中带来了优势，它与中山大学共享包括食堂、球场、游泳馆、图书馆等众多资源，附中可以为学生提供更丰富的场地和学习、娱乐活动的方式，同时又减少了一大笔设施建设、维护和管理费用。附中的行政管理人员不多，只有十几个。一般来说，因为涉及学校效益问题，民办学校的管理人员数量比较少，能省就省是降低运作成本的基本要求；而公办学校的行政管理人员是由教育局设定岗位的，由政府财政部门支付薪酬。虽然民办学校的行政管理人员人数比公立学校少，但民办学校不仅避免了工作人员的冗杂，还简化了管理层级结构，提高了办事效率。

（3）规范的财务管理。

中大附中的收入来源只有学费，收取了学费后首先要向中山大学支付土地使用费和品牌使用费——每年是按照所收取学费总额的6%上缴，学校的日常支出只能从剩下的收入中扣除。学校的收入需要按照国家规定进行纳税，定期接受税务局的财务检查，每年年底会让审计公司进行财务审计，以确保学校的收入和支出都处于透明和合理的状态。与其他民办学校一样，学校收取的学费主要用于学校的设施建设、教学资源购置、日常办公开支、教职员工的工资福利以及水电费用等运营费用。随着学校对于资金使用的规定越来越规范，中大附中资金的使用也越来越透明和清晰。资金的使用由中大附中自己决定，对财务实行预算和结算控制，也就是具体的资金使用按照挂靠大学所规定的比例，这样不但可以防止经费超支造成财务压力或者支出不均衡，而且可以在资金使用上有很大的自由度。

（4）困惑。

即使中大附中在财务管理方面做得十分规范，它也遇到了一些困惑。学校有初一到高三共六个年级，包括自费生和公费生在内的学生总数在1740人左右。对比其他学校的学生数量，中大附中的学生数量比较少，因为学校想要保证自己优质的教学质量和服务，每年初中和高中的招生规划人数大概为300人，不像有些民办学校那样为了让学校有更高的收入而盲目设置很多的招生人数。目前中大附中处于收支平衡的状态，就算有盈利，数额也很少。虽然中大附中招生数量少是对自身教学成果的保证，也是对学校未来招收更多优秀学生的一种长远投资，但是学生数量少毕竟会影响学校的收入，进而有可能造成收入不够而开支过大的财务压力。中大附中的校长有考虑过在不增加招生数量的前提下提高学费，但是面临着物价局的施压。学校的学费需要根据审计财务报表生均成本向物价局申报，然后根据批复做出相应的修改来确定最终的学费数额。本来法律上规定民办学校的收费只是向物价局备案，不是审批，但是物价局常常将备案和审批两者混淆，想拥有审批的权力。根据民办学校自身的性质，从经济学的角度来说，它提供的教学服务实际上是市场上的一种商品，学费应该由市场的供需水平决定，也由市场调节，也就是说如果学校的教学质量是非常优质的，它会受到家长们的欢迎，学费自然高起来；相反，如果这个学校教育质量一般，学费是收不高的。中大附中的校长认为，学校自己在收取学费和收取学生之间是能够自我调节的，只要政府部门、发改委、物价部门对学费进行适当范围的调控，而不是直接控制即可。与学费相联系的另外一个问题是教师的待遇问题，现在民办学校要吸引和留住优秀的老师最主要的办法就是提高待遇，待遇的基础条件就是薪酬。只有学校有足够的资金才有能力给教师提供高薪酬，从而留住和吸引优秀的教师，间接来说，学费水平影响老师的质量。如果物价局对学费干涉太多，民办学校很难招收到优秀老师，除非国家对民办学校的支持力度加大。然而近几年广东对民办学校的支持力度反而有所减弱，管理效率也不如从前，使得中大附中这类公助民办学校陷入对未来的担忧之中。

2. 教学方面

（1）积极获取教学资源。

一般来说，民办学校不及公办学校那样有教育局分配的比较丰富的资源，但是中大附中学会给自己创造资源，学校开设了双语班、德语班和奥数班等兴趣班，学生入学时可以根据自己的爱好和选择来报班，如果家长一心想聚焦中考和高考，还可以报英语班和数学班，每周两次课。该校同时与中山大学合作开设高中新课程实验班，依托中山大学国家重点实验室等资源，因材施教、拓潜扬长。为了吸引更多有潜能的学生和鼓励优秀的学生前来就读，学校对优秀学生实行减、免学费等奖学金制度，优秀高中毕业生在中山大学自主招生时享受特殊政策优惠。此外，另有近十名同学可被保送到上海财经等重点大学。

学校一直致力于与外界学校取得联系与互助计划。为了丰富学生的校园生活和拓宽学生的视野同时提高自身知名度，学校每年都会举办国外游学活动，每年与德国莉莎中学、瓦尔登堡高级文理中学等国外名校举办学生交换培养活动，并组织学生以自费、公费等不同形式赴美国、英国、加拿大、德国、日本等国家交流学习。德语班自 2013 年起每年 7 月均有部分名额派遣学生至德国 Willich 市举行交流活动。活动分两部分进行：中国的学生与寄宿家庭相处一星期，再游历德国南部一星期；第二年 10 月，德国方面派遣学生至广州并游历中国。目前这种国际游学项目越来越受到家长和学生的喜爱，成为该校的办学特色。另外，中大附中每年会开展艺术节或科技节，还有包括海模队、航模队、机器社等在内的丰富的社团活动，帮助学生们全面发展。

（2）硬件设施的投入。

中大附中拥有十分丰富和先进的教学设备，它依靠自身的资金、与中山大学的资源共享以及海珠区教育局的支持，十分重视教学资源的投入，于 2000 年起按省一级学校标准全面更新教学设施和教学设备，建立了校园千兆以太网络，每间课室都装备了液晶投影机、电脑和多媒体讲台系统，为每一位教师配备了笔记本电脑，学校建立了信息管理、多媒体教学、视频直播或点播、图书管理、教学资源库、网络办公系统等系统平台，实现了教学、办公和管理的全面数字化、网络化。

（3）教师的培养。

学校现有教职工130人，专任教师104人，教师年龄结构十分均衡，平均年龄36岁，大部分教师既充满工作活力又具有相对丰富的教学经验。同时，教师的学历水平和职称结构在全海珠区的学校中属于重点中学的水平，目前学校本科以上学历为100%，研究生或博士学历14人，高级教师32人，一级教师49人，二级教师26人。该校目前合理的教师结构也说明了学校在教师招聘方面有合理的规划，也有独特的眼光。根据材料初选、考试、笔试、试教、说课、面试、面谈、体检这一系列的程序挑选出最适合自己学生的教师。作为一所公助民办学校，附中拥有招聘教师的自主权，对于附中来说一定要善用这一自主权，因为无论是招学生还是招老师，不把程序办好就等于自取灭亡。

与其他很多有着教师倦怠问题的纯公办学校相比，中大附中的优势之一是教师们积极的工作心态。民办学校的老师相对于公办学校的老师工作压力更大，因为民办学校的老师只有让领导认可、家长认可和学生认可才能留下来，而公立学校的老师除非出现了非常严重的师德问题才会被解雇，少了很多后顾之忧。民校教师的压力主要来源于对失业的担忧，虽然压力较大，但是教师们也有机会获得更高的薪酬。失业风险使他们更有意识地为自己的生活而认真工作，提高对学生的热情和关心度，争取更高的绩效和被认可度。绩效与教师的工资直接挂钩，学校依据教代会的决定建立了一套包括了基本工资、岗位工资、课时津贴和其他兼职、福利、五险一金等劳动合同法内容的酬金分配体系，通过调整这几项内容各自的比例和数额来调动教师的工作积极性。

同时，学校也十分重视自身教师的培养，善于营造良好的工作环境和气氛，做好教师们的心理辅导。优秀的工作文化使教师们能提高对学校的归属感和对自己工作的认同感、成就感，抓住"只有合作才能共赢"的工作作风，加强团队合作，减少教师间的矛盾。通过各科组的内部合作，中大附中的教学也获得了令人满意的成果：近三学年中，有7个学科评为广州市先进科组，先后有2人被评为广州市先进教育工作者，4人获广州市十佳青年教师等称号，3 人被评为广州市骨干教师，6 人被评为海珠区优秀教师，多名教师参与编写 35 项学科教材、教参和教辅资料。另外，学校现承担国家级重点课题 5 项，省级课题 1 项，市级课题 7 项；教师获奖或在各级刊物发表的教育教学论文及教学设计中有国家级 46 项、省级 35 项、市级 44 项。

（4）困惑。

中大附中在教学上的一次次试探和突破成就了今日教学上的一次次辉煌，不过也会遇到一些困惑。首先，与其他非常有名气的公助民办学校不同，其他许多公助民办学校与华南师范大学附属中学、广东省实验中学等名牌中学合作办学，可以共享师资、教材等教学资源，进行教学互动、分享教学经验，进一步推动民办方的发展；而中大附中是挂靠中山大学的，与中山大学合作办学，缺少了可以合作的公立名校中学，只能靠自身教学上的摸索和中山大学在管理上的指导。非常庆幸的是中大附中在中山大学的带领下把校内管理得十分有序，学校付出许多精力进行特色课程的设置和教师的培养，也使学校掌握了教学的主动权和自由权。

其次，是关于教师的待遇问题。在十五年前，中大附中老师的工资比公办学校的老师高出将近一倍，那时候教师们的工作满意度和工作积极性都非常高，拥有高收入的优越感。如今随着公办教师群体多次提出提高薪酬水平的诉求，公办学校的教师薪酬近十年来大幅度提高，目前公立学校的教师薪酬已慢慢接近民办学校的教师薪酬，其至会与民办学校的教师薪酬持平。过去中大附中以非常有吸引力的薪酬吸引了许多人才，在未来在教师薪酬与公立学校的教师薪酬几乎相同的情况下就会面临留不住优秀教师的问题，就算留住了教师，也会出现职业倦怠的问题，因为他们需要在物质上有保障、有安全感和优越感，才能以更好的状态对待工作。另外，有些教师对福利待遇的看法已经在转变，不再像以前那样单单关注工资数额的多少，他们最关心的是一些社会保障，尤其是他们在大城市居住压力下的住房补贴以及未来退休后能够得到的保障。中大附中的校长也意识到这个问题，认为他们的薪酬至少比公办学校的教师薪酬高出 20%，才会有一定的吸引力，因为现在强调身份和体系，公办学校几乎所有的教师都在编制内，在人们的普遍观念看来这是一个"铁饭碗"职业；而民办学校的教师因为没有进入教育局系统而产生不安全感，这就需要靠学校提供高工资来弥补。受学校办学效益的影响，学校的领导即使很想给教师更多的薪酬补贴，也很难拿出更多的资金来解决这一问题。要想解决学校的效益问题，就必须提高学校的收入，或是选择在学费不变的前提下招收更多的学生，或是选择在目前学生数量不变的前提下对学费进行提价。然而对中大附中而言，这两种选择都是暂时不可取的，因为选择前者会加重学校的资源压力，同时背离学校原本优质办学的办学理念；选择后者又会受到物价局对学费的干扰，目前的两难局面使得中大附中对未来感到担忧。

综上所述，中大附中目前已经成为一所示范性作用非常强的公助民办中学。在管理方面，中大附中有明确的层级分工，董事会负责重大事项的决议，校内管理层负责日常运作事项，管理层级结构简单使办事高效。中大附中与中山大学共享教学设施等教学资源，减少了设备的购置与维护费用，也避免了管理人员的冗杂。在财务上，学校对支出实行预算和结算控制，有一套严谨的财务细则和流程。在教学方面，中大附中的教学成果一直在海珠区排名第一，这与学校的课程设置分不开，附中在进行日常教学的同时设立奥数、英语、德语等兴趣班，鼓励和培养学生的特长。另外学校在外部资源匮乏的情况下善于给自己创造资源，包括与中山大学国家重点实验室合作建立实验班，并让优秀学生享受自主招生政策优惠，同时与海外学校合作举办交换或游学活动。附中在大力投入教学设施的同时也十分重视对教师的培养，利用薪酬机制调动教师积极性，并且营造良好的工作环境，提高教师的归属感。

与纯公办学校和纯民办学校相比，中大附中有着众多的办学优势，也产生了一些困惑，首先是学校收入太少的问题，不仅可能造成未来学校的财务紧张，而且会产生吸引不了优秀人才、留不住优秀的老师，或者使教师产生职业倦怠的问题。其次是中大附中由于是与一所大学而不是与公立中学合作办学，缺少中学合作伙伴，自己在教学上必须自立自强，需要花更多的心思去把握主动权。

四　经验与困惑

1. 国有民办学校发展的经验

（1）注重办学质量和服务体验，抓住公众的"心"。

"我们学校更加注重服务，比公办学校的例行服务工作更加细致到位。提供的服务包括教学质量的前提保障，及时准确跟进学生的心理变化，与家长保持密切的沟通，满足学生的个人发展。"

在与中大附中老师的沟通中不难发现，在广州市里，公众对国有民办学校基本上是没有误会的，尤其是家长们，巴不得把孩子往国有民办学校里送。深究其中，笔者发现注重办学质量和家长、公众的服务体验是一大重要原因。在办学质量上，中大附中有着自己优秀的教师团队，在招聘教师方面有自己一套严谨细致的流程和标准，严格把控教师质量。而且，中大附中推行培育学生全面发展的办学思路，在科技教育、校园文化活动上加大关注力度，不以应试教育为培育手段，而是关注学生身心的全面发展。另外，在给予公众的服务体验上，中大附中一直与家长保持着长效有用的沟通和联系机制，让他们熟知孩子们在学校的行动，做到让家长放心和安心。这说明，办学质量是国有民办学校的"根"，是社会评判其形象的重要标准，只有努力提升办学质量档次，才能得到社会公众的关注，赢得社会的信誉度。

（2）利用学校各自的优势，结合社会需求，根据自身情况发展。

"我们的优势是心态，对公众的热情和关心度是比公办学校老师高的，因为民办学校的老师没有像公办学校的老师那么有保障，都是为了自己的生活而认真工作，而且我觉得我们的团队合作会更强。"

"优势是给家长提供更多的选择，例如很多公办学校没有提供住宿，而民办学校有的话就可以满足部分家长的需求。而且对家长和孩子的服务也更加细致到位。"

与公办学校相比，国有民办学校也有一定的相对优势。正如中大附中老师在访谈所说的，民办学校的教师比公办学校的教师更加注重社会评价，因为他们或许会因评价不高而丢掉工作，而公办学校的教师除了有严重的师德问题之外一般不会被开除。另外，民办学校可以看准公办学校所不能提供的服务来开展办学，例如住宿、特长学科教育等，因为民办学校拥有较大的自主权，能够根据社会需求、市场情况开展办学。也只有这样，才能充分发挥国有民办学校灵活性、自由度大的优势，在教育市场的激烈竞争中抢占一席，向前发展。

（3）将有限的资源合理利用，加大对教师薪酬福利的投入，留住人才。

"其实教育是要用心去做的，我们很多教师都不会说只是关心福利待遇多少才去做这份工作，只要不与公办老师的待遇有很大的差距，所付出的都得到应有的回报就可以了。我们最关心的是能有一些社会保障尤其是我们未来的退休能够得到保障。"

"我觉得民办学校要留住教师，提供的工资至少要与公办学校持平。"

在访谈中多位老师表示，民办学校的教师薪酬应该要与公办学校的教师相差不多，才能够留住教师。在这一点上中大附中就做得很好，十五年前教师的工资就一直比公办学校的高，将教师薪酬放在学校花费的重要位置，重视教师的收入和获得感、成就感。教师也表示，如果自己的收入比公办学校的老师高，将会充满工作的动力和积极向上的精神，这是一种正面的激励。国有民办学校的资源可能不比公办学校的多，但是民办学校分配资源的自由度大，灵活性高。国有民办学校要充分合理地利用手中的资源，重视教师薪酬板块，留住人才，促进学校不断向前发展。

（4）注重学校校园文化建设，实现学校内涵式发展。

"除了工资，学校的文化底蕴也要让老师们更加有认同感和归属感。"

一个学校的精神风貌和内在价值、品质是要通过学校的校园文化来体现的。这也是一个学校办学特色和个性魅力的综合表现。首先，中大附中作为一所1993年复办的学校，有着深厚的历史底蕴和文化积淀，学校也将此作为一笔无形的财富，不断沉淀、升华自身的内涵。在新的历史条件下，创造出新的校园文化内涵，营造良好的校园氛围。其次，学校重视学生的第二课堂和特色文化实践活动，开拓科技、艺术等社团活动来潜移默化地影响学生、教育学生，塑造出活泼、开放、向上的校园风气，发挥环境育人的功能。另外，教师团队的建设也是校园文化建设的重要组成部分。朱理明认为，重视教师文化建设，走内涵式发展之路，是深化教育改革的要求，也是一所学校提高办学品位、实现可持续发展的必然选择。[①] 教师文化建设引导着学校各种建设的发展，它赋予学校可持续发展的动力，为学校提供坚实的文化支持，形成一股深厚的底蕴力量。

总的来说，国有民办学校自主性较强，灵活性高，可以合理地分配各项资金和资源，最大限度地促进学校的发展。但值得注意的是，要结合社会需求来调整学校的发展战略，这样才能充分发挥国有民办学校的社会价值。

2. 国有民办学校发展的困惑

（1）政府政策不明朗，支持力度小，国有民办学校发展陷入被动局面。

"我觉得现在政府把大量的资源都投放在公立学校，对民办学校没有明朗的政策，对于是否支持学生入读民办学校也是比较含糊的。"

通过访谈得知，政府现在对于国有民办学校的支持力度是比较小的，很多资源都投放在公办学校，公办学校的设施和师资有了政府的支持一般来说会比民办学校的好。另外，政府政策在招生板块没有明确的指引和规定，使得国有民办学校在招生方面陷入被动，生源扩张难度大。没有政府的支持和指引，国有民办学校只能在偌大的教育竞争市场中依赖自身不多的资源谋求生存和发展。而长此以往，必定会阻碍学校更快更好发展，难以提升办学质量和教学品质，无法为社会提供优质的教育资源。

（2）法律法规空白，国有民办学校被政府忽视。

现阶段国家虽然颁布了《中华人民共和国民办教育促进法实施条例》，但除此之外没有更加详细的相关法律法规。中大附中校长也表示："现在社会对国有民办学校大多数的误解还没有从法律的角度厘清。法律上存在一些

---

① 朱理明：《教师文化建设是实现学校内涵式发展的根本保障》，《新教育时代电子杂志》（教师版）2016 年第 31 期。

空白，没有对民办学校进行更详细的分类和界定，导致政府对民办学校的很多管理都是无效的，没有从法律出发。"法律的空白，使得政府在管理学校的时候没有法律法规的依据，只能凭借为数不多的管理经验和现实情况进行管理，有时候甚至与法律相悖。例如中大附中的学费是由学校所制定，根据审计财务报表生均成本向物价局申报，物价局批复之后再最终决定学费多少。但本来法律规定民办学校的学费仅需要向物价局备案而不是审批，各个民办学校的学费都是由市场调节的，学费跟学校的质量是成正比的，学校会在收取学费和招收学生之间进行自我调节，找到一个平衡点。另外，从对教师访谈中可以发现，国有民办学校目前为止是未被政府正式列入管理的，政府部门可能抱有让其放任发展的态度，使民办学校市场稍显混乱，乱收费等问题时有发生。

总体而言，现阶段国有民办学校发展困惑主要来源于政府和法律方面，这两者均属于外部条件，是除学校自身发展和管理外影响较大的因素，也是目前我国国有民办学校发展的环境情况。

五　对策和建议

1. 政府应当重视民办教育的发展，适当加大支持力度

我国对于教育的投入一直以来都是相对较少的，这与我国现实的国情有关。民办教育虽然不能全部通过国家和政府的投资建设完成，但只是通过社会集资的方式建设会使建设成本高昂。国家和政府对民办教育支持较少，导致民办教育学费高昂，这不利于教育资源的普及和优质教育的发展。通过访谈，现阶段教师反映最突出的问题是政府把很多资源都投入公办学校的发展中，使民办学校的师资、教书设备、校园建设等方面与公办学校有一定的差距。政府应当重视民办教育的发展，加大宣传力度，改善民办学校在社会中的形象，帮助民办学校找到自己合适的定位。另外，在资源支持方面，政府可以制定某些政策，适当提供更公平的财政支持、教师福利支持以及公正对待民办学校教师的职称评定。据了解，现在广东某些地方政府已启动民办学

校专项帮扶资金项目，用于支持民办学校举行某个特色项目。总而言之，支持民办教育的投入要有，但是不能盲目。

2. 政府应把民办学校分类，正式纳入管理

现阶段民办学校市场竞争激烈，政府又不加以管理，使得教育市场有些混乱。就目前情况而言，政府应该把民办学校进行分类，纯民办学校、国有民办学校分别管理，针对两种不同的民办学校情况，实事求是，实行对该类学校有用而又不影响教育公平的管理政策。这有利于促进民办教育更好发展，在竞争中完善自身，不断前进。

3. 完善法律法规，加强监管监督

目前，我国关于民办教育的法律法规数量较少，只有"民促法"和新修订的《民办教育促进法》。虽然其中对民办学校的建立、审批、权利和义务都有相对应的规定，但总体而言仍不够详细和具体。国家应该出台更多更详细与民办教育相关的全面的法律法规，放权给地方根据实际情况制定适合本地区发展的与民办教育相关的法律条文。只有这样，民办教育才能真正做到有法可依，有法必依，用法律规范民办学校的发展。

另外，政府可以组织一些社会团体构成民办学校监督机构，监督其办学、财务、设施建设、招生等各个方面的情况，政府也相应对这些组织进行监督，规范民办学校办学。

4. 给予民办学校更多与社会互动的机会，增强社会效应

社会效应除了指学校培养的人才质量越高越能被社会认可，学校得到的社会声誉越高之外，还应该包括民办学校教师直接服务社会获得的声誉。据了解，民办学校的教师一般很少能有参加培训、参加社会公益活动的机会，即使有，名额一般也很少。政策应该帮助民办学校教师扩大参与社会公益的渠道，在课余的时间直接服务社会。同时，增加教师参与系统培训的名额，不断提高教师质量。

综上所述，对策和建议是：政府应在民办学校办学的外部条件上进行改善，在管理、法律法规方面进行更加细化的规定，同时支持民办教育的发展。只有改善了限制条件，国有民办学校才能拥有上升的空间。

广东省民办学校服务外来务工子女
教育的现状、特征与趋势

胡梭 黄文*

摘　要： 本文基于对广州市和汕头市民工子弟学校的调研，从学校、教师和学生三个方面分析和理解广东省服务外来务工子女教育的现状、特征和趋势。从学校方面来看，政府对民办学校的补贴远不能覆盖学校的各项开支，仍需要向外来务工子女的家长收取学费，由于学费较低，学校基础设施无法达到公办学校的水平，直接影响了教学质量；从教师方面来看，教师工资较低，流动性大，性别比例失衡，与家长沟通成问题；从学生方面来看，外来务工子女普遍存在各种心理问题，难以适应新的社会环境，自我认同感匮乏，处理人际关系问题的能力薄弱。本文提出应该从各级政府层面建立财权与事权匹配的义务教育财政预算制度，加大人口流入地的公办教育供给，并通过向 NGO 购买社会服务，对外来务工子女进行社会教育。

关键词： 外来务工子女　民办学校　义务教育

导　言

根据国家统计局最新统计发布，2016 年农民工总量已经达到 28171 万

---

* 胡梭，哲学博士，华南师范大学科学技术与社会研究院特聘研究员；黄文，华南师范大学科学技术与社会研究院研究生。

人，农民工的主体也正在转换为"80后"的"新生代农民工"①。与作为父辈的第一代农民工相比，新生代农民工失去务农技能、失去土地，回不到农村，他们的子女所面临的问题也不同于上一代农民工子女。如果说上一代农民工子女的问题集中为"留守儿童在农村"的问题，那么新生代农民工子女的问题就是"流动子女在城市"的问题——尤其是在城市的教育问题。因而，农民工子弟在城市中的教育问题即将成为中国未来发展的重中之重，而广东省特别是珠三角地区由于外来工数量庞大，这一问题尤其值得关注。

我们收集了 2010 年以来关于外来务工子女教育问题的研究和报道，发现学者和媒体主要关注以下几个方面。第一，学校自身问题。由于外来务工子弟上的学校多数属于民办学校，校长、教师与学校创办者之间存在雇佣关系，因而也就涉及营利问题。民工子弟学校资源匮乏，包括经费不足、校舍条件差、硬件跟不上、师资力量差和招生困难等问题。其中值得注意的一个悖论之处是，一方面是民工子弟学校招生困难，另一方面则是外来务工子女上学难。② 第二，学生问题。由于父母工作流动，民工子弟学校学生也出现流动性强的问题，新生代农民工家庭问题已成了新时代的新难题，这些不同的问题交织，对未成年人的教育、人际交往和心理健康都会造成极大的影响。由于升学无望，辍学打工俨然成了民工子弟学校的一种文化，这被有关学者称为"自弃文化"③，小帮派文化亦常见于各个民工子弟学校④。第三，教师问题，民工子弟学校中教师的流动甚至比学生流动更为频繁。尽管国家相关政策强调要对民工子女教育予以支持，但是在现实层面上，民工子弟学校教师无论从工资、教学资源和社会地位上都无法得到保障。根据媒体报道，由于工资太低，许多教师宁愿辞职到工厂打工，也不愿意在民工子弟学

---

① 参见国家统计局《2016 年农民工监测调查报告》，http：//www.stats.gov.cn/tjsj/zxfb/201704/t20170428_1489334.html。
② 《一边入学难，一边生源荒》，《中国青年报》2016 年 10 月 19 日。
③ 丁百仁、王毅杰：《公立学校农民工子女"自弃文化"研究》，《青年研究》2017 年第 2 期。
④ 熊易寒：《农民工子弟学校已形成辍学打工"反学校文化"》，《中国青年报》2015 年 5 月 4 日。

校继续工作，这一现象被有关学者称为教师的"农民工化"①。本研究报告将在立足于既有报道和研究的基础上，基于对广州市 A 校、B 校和 C 校，以及汕头市 E 校和 D 校等民工子弟学校的调研，从学校、学生和教师三个方面分析和理解广东省服务民工子弟教育的现状、特征和趋势。

一 民办服务外来务工子女学校教育现状

外来工子女教育问题，实际上也是流动人口问题。广东省是人口流动大省，珠三角流动人口的规模居全国首位。根据广东省统计局的报告，2015年，珠三角地区的跨县（市、区）流动人口规模为 2943.77 万人，占广东省流动人口总量的 91.94%，流动人口规模比 2010 年增长 2.53%②。据数据显示，珠三角地区随迁子女就读公办学校的比例为 46.40%，从珠三角的九个城市来看，2015 年，随迁子女就读公办学校比例没有超过 50% 的城市有4 个，从高到低为深圳 46.18%、广州 42.33%、中山 36.90%、东莞23.18%。③ 总体而言，珠三角外来务工随迁子女就读公办学校比例不到五成，东莞、深圳、中山公办学校学位供给严重不足，民办学校已经成为外来务工随迁子女入学的主要途径。

针对这一现状，广东省近年来主要采取两个政策：一是积分入学政策；二是发展民办学校。但是这里我们需要指出，随迁子女并不全部是外来务工子女，然而并未有数据统计表明进入公办学校的随迁子女当中，外来务工子女占据多大比重，但是可以想见，作为底层的外来务工子女能够通过积分入学政策进入办公学校的机会并不会太高。那么，民办学校作为接收外来务工子女入学的主要基地，目前又是处于怎样的境况呢？

---

① 孙中伟：《中国社会的"农民工化"："民工体制"与"农民工学"——基于广州市农民工子弟学校教师的案例研究》，《社会学评论》2013 年第 4 期。
② 广东省统计局：《"十二五"时期广东人口发展状况分析》，2016 年 6 月。
③ 吴开俊：《珠三角地区随迁子女义务教育现状、问题与政策建议》，《中国流动儿童教育发展报告（2016）》，社会科学文献出版社，2017。

　　据研究，民办学校的教育质量参差不齐，总体上与公办学校存在较大差距，而珠三角地区的民办教育又呈现发展快、规模大，但是发展不均衡、教学设施不完善，甚至办学场地租赁存在风险等特点。[①] 有学者认为，我国当前以"属地负责"为特征的义务教育财政分权体制，使各级政府财政责任配置不合理，这是使民办教育困难重重的主要原因。[②] 政府的教育财政资金主要投入公办学校，但这些公办学校学位供给不足，无法覆盖外来工子女。虽然政府对民办学校有义务教育补贴，但仅能够覆盖一部分学生的学费，远不足以支付学校日常运行和教师工资的费用。于是，学校经费只能来自家长缴纳的超额学费，但学生家长一般难以承受高昂的学费，这导致民办学校的办学经费过低，并由此导致了一系列的后果。

　　根据我们在广州市番禺区、南沙区和海珠区三所民工子弟学校的调研，普遍存在的一个问题就是：学校面临经费严重不足的问题，导致教师工资、学生基础设施都无法达到公立学校的水平。以南沙区 A 校为例，政府给每个小学生的补贴约为每学期 500 元，而该校的学费则为每学期 2000 元，每个学生的父母尚须承担 75% 的学费。这些学费相比于一些收费高昂的民办学校，并不算太高。其后果就是民工子弟学校的教师工资普遍偏低，并直接影响了教学质量。以汕头市 D 校为例，根据该校校长提供的资料，教师平均工资为 2600 元/月，扣除各项税金，最后到手的工资为 2250 元。这种低工资水平也导致学校无法招募到优秀的教师，并导致男女教师比例过低，比如 D 校男女教师比例是 1∶10。而经费不足也导致这些学校硬件设施不足，比如，几乎所有调研学校都存在教学用具不齐全、教学场地紧张的状况。在我们的调研过程中，多所学校的调研对象都不约而同地希望政府给予民办学校一定的教育经费扶持，以完善硬件配套设施，同时提高教师的工资待遇与福利。

---

① 吴开俊：《珠三角地区随迁子女义务教育现状、问题与政策建议》，《中国流动儿童教育发展报告（2016）》，社会科学文献出版社，2017。

② 吴开俊：《构建流动儿童义务教育经费的合理分担机制》，《中国社会科学报》2010 年 8 月 26 日。

二 民办服务外来务工子女学校教师现状

正如导言所提及的，服务外来工子弟学校的教师问题已经成为一个引发广泛关注和研究的问题，因为工资过低，民工子弟学校教师流动率非常大，直接影响了学校的办学质量。目前并未有针对民工子弟学校教师工资的大数据调研，根据我们在广州市三所学校的调研。我们发现民工子弟学校教师主要呈现以下几个问题。

第一，教师工资过低。教师工资太低是目前在全国民工子弟学校普遍存在的问题。根据我们的调研，广州市的情况亦是如此，基本不足以覆盖在广州的正常开支。根据我们在南沙区 A 校的调研，我们访谈到的李老师，本科毕业后在民工子弟学校工作三年，作为毕业班老师和班主任，她的月平均收入不足 3000 元，公积金学校补贴 500 元，社保按照最低标准缴纳。而到寒暑假，她每个月拿到的工资甚至不足 1000 元。2019 年南沙区政府有一项对民办教师的补贴，给每位教师一年补贴 12000 元，但是李老师告诉我们，她最后拿到手的是 7000 元出头，除去一部分缴税外，她并不知道剩余部分流向何方。至于日常开销，李老师由于住在父母家，无须承担房租等费用，因而能够生活。而根据李老师的反映，工资部分对于大部分老师，尤其是外地老师而言，完全不足以覆盖日常开销。也因此，老师们不得不课外开补习班补课，而这必然耗费老师的精力，使得日常上课的质量无法保障，也没有足够的时间和精力关注学生。当然，工资太低的另一个问题便是无法吸引高素质的教师队伍。根据我们对广州市和汕头市五个学校的调研，大部分民办教师并非本科学校毕业，虽然近几年来本科学历的老师在逐年增加。老师本身的学历和业务水平直接影响了民办子弟学校的教学质量。

第二，教师流动性太强。这一特征的主要根源仍是工资低，工资水平过低必然无法留住老师，这是全国民工子弟学校普遍存在的问题。根据我们的调研，在同一所学校服务超过三年的年轻老师比例极低，多数工作一到两个学期后便会离开。能够相对稳定地在同一所学校工作的通常是在当地成家的教师，可见，结婚后的教师流动性相对较弱。从我们的调研来看，教师中广州本地户籍的非常少，而外地教师能够在广州本地结婚和生活的概率并不高，毕竟广州消费水平太高。我们所调研的南沙区民办学校地处工业区，且在一个村子里，消费水平相对广州市区较低，因而在本村成家的教师相对其他区的学校更多些。可见，流动性问题归根结底还是收入问题，流动性越强，对于民工子弟学校教育质量的影响就越大。经常换老师使学生常常不得不重新适应新的老师，而每个新老师新上任又必然需要一定的适应时期，这都直接影响了教育质量。

第三，教师性别失衡。根据我们的调研，民工子弟学校还出现了教师性别失衡的现象，我们所调研的几所学校都以女老师为主，男老师为数不多，比例为10%～20%，当然，各个学校的具体情况还不同。但是不难看出，民工子弟学校的男教师数量非常低，这与社会对于男性承担经济负担要求高有直接的关系。在大力提倡性别平等的今日，多数男性依然被期待更多地承担家庭的主要经济负担，而民工子弟学校工资过低，男老师基本无法以此收入养家糊口，这直接导致了男性教师比例过低的现象。

第四，教师与家长沟通成问题。根据我们的调研，许多老师均反映存在与家长沟通不畅的问题，这可以算是民工子弟学校的特殊问题。民工子弟学校的家长多数是外来工人，受教育水平较低且年轻，在教育子女方面容易与老师发生分歧，而发生分歧后，通常很难顺畅沟通，这对民工子弟学校的教师造成极大的困扰，他们一方面要面对流动儿童的各种问题，另一方面家长又难以配合，这使他们的工作受到了极大的打击。更普遍的情况是家长太忙了，无暇顾及孩子，学生放学回家出事了，找不到家长，只能找老师的情况常有。更有甚者，海珠区的王老师告诉我们，有一次凌晨5点接到孩子的电话，说自己发烧了，而其父母彻夜未归，电话也打不通，只好请求老师帮忙找父母。因而多数情况下，老师希望与家长沟通却很难找到家长。许多家长把孩子的教育问题视为老师的责任，在孩子教育过程中缺位，这使很多老师感到无奈，却也无力解决。

三 外来务工子女学生现状和特征

外来务工随迁子女大多处于身心发展的关键时期，自我的建构并不稳定，又被迫背井离乡，跟随父母来到陌生的环境，无论是家人的关怀还是与同龄人的交际都略显匮乏，由此滋生了一些相似的心理问题。对于务工人员来说，选择让子女跟随自身在大城市里学习，主要是出于提升与维护亲子关系、开阔子女眼界、使子女享受更好的教育资源这三个方面的原因。然而，外来务工子女的父母大多属于劳动者阶层，为了生活温饱而奋斗，能够予以子女的陪伴时间与关爱都非常有限。加之外来务工人员对于陌生城市的文化融入程度本就有限，在新环境中外来务工的人际社交大多基本仅限于共同工作的同事，出于对于孩子的保护，外来务工人员会尽量减少子女与外界交流的机会，将其活动范围限定于家中与自身的工作环境之中。外来务工子女在成长过程中，缺少玩伴，也鲜有多余的家庭集会和活动，在并不宽敞的屋檐之下与书本、电视和手机做伴。生活和学习环境的改变，使外来务工子女在城市中的情感体验变得匮乏，导致产生不同的心理问题，而这些问题在生活习惯、行为习惯、学习习惯方面都有所表现，在后文提到的三个方面中有所表述。以下是汕头市 D 校的民工子弟学生的四个案例。

案例一：程同学，男。其父母都在汕头本地工作，但他们的关系并不融洽，经常发生争吵，家人与父亲的沟通都很少。家中还有两个姐姐，大姐与妹妹和弟弟的年龄差距较大，且较少交流。笔者家访时了解到，程同学的父母外出务工的时间较早，大姐当时留在家乡上学，因而缺乏指导和管教，弃学较早，与家中的联络较少，母亲将教育的希望寄托在较小的两个孩子身上。程同学在学校中性格内向，不爱说话，比较胆小，朋友较少，只与二姐亲昵。程同学很少与学校的同学交流，都是与母亲和姐姐玩耍。据程同学的母亲表述，她本身也很少让程同学和他姐姐出门："不能让他们离开我的眼睛，外面坏人多，地方乱，危险，不熟悉这边，不好找。"程同学的母亲在工厂里有个老家的好朋友，有时会约老乡带着子女一起出去玩。此外，程同学与其姐姐都不会说潮汕本地方言，因此与邻里之间的小朋友和本地的同学也很少交流与玩耍。

案例二：王同学，女。举家搬到汕头已有十三年。家中成员为父母、奶奶、弟弟。王同学的奶奶比较友善，但是她的教育方式比较落后，当小朋友不听话时，一般用暴力处理问题，而母亲一般是用讲道理的方式教育孩子，由于教育方式的差异，母亲和奶奶之间会有些矛盾，但是母亲工作较忙，小朋友和奶奶相处的时间比较多，在访问过程中也可以看出王同学对奶奶有点意见，而且会从奶奶身上学到暴躁的脾气。王同学在学校中极度活泼，特别喜欢表现自己，上课总是打断老师讲课；在团队中喜欢当领导者；性子很急，容易气哭；喜欢用钱收买同学；脾气不好，对输赢看得特别重。在家中，王同学也会以表现自己的形式吸引父母的注意力，父母工作繁忙时会以金钱的形式补偿小朋友。

案例三：岳同学，男。岳同学在老家河南读小学读到三年级，由于父母工作转换他也经常转学。岳同学在老家上学时很乖，成绩优秀，在班里能排前五名，但到汕头上四年级时，经常与其他小孩打架。岳同学在校园经常因为插队等问题与其他小朋友发生矛盾，不能心平气和地和其他小孩沟通，不好好排队，不听话，每天都要教育他。学校老师对此也很烦恼。在老家上学时，岳同学写字学习都很认真，晚上经常写字画画，喊他睡觉都不停下。但由于妈妈一段时间不在身边，爸爸忙着挣钱，不关心岳同学的学习，现在他连字都不好好写了。岳同学上课积极活泼，踊跃发言，头脑灵活，对老师、家长都非常礼貌。但与同学交往中则说话冲，吃软不吃硬，脾气暴躁，自制力弱，容易冲动，喜欢用暴力解决问题，有时用暴力吓唬同学。

案例四：柴同学，男。柴同学属于农民工子女，受家庭和成长环境限制，不敢大胆表达自己，害怕获得太多关注会暴露自己的不足。据柴同学父亲反映，一家人平时跟本地人交流比较少，觉得多少受到了一些排异。邻居都是本地人，感觉他们会戴"有色眼镜"来看待外地人，有些防备之心。柴同学曾经主动地竞选班长，但后来不够积极，表现得不像班长，没有发挥带头作用，也主动和班主任说过不想要太多关注，在学习上也会觉得自身能力有限而选择逃避和放弃。

以上四个案例反映了外来务工随迁子女的三个一般性的心理特征。

其一，难以适应新的社会环境。民工子女在跟随父母到陌生环境的时候，会脱离熟悉的环境与人际关系，在熟悉新环境的过程中又缺少父母与同龄人的陪伴，会产生孤独的感觉。即便父母以其他的形式补偿给小朋友，或是家中有年龄相仿的兄弟姐妹陪伴，也改善不了其对新环境产生的不适应感与不信任感。

其二，自我认同感匮乏。尽管外来务工人员让子女随迁是为了维护和提升亲子关系，但由于在城市工作压力大，外来务工人员能分给子女的精力和时间都十分有限。且外来务工人员本身对于大城市的融入程度就有限，会限制子女外出，同时也不能给予子女丰富的社会体验。外来务工子女自身的社会性角色体验度较低，自我建构不完善，自我认同度匮乏。

其三，处理人际关系问题的能力薄弱。外来务工子女由于缺失父母关爱，不善于处理亲密关系的，在人际交往的过程中不善于表达自我的情感。在校园与其他同学的交往中也暴露出这个弊病，可能表现为暴力倾向或自我封闭倾向，不能妥善地向他人表达自我的想法。

（4）成长缺失致使心理自卑，并进一步导致厌学情绪的出现。在成长过程中缺失父母的陪伴，孩子在遇到难以克服的困难与瓶颈时，容易产生放弃和逃避的心理。这点在外来务工子女的身上有明显体现。外来务工子女随着父母来到城市，因教育资源的差异，在适应学习生活时会遇到许多困难，较为明显地体现在英语、计算机等学科方面，而由于缺失父母的鼓励与关怀，外来务工子女在遇到这些困难时常常以一种消极的心态去应对。

四 服务外来务工子女教育的趋势和政策建议

随着广东省尤其是珠三角地区外来人口的进一步增长，外来务工子女教育的问题将变得日益突出。过去十年来民办教育的发展，在一定程度上解决了外来务工子女入学困难的难题，缓解了公办教育资源紧张的问题。但与此同时，服务于外来务工子女的民办教育设施和教师总体水平不高、外来务工子女心理问题突出等日渐凸显。本文所指出的学校、学生和教师三方面的问题将长期存在，甚至在可预期的未来还会进一步加剧。如何进一步提高服务外来务工子女教育的质量，将成为未来亟待解决的重点问题。基于这方面的考虑，我们提出三个方面的政策建议。

第一，从各级政府层面建立财权与事权匹配的义务教育财政预算制度。当下的户籍制度造成了义务教育财政拨款的固定性与人口流动性之间的矛盾。① 人口流入地的地方政府没有将非户籍人口的义务教育开支纳入财政预算，由此造成了人口流入地区公办义务教育供给严重不足，让外来务工子女享受义务教育的权利成为一纸空谈。2015 年国务院颁布了《关于进一步完善城乡义务教育经费保障机制的通知》，试图实现教育定额资金随学生流动可携带。② 这一政策的落实，将为各级地方政府建立财权和事权匹配的义务教育财政预算制度提供可能，从而最终可以将非户籍人口的义务教育开支纳入人口流入地的地方政府财政预算。然而，由于义务教育定额资金还比较少，远不能满足一些地区的教育开支。因此，国家应该建立全国性的义务教育专项资金转移支付制度和相关管理机构，检测各地外来务工子女的流动情况，权衡不同地区的教育设施和人力成本，对人口流入地区予以相应额度的义务教育财政专项资金扶持，让外来务工子女免费接受义务教育真正成为可能。

第二，加大人口流入地的公办教育供给。虽然民办教育已经成为外来务工子女入学的主要途径，但是从长远来看，仍然应该将公办教育机构作为基础教育的主要承担者，民办教育机构只应起到完善基础教育内容和使风格多样性的职能。从现在的情况来看，民办教育机构发展十分不平衡，少数民办教育机构已经可以媲美顶尖的公办教育机构，但是大部分外来务工子女入读的民办教育机构水平普遍比较低，并且这一状况绝不会因民办教育机构发展而得以改善，因为大部分农民工属于低收入阶层，难以为子女缴纳高昂的学

---

① 吴开俊、刘力强：《珠三角地区非户籍务工人员子女义务教育问题探讨》，《教育发展研究》2009 年第 2 期。

② http://www.gov.cn/zhengce/content/2015-11/28/content_10357.htm.

费以使他们进入高水平的民办学校。从发达国家的情况来看，公办教育是贫困人群子女接受教育的主要途径，民办（私立）学校接收的主要是富人和中产阶级子女。因此政府出于维护教育公平的考虑，一方面应当加大义务教育经费开支，扩大对外来务工子女的学位供给；另一方面也应当提高公办教育机构教师工资水平，把最好的教育资源留在公办学校，防止出现发达国家尤其是美国那样的教育不平等状况。

第三，通过向 NGO 购买社会服务，对外来务工子女进行社会教育。根据本文的研究，外来务工子女的教育问题不仅表现在难以入读公办学校，还表现在家庭教育的缺失，由此也导致了各种心理问题和性格问题。这些问题将极大地降低外来务工子女的综合竞争力，从而阻碍他们向上流动的通道，最终危及社会平等。因此对外来务工子女进行辅助性的社会教育，是一个需要全社会重视的问题。通过一些 NGO 组织来向外来务工子女实施学校难以完成的社会教育，也成为一个当务之急。在这方面，政府应成立专项资金向社会购买相关服务，促成一些专业性的 NGO 面向外来务工子女开展社会教育。这种教育可以分为两个方面：一方面，通过心理辅导和心理教育，解决外来务工子女的心理问题，让他们建立正确的人生观和价值观；另一方面，引导外来务工子女在课余时间参加各种兴趣小组和公民组织，培养他们多方面的爱好以及对公共事务的关怀。最终通过这些手段提高外来务工子女的综合竞争力，为他们平等而自由地发展创造条件。

借 鉴 篇

香港义务教育阶段私立学校
管理模式及其启示

李小鹏*

摘 要： 香港自19世纪就建立了公营与私立学校共存的体制，以
弥补公营教育学位的不足，并转化为现今的本地学制与外
地学制的官立、资助与私立义务教育系统。本地学制的官
立、资助及按位津贴学校纳入免费教育，其经费主要由政
府提供，其管理由教育局或办学团体的校董会负责。直资
学校除首笔经营费来自政府外，运作与自资经营的私立学
校相同，经费来自学费，由校董会管理，在教学课程、收
录学生、聘用教师及财务应用等方面有自主权，学生须交
学费，不纳入免费教育。外地学制分为英基学校协会属下
的学校及其他私立国际学校。英基学校除获得政府的资助

---

* 李小鹏，Free University Amsterdam（阿姆斯特丹自由大学）海外研究员。

外，与自资经营的私立国际学校一样由私人校董会管理，经费来自学费，使用外地教学课程，以收录外籍学生为主，聘用教师及财务应用等方面有自主权，学生缴纳高昂学费，不纳入免费教育及不参与香港考试评核。在2018/2019学年，本地学制私立和直资中小学共164所（占总学校数的15.1%），学生数99296人（占总人数的14.3%）。外地学制的英基及私立国际中小学共82所（占总学校数的7.5%），学生数38868人（占总人数的5.6%）。私立学校及国际学校的数量与服务学生人数约占香港学校的20%，对香港教育与人才培育举足轻重。本文探讨以上私立学校的管理模式及其对香港教育的发展与质量的提升作用。

关键词： 本地学制 外地学制 私立学校 直资学校 英基学校 国际学校

导　言

香港义务教育阶段的公立学校与私立学校的管理模式与内地有很大差异。自19世纪起，香港已建立了公营学校与私立学校共存以弥补公营教育学位不足的教育制度，并转化为现今的本地学制的官立、资助及按位津贴、直接资助（直资）和私立学校，以及外地学制的国际学校共存的教育系统。官立学校的经费与管理是由教育局直接负责。资助及按位津贴学校的经费绝大部分来自政府，但管理由学校的法团校董会负责。官立、资助及按位津贴学校的学生享受12年免费教育，不用交学费。直资学校如同资助及按位津贴学校一样由法团校董会管理，经费来自学费和按学校符合资格学生人数计算的政府津贴。直资学校在教学课程、收录学生、聘用教师及财务应用等方面有自主权。私立学校则自资经营，经费来自学费，由校董会管理，并与直资学校一样在教学课程、收录学生、聘用教师及财务应用等方面有自主权。直资与私立学校的学生需要交学费，不纳入免费教育。本地学制学校需要接受教育局的督导与评核，学生需要参与考试局的本地公开考试以评定其升读高等教育的成绩。

在香港提供外地学制的学校可细分为英基学校协会属下的学校及其他私立国际学校，为旅居香港或在香港服务的外籍人士的子女及小部分不愿接受本地学制教育的香港公民的子女提供海外的学制，以便其将来到相关海外国家升学。英基学校及其他私立国际学校由各自的校董会管理，使用外地教学课程，以收录外籍学生为主，聘用教师及财务应用等方面有自主权，学生不纳入免费教育并无须接受考试局各教育阶段的评鉴。由于上述学校使用海外学制，教育局基本上不对这些学校做督导与评核。上述的分野与类同，显示了香港义务教育中对不同类别学校采取不同管理模式的理念与功能，以响应政府与社会的不同需要。

一 香港义务教育阶段不同种类学校的分布

按照《香港统计年刊（2018年）》的资料，2017年，香港的日间中、小学学校分别为513所和578所，依学制和资助分为三大类：官立及资助、其他和国际。香港义务教育阶段学校以官立及资助的小学及中学为主，分占79.2%和75.2%（见表1）。其他学校包括了实施本地学制与课程的直接资助（直资）学校、私立学校和按位津贴学校（只有中学）以及提供外地课程，并因应不同的办学组织而细分为英基学校协会属下的学校及其他私立国际学校。

表 1　香港义务教育阶段不同种类学校的分布

学校的类别			2006 年	2011 年	2012 年	2013 年	2014 年	2015 年	2016 年	2017 年	2018 年
程度	学制	资助									
小学（所）	本地	官立及资助	553	457	455	453	452	454	454	454	458
		其他*	67	71	73	73	74	74	78	83	76
	国际	国际	48	40	41	43	45	44	43	44	44
中学（所）	本地	官立及资助	411	397	394	394	393	391	391	390	386
		其他*	92	100	96	91	86	85	84	83	74
	国际	国际	25	27	29	29	30	30	31	33	53

* 直资和私立中小学可自行决定开办本地学制或外地学制课程。

资料来源：《香港统计年刊（2018 年）》，第 340 页；"升学天地"网站，schooland@itn.com.hk。

此外，教育局及香港家庭与学校合作事宜委员会编写的《中学概览 2018/2019》及《小学概览 2018/2019》的资料，把采用本地学制的香港义务教育阶段的日间中小学分为四大种类：官立学校、资助小学、直资学校、私立学校，其他外地学制的日间中小学为国际学校。2018 年，全香港大约有 534 所提供本地学制的小学，另有 44 所国际学校提供非本地课程。中学方面，提供本地学制的中学约有 460 所，另有 53 所国际学校提供非本地课程（见表 2）。

表 2　2018 年度香港各类别的中小学数字

学校类别	中学		小学	
	学校数（所）	占比（%）	学校数（所）	占比（%）
官立	30	5.85	34	5.88
资助	356	69.40	424	73.36
直资	60	11.70	21	3.63
按位津贴	2	0.39	不适用	不适用
私立	12	2.33	55	9.52
国际	53	10.33	44	7.61
总数	513	100.0	578	100.0

资料来源：香港特区教育局分区学校名册，http://www.edb.gov.hk/tc/student-parents/sch-info/sch-search/schlist-by-district/index.html；

"升学天地"网站，schooland@itn.com.hk；

《2018 年在香港的国际学校》，https://internationalschools.edb.hkedcity.net/where_they_are.php?lang=en。

2019 年，香港各类中小学校的总数为 1087 所，学生总数为 692853 人。本地学制私立和直资中小学共 164 所（占总学校数的 15.1%），学生数 99296 人（占总人数的 14.3%）。外地学制的英基及私立国际中小学共 82 所（占总学校数的 7.5%），学生数 38868 人（占总人数的 5.6%）（见表 3）。私立学校及国际学校的数量与服务学生人数占香港学校的 20%，对香港教育与人才培育举足轻重。

表3　2019 年香港各类别的中小学学生数字

学校类别		中学			小学		
		学校数(所)	学生数(人)	占比(%)	学校数(所)	学生数(人)	占比(%)
本地学制	官立	31	21013	6	34	22618	6
	资助	359	238971	72	420	270839	75
	直资	61	45863	14	21	15590	4
	按位津贴	2	1258	0	不适用	不适用	不适用
	私立	20	6743	2	62	31090	9
外地学制	英基	5	6765	2	9	6089	2
	其他国际	33	10191	3	35	15823	4
	总数	506	330804	100	581	362049	100

资料来源：香港特区教育局学校教育统计组。

无论把香港义务教育阶段的学校分为三大类还是五大类，其主要区别在于：（1）学校经费来源与财务应用；（2）学校管理组织；（3）本地或外地学制与课程；（4）教师的聘任机制；（5）收录学生的方法。官立学校为特区教育局直接管理的公营学校，经费来自政府，教职员都是公务员，提供 12 年免费教育（中小学各 6 年），学生无须交学费。学童必须参加政府安排的"小一入学统筹办法"及"中学学位分配办法"入读。但这类学校数量向来稀少，即使在 2018 年也只约占全港义务教育阶段学校的 6%，不足以满足本地学制免费教育的需求。因此香港在 20 世纪 70 年代至 80 年代初透过邀请运作良好的私立学校转制为津贴学校及加大津贴学校的建立，扩宽本地学制免费教育的执行范围，巩固香港的义务教育制度。①

① 程介明：《教育的回顾（下篇）》，载王赓武主编《香港史新编》（下册），三联书店，1997，第 465~491 页；谭万钧：《香港的私立学校》，载顾明远、杜祖贻主编《香港教育的过去与未来》，人民教育出版社，1999，第 547~566 页。

资助学校由非营利办学团体依照特区政府法规成立的法团校董会/校董会负责管理，接受政府津贴来提供免费教育，并按教育局的学校行政手册及相关法律管理学校的运作。学校经费绝大部分来自政府，包括教职员的薪酬及营运开支。学生必须参加政府安排的"小一入学统筹办法"及"中学学位分配办法"安排入读。学校必须提供本地学制的课程及接受评核。由于各地区的小区组织及宗教团体都乐于参与教育服务，因此津贴学校为香港学校的主流，现占全港学校的七成多（见表2及表3）。由于官立学校和资助学校提供免费教育，其经费来源与财务应用、运作管理、学校课程、教师聘任、收录学生等都受政府管辖。为了更有效地探讨香港义务教育阶段私立学校管理模式，笔者把官立学校和资助学校这两类学校归纳为公营学校，其他不提供免费教育的学校归纳为非公营学校的私立学校，并按其不同类别做进一步探究。

二 香港义务教育阶段不同类别的私立学校的管理模式

（一）香港本地学制私立学校教育的发展和变化

为什么私立学校在已实施免费义务教育经年的香港仍然会吸引家长支付学费让子女入读呢？其主因是家长对私立学校的办学理念、学校课程、教学语言和子女的入学等有选择权。随着时代变迁，本港的私立学校在课程设计、教学法、学制、办学模式等方面都有很大的优化。此外多所由教会主办的具有悠久历史的私立学校，继承传统的学术氛围，学生的学术及多方面表现优异，名人辈出。

1. 私立学校

香港被英国统治以前，已有私塾和书室的传统乡村私立学校教育。其后在19世纪60年代政府开办西式学校和补助教会主办的学校，逐渐形成小规模的重英文轻中文和培育精英的公共学校教育体系，民间可私人自行办学，唯教育设备与质量参差不齐，不能与公共学校相比。及至1913年，凡有学生9人以上的私立学校必须向政府注册，接受政府的规范、管理和视察。^① 在第二次世界大战以后，香港人口不断增加，私立学校蓬勃发展，当时约七成小学生入读私立小学。即使在 1971 年香港推行六年小学免费教育政策时，仍有 1/4 的学生入读私立小学。其后，政府大幅增加资助或津贴小学，并于 1991 年引入直接资助学校计划，逐步减少私立学校的数目。^② 及至 2018/2019 学年，香港仍有本地学制的私立小学 55 所，约占全港小学的 9.52%，私立中学 12 所，约占全港中学的 2.33%。

私立学校由民间办学团体自资经营，并由自组的校董会管理。在建校前，政府没有提供土地，也没有为学校提供建设补贴。私立学校经各相关部门的审批合格后方可依特区政府的教育条例和相关法律办学、收生及聘请教师。学校可收学费及自定收生办法。然而各私立学校之间的基建与设备、课程与教师队伍的力量有很大的差异，另与官津学校也有距离。

除了传统的私立学校外，特区政府在 1999 年透过非营利"私立独立学校计划"，邀请办学团体建新校或优化少数私立学校。虽然政府不会为"私立独立学校计划"学校提供经常资助，但是政府以象征式地价批地及提供一笔工程设备津贴，促进优质私立学校的发展。^③ 在 2018/2019 学年已有 8 所这类中学。这些收取较高学费的私立学校多聘请高资历的本地和外籍教师，研发更有效的课程与教学法，又以海外考察的方式拓宽学生的视野和学习经历。因此在 21 世纪，香港的私立学校已转型，并成为教育的一股新动力，给予学校、学生与家长更大的自主权。

---

① 吴伦霓霞：《教育的回顾（上篇）》，载王赓武主编《香港史新编（下册）》，三联书店（香港）有限公司，1997，第 417 ~ 463 页；Sweeting, A.（1990）. Education in Hong Kong, Pre – 1841 to 1941: Fact and Opinion. Hong Kong: Hong Kong University Press。

② 谭万钧：《香港的私立学校》，载顾明远、杜祖贻主编《香港教育的过去与未来》，人民教育出版社，2000，第 547 ~ 566 页。

③ 香港特别行政区政府新闻公报：《立法会十八题：私立独立学校》，2007 年 10 月 17 日。
香港特别行政区政府新闻公报：《立法会十二题：私立独立学校》，2011 年 6 月 1 日。

2. 直资学校

香港在 1978 年推行九年强迫教育政策加强中学教育。然而就读于本地学制私立中学的学生曾占全港学生总数的 3/4。政府只有透过向私立中学"买位"制度（即用公帑向私立中学购买学位，入读学生无须缴交学费），及动用公帑增加津贴中学的数目，借以解决官津中学学额不足的问题。其后教育统筹委员会的《第三号报告书》① 建议政府不应以私立学校补充学额的不足，而应透过另一机制，邀请现存的私立学校、按额津贴学校或津贴学校参与，从而建立一个强大而独立的私立学校教育体制。因此《直接资助学校计划（简称直资学校）》在 1991 年推行。直资学校获得政府按官立与津贴学校中之每年平均学位成本，根据学校的收生人数给予资助；同时，学校可以收取学费，当学费水平超越政府所定的上限，学校所获得的资助便相应减少。直资学校除可收取学费外，在学校管理和制定学校政策方面比官立和资助学校有更大的自主权，可以自行制定课程、收取学生、聘请及解雇教职员、分配学校内部的财政与人力资源。起初只有少数学校参加。

香港回归祖国后，特区政府于 2001 年放宽直资学校的学费上限和接纳新办学团体加入开办直资学校的行列。② 直资学校除了享有一笔按学校合资格学生人数计算的政府津贴，又可收取学费，法团校董会/校董可自行管理，强化学校课程及教师队伍；再加上学校可自行收生，满足学生家长的自主选校权。因此在 2018/2019 学年，直资中学已增加至 60 所，占全港中学的11.70%；直资小学有 21 所，占全港小学的 3.63%，而官立与资助学校的数量 2006~2017 年都呈现下降态势。可预见直资学校将会持续扩充，越来越多有名声的传统资助学校也申请转为直资学校。

---

① （香港）教育统筹委员会：《教育统筹委员会第三号报告书：高等教育体制及私立学校的前瞻》，香港：政府印务局，1988。

② （香港）教育署：《教育署通函第 14/91 号：直接资助计划》，1991；教育署：《教育署通函第 210/2001 号：直接资助计划》，2001。

（二）香港采用外地学制的国际学校的发展和变化

在香港，国际学校一般指采用专为某一特定文化或语言类别学生而设的完整非本地课程及/或学生不会参加本地考试的学校。这些学校的传统是满足非华语学童及大部分最终会回归所属国家继续学业的外国公民的教育需求。另有私人独立的办学团体向政府申办国际学校，为非华籍及本地学生提供不同国家及国际文凭组织的课程。以上学校可收高昂的学费及相关入学费，并享有教学语言、课程设计及收生自主权。国际学校以自负盈亏和市场主导的方式运作，属私立学校体系的一部分。①

作为一个国际城市，香港自 19 世纪已在香港套用英国的教育学制建立香港特殊的中英文学校系统。为了配合英籍学生回英国升学与生活的要求，在 20 世纪中期建立了英基学校协会之属校的国际学校，由政府提供土地建校及办学津贴，让英籍学生接受英国教育。此外，其他国籍的居民也为其国民的教育向政府提出供应土地自行建校以提供该国的国民教育，从而形成独特的香港私立国际学校体系，现约有国际学校 50 所，开办英国、美国、法国、德国、加拿大、澳大利亚、挪威、日本、韩国、新加坡及国际文凭组织（the International Baccalaureate Organization）的课程。

1. 英基学校协会

英基学校（英基）于 1967 年根据《英基学校协会条例》（第 1117章）成立，是现今香港最大规模和唯一一个得到分配土地和校舍及获得政府经常资助的开办非本地课程的国际学校办学团体。英基学校亦获政府以工程设备津贴或免息贷款方式发放的工程设备资助。2009/2010 学年，英基获得政府约 28400 万港元的资助，约占其营运收入的 20%。特区政府

---

① 香港特区教育局：《香港的国际教育学校概览》，http：//www. edb. gov. hk/tc/student - parents/ncs - students/useful - school - list/international - school. html；香港特区教育局：《香港的国际学校》，http：//edb. hkedcity. net/internationalschools/index. php？ lang = tc。

将减少其经常资助以凸显政府公平对待其他私立国际学校。① 2018/2019 学年，英基学校共有 9 所小学、5 所中学及 3 所（中小幼）一条龙学校，以英语为教学语言，其学制以英国及国际文凭组织的课程为主。英基学校协会以自行组织的管理局管治各学校的运作。学校收取较高的学费，并在人事聘用、学制与课程及收生方面有自主权。由于英基学生在国外升大学大都成绩优异，不单受外籍人士欢迎，有约 70% 的学生家长都是香港永久居民。②

2. 其他国际学校的管理

为满足在香港居住或因工作或投资而来港的非本地家庭对国际学校学额的需求，香港特区政府一直透过不同措施支持国际学校体系蓬勃发展，包括按需要分配空置校舍及土地以发展国际学校。③ 首次在本港营办国际学校的办学团体如欲在已取得的私人校舍或土地开办国际学校，必须先向香港特区教育局学校注册及监察组递交注册申请，注册成功才可称为国际学校。递交有关申请前，申请者应确保学校符合下述所有开办国际学校的要求，如：（1）根据《教育条例》（香港法例第 279 章）注册，并符合香港有关法例所规定的规划、建筑物及消防安全规定；（2）具备课程计划，即具体说明将提供的国家课程或其他国际课程，并提供充足的课程策略资料，有关计划必须与相关教育当局发出的指引一致；（3）提供人口状况证据，证明现时香港未能满足对相关课程的需求，以及主要录取非本地学生；（4）应把最少 70% 的学额编配予目标学生，即持有香港特区护照和英国国民（海外）护照以外的任何其他护照的学生或持有学生签证来港就读的学生；（5）办学往绩良好，并获得知名评审机构的认证；（6）订有可持续的财务计划；（7）已物色用作办学的校舍及/或土地；（8）具备相关领事馆及/或商会发出的

---

① 香港特别行政区政府新闻公报：《立法会五题：英基学校协会》，2010 年 10 月 27 日；香港特别行政区政府新闻公报：《立法会二十一题：英基学校协会》，2013 年 7 月 17 日。
② The English Schools Foundation（ESF）（2019）. http：//www. esf. edu. hk/about – esf – overview/
③ 香港特别行政区政府新闻公报：《立法会十五题：国际学校学额》，2017 年 4 月 26 日。

推荐信，表明该领事馆及/或商会支持申办的学校，以及其参与营运该校的方式（如有）。在拟备计划书时须详列如何符合有关要求，以及提供相关的数据和证明文件。另，计划书应说明拟办学校的规模，包括提供的学额和级别（即小学、中学或中学暨小学），以及开设学额的时间。[1] 有些国际学校之前曾以私立学校模式开办，其后获认可为国际学校。

虽然国际学校主要是为外国人的子女提供教育，但是大部分国际学校接受本地人申请，而且收录越来越多的本地学生。因此近日引起大众的关注，质疑特区政府对国际学校错误提供公帑津贴、监督不力和抢夺土地建校等议题。[2]

三　香港私立学校的新管理模式带来的成果与启示

或许部分人士可能对私立学校有以下的标签性评价，认为私立学校是次等的学校，其教育设备与教师队伍的质量较公营学校逊色，其出现的原因是政府公营学校的学额不能满足社会上接受教育的需要，补充学生接受教育的机会。现在，香港已成为先进的国际城市，没有教育需求过剩的问题。但是私立学校的数量和类别却持续增加，反映了香港特区政府对私立学校的态度与管理模式变化：善用私立学校资源，解决多方面的问题与社会需求。正如比较教育学者贝磊教授所言，家长选择私立学校的主因是希望子女入读教育质素和声誉较优越的学校，而非由于公营学校的学额不足。[3] 不少香港家长

---

① 香港特区教育局：《香港的国际学校——开办学校》，2018 年 1 月 24 日。
② 香港特别行政区政府新闻公报：《立法会十八题：私立独立学校》，2007 年 10 月 17 日；香港特别行政区政府新闻公报：《立法会五题：英基学校协会》，2010 年 10 月 7 日；香港特别行政区政府新闻公报：《立法会二十一题：英基学校协会》，2013 年 7 月 17 日；香港特别行政区政府新闻公报：《立法会十五题：国际学校学额》，2017 年 4 月 26 日；《国际校抢私地　置供求推算不理》，《星岛日报》2017 年 12 月 19 日。
③ Bray, M. (1995). "The Quality of Education in Private Schools: Quality of Education in Private Schools: Historical Patterns and the Impact of Recent Policies." In Siu, P. K. and Tam, T. K. (eds.) Quality in Education: Insights from Different Perspectives. Hong Kong: The Hong Kong Educational Research Association, pp. 183 – 198.

希望子女有较愉快和自由的学习环境，避免繁重的功课压力及考试，并能有更高的英语水平与学科能力以便将来前往外国升学较易适应等。这些较富有的家长愿意放弃子女免费享受教育的权利，付出高昂的学费，每年由数万元至十多万元不等，自由为子女选择入读能提供更多资源及更好师资和学习环境的不同类别的本地学制的私立学校、直资学校或非本地学制的国际学校。

香港特区政府推行直资学校和独立私立学校的原因是提升私立学校及资助学校的质量，让这些学校实践多元的管理与教学改革，以满足有经济能力的家长的需求和自主权。正如有学者[①]指出的，优质的私立学校能刺激市场机制的运作，促使公、私营学校面对竞争而不断改善学校的学习环境和提高教育质量，更能配合家长作为消费者的要求。在这个持续而循环的互动下，政府给予私立学校的资助解决了政府主导学校教育的限制与缺乏创新和未能响应社会需求等问题，并能提高政府对教育投入的营运效率，加强整体学校教育的问责性与教育成效。

香港私立学校的发展历程，证明了私立学校由扮演补充公营学校学额不足的角色，转化为刺激公、私营学校进行市场竞争的作用，促使所有学校提升教育质量与多元化。私立学校已非次等学校，部分优质私校、直资学校和独立私立学校，给予家长作为消费者更多的选择，打破公营学校教育的垄断局面。私营学校的管理模式响应了消费者和教育市场的需求，学校主动持续提升质量和不断创新，接受家长与教育市场的问责。因为私营学校的更新与其强大的竞争力，对公营学校添加改善管理和教育质量的压力，亦为公营学校带有教育改革的示范作用与动力。

多类私立学校在香港的蓬勃发展，改变了政府是唯一教育财政资源供应者的角色，透过学校征收学费吸纳更多的社会资源进入教育系统之内，让更多学校有更丰富的资源改善师资和教学设施。同时，政府透过对私立学校与

---

① Adnett, N. & Davies, P. (2002). Markets for Schooling: An Economic Analysis. London: Routledge.

国际学校的小额资助，促使学校扮演生产者的角色向家长进行市场推广；而政府则扮演服务购买者的角色，根据家长的选择对私立与直资学校拨款资助。即使政府不需要过分干预私立学校的管理、运作及实施质素评估，私立和直资学校也会考虑市场竞争和消费者需求，加强资源调配与运用和学校管理效能。此外，多类私立学校的成功，能够减少政府对教育的支出，更带来一个重要信息，即"教育不单是政府的责任，而且是社会共同承担的成果"。

虽然香港特区政府借助私人办学，提升了香港整体教育的多元性以配合不同学生与家长的需要，打破了公营部门垄断教育服务的情况，减低了公共财政对公共教育的支出，但是这一政策也带来负面的影响。如有美国学者[①]指出，社会上的富有家庭拥有更多资源和购买力，可以任意行使选择权为子女选择成绩优异的学校入读，导致社会阶层差距的扩大。香港特区政府锐意发展私立、直资和国际学校教育体系的主要动机，虽则响应了香港教育制度缺乏选择的问题，却引发了有关教育公平的争议。联合国教科文及其他国际组织都倡导教育公平，为低社会经济地位家庭的儿童提供更多的教育补偿与扶助。现时香港的非公营学校所收取的学费差距极大，小部分学校免收或收取小额学费，其他却收取每年数以十万计金额的学费。这样，家境清贫学生因负担不起高昂学费，他们入读高质量私营学校的机会肯定较中产或富裕家庭的子弟要少。为此，教育选择权因学费高昂的关系而被富有社会阶层所垄断，贫困阶层未能真正享有更多的选择权，这加剧了教育的不公平。

对学校而言，非公营学校本身已有充足的财政来源与教师队伍，如直资学校及英基学校除了获得政府拨款资助，还能向家长收取学费，这些学校比公营学校拥有更加丰富的资源来发展其课程特色、强化教师队伍、增添设备，减少每班上课人数等有利教学的条件。因财政资金来源的局限，公营学校被迫参与这场不公平的教育市场竞争。简言之，香港的私营学校为学校、

---

① Carnoy, M. (1998). "National Voucher Plans in Chile and Sweden: Did Privatization Reforms Make for Better Education?" Comparative Education Review, 42 (3), 309 – 337.

教师、家长和学生带来了教育选择权和教育公平之间的矛盾，对社会不同阶层的共融产生负面的作用。如近年在立法会议员对教育的提问中，已触及减少政府对英基学校的资助、独立私立学校计划的必要性、国际学校收录过多本地学生的议题，显示社会大众正在质疑政府的非公营教育管理政策是否有偏差或不力。

此外，政府致力支持国际学校体系发展本来是满足在香港居住的非本地家庭以及因工作或投资而来港的家庭对国际学校学额的需求。然而本地学生入读国际学校日渐增加，有些国际学校已不能依从收录70%的外籍学生的规定，收录了较多的本地学生。这反映了问题的多面化。其一是香港有多少外籍学生需要接受国际教育，若某些国际学校未能收录70%或以上外籍学生，是否显示了国际学校的需求已下降，香港特区政府应该减少新国际学校的申办？其二是为什么有那么多本地家庭选择国际学校而非本地学制的公营学校？这意味着家长对本地学制不满，对本地学制的教学质量与功课压力不满，对本地学制的升学机制不满，希望子女往海外升学，希望子女学好英语及其他语言等。其三是香港已有大量富有家庭运用其教育选择权，对本地学制投下不信任票。为此，政府当局应深入检讨非公营私立学校制度与管理的成效而进行政策修订；此外还要思考如何优化公营学校教育的质素及增加各持份者的自主权，增加其选择权；还有对如何维护香港教育公平与公私校的公平市场竞争也需要关注与规划管理。

四　结论

香港特区政府对私立学校的多元化规划与管理已为香港建立了一个多元化及学校、家长与学生有选择权的义务教育制度。香港特区政府善用公款加大公营学校教育的力量与质素和管理，同时透过不同的资助计划与规定，以直资学校、独立私立学校满足社会对本地学制的选择权，以英基学校与国际学校满足社会对海外学制的选择权。透过相关的办学法规，私立学校自负盈亏、自我管理与优化学校的运作，满足家长与学生的需要，减少了香港特区政府对私立学校的管理和监督工作，让政府可以集中资源与人力规划管理本地公营学校体系。此外，大量引入私立学校，引导社会接受义务教育的费用来源应该是多元的，市民与政府应共同承担。而且，对学校教育的质量监察，不应仅由政府负责，而且应由学校主动进行持续的评核与优化。至于家长方面，他们可以善用其选择权为子女争取更合适的教育，为子女的教育与未来做规划与准备，主动投入子女的教育，促进教育的成效。基本上，香港的非公营私立学校制度已能迎合社会各阶层人士不同的需求和价值观，让家长有更多选择。

香港的私立学校及公私学校之间的市场竞争，加快了香港教育制度的多元化，并促使所有学校更敏锐地不断改善教育质量以响应各教育持份者的需求。然而越来越多公营学校加入直资学校或转变为国际学校可能对公营学校带来更大的冲击，更可能使公营学校被评为次等学校。如何取得公营与私营学校的平衡，是香港特区政府必须深思的议题。此外，在教育公平的原则下，政府如何帮助低社会经济地位的家庭有较大的教育选择权和援助弱势的学校有更多资源来优化教育的质量，也是迫切需要关注的问题。

总而言之，香港特区政府对私立学校的适度宽松管理，为香港教育发展开创了一个多元而有竞争及持续优化教育质量的环境，让所有教育持份者都意识到各人对教育的本分与贡献，以共同建设优质的学校教育，更有效地培育学生面对未来的挑战。然而也须关注增加教育公平和减少社会分化，以促使整个教育体系得益。

澳门《高等教育制度》的修订、特征及其实施

梁淑雯*

摘　要： 澳门立法会于 2017 年通过《高等教育制度》法律取代旧制，新制度除了注重对高等院校及课程的治理外，还增加了有利于高等教育发展的各项举措，在强调保证教育质量的同时，也为高等教育的发展提供资源保障。新制度将于公布后一年正式实施，为配合新制度的适用，澳门主管高教的行政部门正逐步制定相关的补充性行政法规，以完善制度的整体性，各大高校也着力按新制度来计划未来的发展方向。

关键词： 澳门　高等教育　制度　法律法规　高等院校

　　高等教育"是学校教育的高级阶段，……严格意义或狭义的高等教育是指建立在初等和中等教育基础上的专门教育"①，高等院校是指提供高等教育及颁授相关学位的机构。澳门现行共有十所高校，其中，澳门大学、澳门理工学院、旅游学院、澳门保安部队高等学校四所是公立高校，澳门城市大学、圣若瑟大学、澳门镜湖护理学院、澳门科技大学、澳门管理学院、中西创新学院六所是私立高校。所有在澳门开办的高等教育课程，不论高校是公立、私立，还是校本部在澳门或在外地，都必须受规管。对澳门的高教制度进行探析，有助了解澳门高等教育的现状及未来的发展趋向。

---

　*　梁淑雯，澳门理工学院"一国两制"研究中心讲师级助理研究员。
　①　吴剑平、赵可等：《大学的革命——MOOC 时代的高等教育》，清华大学出版社，2014。

一 《高等教育制度》法律的修订背景

澳门高等教育制度的建设始于 20 世纪末，当时《中葡联合声明》刚签署，为了配合过渡期及为回归后"澳人治澳"政策做人才储备，澳葡政府开始发展澳门的高教事业。高教制度基本框架始于 1991 年出台的第 11/91/M 号法令《关于订定在澳门地区从事高等教育活动的一切公立及私立教育机构的组织和运作》（以下简称"第 11/91/M 号法令"）。1988 年，澳门基金会接收私立东亚大学，并于 1991 年将其重组为公立的澳门大学及澳门理工学院，"第 11/91/M 号法令"的颁布便是以此为契机。"第 11/91/M 号法令"颁布后便成为澳葡管治时期澳门高教制度的纲要性法律，并以其为依据，澳葡政府通过颁布法令规范各公立高校的创设及安排①、颁布训令确立各私立高校的资格和章程②，澳门的高教制度体系就是这样于回归前基本形成，整个体系的主要逻辑是对高校的治理。

澳门特别行政区成立后，《澳门特别行政区基本法》（以下简称《基本法》）实施，根据《基本法》第八条，"第 11/91/M 号法令"一直沿用。在 2000 年及 2001 年，特区政府以"第 11/91/M 号法令"为依据，通过颁布行政命令，又核准另外三所私立高校的创建。③

在回归之初，澳门高教体制的基本框架就是以"第 11/91/M 号法令"为中心，再加上规范公私高校创设及章程组织的法律性文件，及与之相配合

---

① 规范四所公立高等院校的法令包括：第 57/88/M 号法令《设立澳门保安部队高等学校及核准其章程》，第 49/91/M 号法令《设立澳门理工学院》，第 50/99/M 号法令《设立澳门大学》，第 45/95/M 号法令《设立旅游培训学校——若干废止》。

② 澳门回归前创设的私立高等院校有三所，分别是亚洲（澳门）国际公开大学（现今澳门城市大学）、澳门大学校际学院（现今圣若瑟大学）、澳门镜湖护理学院，相关法律文件分别为：第 196/92/M 号训令、第 206/96/M 号训令和第 207/96/M 号训令、第 418/99/M 号训令。

③ 澳门回归后创设的私立高等院校有三所，分别是澳门科技大学、澳门管理学院、澳门中西创新学院，相关法律文件为：第 19/2000 号行政命令和第 20/2000 号行政命令、第 45/2000 号行政命令、第 33/2001 号行政命令和第 34/2001 号行政命令。

的核准各高校学位课程设置、二级学院学系设置、人员配备等各方面的行政长官批示或社会文化司批示。简单地说，这个体制基本上集中关注管理高校和课程的组成与运作，而未能起到统领澳门高等教育发展、提供高等教育发展资源保障的作用。因此，就在回归不久，社会上便已有声音指出"第11/91/M号法令"跟不上澳门特区的发展。澳门特区政府于2002年就此检讨，并在2003年拟定了《高等教育制度》的法律文本草案向公众咨询，可惜这次修法并没有真正进入立法程序。

二 《高等教育制度》法律的修订过程及内容特点

为了保障及持续提升教育质量、提高高等院校自身的管治水平、加强院校在办学及课程设置方面的自由性和灵活性、强化师资队伍、提升学生整体水平以及为高等教育整体健康稳定的发展提供充足的资源保障，澳门特区政府终于在2015年2月正式向立法会引介《高等教育制度》的法律草案，经过逾两年的多次公开咨询及立法会第二常设委员会共二十七次的细则性讨论，法案终于在第五届立法会的最后一个会期通过，并于2017年7月31日由行政长官签署及命令公布，成为澳门特别行政区第10/2017号法律《高等教育制度》。《高等教育制度》生效后将取代"第11/91/M号法令"成为澳门整个高教制度体系的核心，澳门的高教事业也因此会有相应的改变。

（一）有关高等教育总方针的改变

《高等教育制度》在高教总方针上有很大的改变。

第一，从规管范围看，"第11/91/M号法令"仅规管了在澳门的各公私立高校，而校本部设于外地的高校在澳门特区从事的高教活以往则由第41/99/M号法令《订定住所设在澳门地区以外之机构从事高等教育活动之许可制度》所规范。《高等教育制度》第一条便把两者统合了，让所有在澳门进行的高教活动接受同一规范，尤其是法律第七章专章阐述有关"高等教育的素质保证"的内容，将统一约束所有在澳门的高教活动，不因高校性质不同而有所区别，这个做法有利于对澳门高教质量进行总体监督，符合"保障及持续提升教育质量"这个修法目的。

第二，从高教的目标看，《高等教育制度》第三条第二款明确指出高等教育的目标包括"创造条件让有适当能力的个人获得接受高等教育的机会"；第四条有关"平等入学"的条文更清楚地指出"澳门特别行政区政府应创造高等教育平等入学条件，且应遵循不因国籍、血统、性别、种族、语言、宗教、政治或思想信仰、经济状况或社会条件而歧视的原则"。与"第11/91/M号法令"相比，《高等教育制度》的条文涉及的受益者不仅限于澳门居民，条文清楚注明是"平等入学"，即任何人都应有在澳门高校录取新生的一刻获得平等的机会，此举既落实了《基本法》第二十五条澳门居民在法律面前禁止受歧视原则和第三十七条对澳门居民接受教育自由的保障，也符合在澳门特区适用的《经济、社会与文化权利国际公约》第十三条中所指出的，缔约国（或地区）承认人人有受教育的权利，而且教育应对一切人平等开放的原则。事实上，这一改变更符合澳门高教的实际情况，在2016/2017年度，澳门十所高等院校的外地学生整体比例为45.25%，[①] 可见作为高教制度利害关系人的学生并不只是本地居民，而且特区政府一直支持澳门高校以国际化作为未来发展的方向，加上澳门出生率较低引致本地适龄大学生数量减少，高校必须积极向外开拓生源才能健康发展。[②]

第三，《高等教育制度》摒弃了过去从葡萄牙引入双轨制高教模式[③]，让高教的发展更符合澳门的社会实际。"第11/91/M号法令"第三条明确了澳门的高等教育实行双轨制。在世界不同的国家和地区都曾经实施或仍然实

---

① 高等教育辅助办公室：《2016/2017年度澳门高等教育指标报告》，2017，第9页。
② 《澳门高等教育的治理和发展需要良好法律规范的支撑——专访社会文化司司长谭俊荣博士》，《澳门高等教育杂志》2017年第19期，第20~23页。
③ 在葡萄牙，这种制度的具体表现就是设立综合大学与理工院校。综合大学教育具有很强的理论基础，是研究导向型的，一些学术要求较高的学科如医学、法学、自然科学、经济学、心理学等只会在综合大学开设。理工院校教育则是以提供相对实用的职业培训为主的，如护理、会计、幼小教育等只理工院校提供。某些理论实践皆有的专业如工程、管理、教育、农业、体育、人文科学等课程则在综合大学及理工院校均有教授。理工院校主要是提供技职方向的培训，因此最高只能颁发学士学位，而综合大学就能授予更高的硕士、博士学位。

施类似的双轨制高教体系，一个地区的高教体系是否适用双轨制须视乎其具体的社会、经济及政治情况所决定。澳门实施双轨制已二十多年，实际情况显示，这种制度并未为澳门社会带来很大效益，反而让一些非综合性大学的高校发展受到制约。①《高等教育制度》完全摒弃了这种模式，其第二条对"高等教育"的定义为"是指由高等院校提供的中学教育以上程度的各级教育"，不再把高等教育分为大学教育和高等专科教育，也不再把高校划分为大学和理工学院或专科学校。这种革新有助澳门的高校发展，意味着所有高校只要有足够的师资能力，并经行政机关批示认可，便可以开办课程及颁授相应学位。高教与社会经济发展一直紧密相接，高校的职能早就"从单一的教学演变为教学、科研、服务三位一体的综合职能"②，《高等教育制度》采用了较为符合现代高校发展趋势的宗旨，取消了对高校的硬性定位，让高校可以自由发挥教学、科研和服务的职能，这种做法既符合澳门的社会实际情况，也符合"加大院校在办学及课程设置方面的自主性和灵活性"的修法目的。

（二）有关高等院校性质及管治的改变

《高等教育制度》中，有关高校性质的重要改动是第六条第五款明文规定："高等院校从事的活动属公共利益活动。"把高校的活动视为公益性，是为高校获取公共资源的支持创造条件，公帑的投入因此就有其正当性及法理依据，一旦资源得到保障，高校便能更好地提升师资力量和组织管理，进而提升高等教育的质量。此外，《高等教育制度》中第五条专门列出了七款高等院校的职责，此乃"第11/91/M号法令"中所没有的。

高校的法律性质仍然维持公立和私立两类。有关公立高等院校的性质，《高等教育制度》延续了"第11/91/M号法令"的观点，其第六条第一款："公立高等院校为公法人，具有学术、教学、行政及财政的自由权。"所谓

---

① 梁淑雯：《对〈高等教育制度〉（法案）的几点分析》，《"一国两制"研究》2015年第3期（总第25期），第110~118页。

② 刘少雪、张应强主编《高等教育改革：理念与实践》，上海交通大学出版社，2007。

公法人，就是政府的一种间接行政。① 澳门公立高校创设、改组、关闭均须通过制定法律来进行，特区政府负责公立高校的财政支出，换句话说，是澳门特区委托作为公法人的公立高校来实现某些自身目的，如近年来特区政府"教育兴澳，人才建澳"的发展战略目标，公立高校作为澳门特区的一种间接行政法律主体，肩负起实践上述目标的责任。尽管公立高校是公法人，但在同一法律条款中同时提到其享有的自由权，可见公法人的法律性质并没有收缩公立高等院校的自主性。由于公立高校的财政收入源于公帑的投入，《高等教育制度》中第三十四条至第三十六条专门订定对公立高校的资助、公立高校的财产及收入。

与公立高校不同，根据《高等教育制度》第四十四条第三款，私立高校并未被赋予单独的法律人格，而是隶属于其拥有人。而且第六条第三款注明私立高校分为营利及非营利两类。第八章则专章规定了私立高校的设立及关闭。

有关高校的组织管治，《高等教育制度》第十二条订明高校必须设置校董会、校长或院长、管理及行政机关、学术及教学机关，而且校董会负责订定及执行院校发展方针。这一设计在某种程度上可以区分高校的拥有者及运作者，院校的办学发展方向与具体运作由校董会决定，而非由提供财政资助的拥有者决定，由此能更好地保障高校的自主权。

（三）有关学位和课程的改变

《高等教育制度》在学位和课程的设立上有很大的改动。首先，如前述，高校不再因其院校名称而对其可颁授的学位有所限制，只要有足够的师资能力，都可以申请开办学士及以上学位课程。第十七条亦规定，通过引入学分制，高校可以颁授双学士学位、颁发副学士文凭、主副修文凭和双主修文凭。同时，第六十条又明确取消高等专科学位，但

---

① Diogo Freitas do Amaral：《行政法教程》，黄显辉、王西安译，澳门大学法学院，2009，第262页及后数页。

以过渡方式保障仍在修读该学位的学生能够完成学位，并保障高等专科学位的有效性。虽然没有详细说明，但《高等教育制度》第十七条第四款规定了高校是可以例外获准开办与该法律中提及的类型不同的学位和课程。与"第11/91/M号法令"相比，这些在学位和课程上的改动是跳跃式的，既符合现代高等教育的发展趋势，也能更好地配合澳门特区的社会发展需要。

高等教育机构的主要职能是传授知识，"远古、中世纪乃至近代，大学被建立、被改进、被扩展的首要和惟一的目的和任务就是培养人才"，就是为了"满足社会对人才数量的要求……对人才质量和水平的挑剔"①。但与此同时，随着时代的改变和社会的发展，"教学、科研和服务社会已经成为学者们公认的现代高校的主要职能，尤其是教学和科研职能，已经成为高校中的核心事业"②。可见，教学与科研并重发展是现代高等教育的发展趋势。要促进高校教学与科研并重发展，开设硕士及博士学位是极为必要的手段。一般来说，学士的培养又称作本科教育，而硕士及博士的培养则称作研究生教育，因为硕士和博士需要对某一学科领域进行研究。如果一所高校因为制度的限制而无法开设研究生课程，教师只专注于对本科生进行知识的传授，进行科研的积极性便很难提高。事实上，高校的科研很多时候是通过导师带领硕、博研究生团队进行的。《高等教育制度》赋予所有符合要求的高校均可颁授硕士学位及博士学位，无疑是让高校有更大的发展空间，可以把教学和科研结合发展，更符合现代高教的发展趋势。

至于让高校可以颁授双学士学位和颁发双主修文凭、主副修文凭、副学士文凭等，则是符合澳门社会的发展需要。2017年7月1日，国家发改委与粤港澳三地政府签署的《深化粤港澳合作，推进大湾区建设的框架协议》

---

① 杜作润、廖文武编《高等教育学》，复旦大学出版社，2003，第166页。
② 郭丽芳：《论研究型大学教学与科研的良性互动》，《山西高等学校社会科学学报》2008年第3期，第112~114页。

明确了澳门"一中心、一平台、一基地"① 的发展战略定位。要配合这个发展战略定位的建设，人才储备很重要，且不仅是专才，还需要对不同领域都有一定知识的通才。例如，配合"一平台"的建设，当然需要精通中葡双语的人才，但要把"一平台"的作用真正发挥出来，这些中葡双语人才还应该有商贸或法律方面的专业知识。双学士、双主修、主副修的高教模式可以满足这类人才的培养。而副学士文凭则在某程度上替代了被取消的高等专科学位，这个做法也比较符合澳门社会的实际情况，因为高等专科学位一般是衔接职业中学，澳门的中学基本上是文法学校，而且近年来澳门的高校已没有再开办新的高等专科学位课程了。所以，《高等教育制度》对此类学位做出适时取消举措是合理的，增设副学士文凭课程能让学生在攻读学位时更具弹性，比较能顺应各地高教发展的潮流。

（四）其他完善体制的举措

以往以"第 11/91/M 号法令"为核心的高等教育体系着重的基本上是高等院校和学位课程的组织构成，《高等教育制度》则希望在其他配套上有所增加，以进一步完善整个高等教育体系。

与"第 11/91/M 号法令"硬性规定了各类高校颁授的学位（除博士学位之外）的学制年期不同，《高等教育制度》引入了学分制。澳门高校一直采用学年制，这种学制可以对人才实行计划培养、整齐管理及统一分配，可是并不利于新兴学科进入高校，也不利于对学生因材施教，局限了优秀人才脱颖而出的可能。② 学分制的引入可以打破学年的限制，以定量的学时为单位计算学习劳动量，使学生有可能自定学习负荷和学习进度及顺序，从而适应个别需求，增强学生学习的自由度及灵活性，有利于优秀人才脱颖而出。③《高等教育制度》基本上仍然维持了学年制，不过在此基础上提出了

---

① 即世界旅游休闲中心，中国与葡语国家商贸合作服务平台，及以中华文化为主流、多元文化共存的交流合作基地。
② 虞国庆、漆权主编《高等教育学》，江西高校出版社，2008。
③ 虞国庆、漆权主编《高等教育学》，江西高校出版社，2008。

学分制，让学位和课程的设置更具灵活性，也使双学士、双主修、主副修可以实现。与此同时，学分制让学生在选择学校和学科时更具自由度、流动性更强，学生在相关规定许可之下，可以通过学分的认可在不同院校或专业间流动，选择更适合自己的进修方向。

高等教育制度除了应该有关于高等院校组织构成及课程开设的相关规定外，还应该有确保教育质量的制度。"第11/91/M号法令"第三十七条中其实已有相关的规定，可是在实际操作上，相关评审规定的法规从未出现。《高等教育制度》在澳门立法会引介时，第一个理由便指出，《高等教育制度》会注重教育质量的保证，会设立高等教育评鉴制度。在最后通过的法案中，第七章专章规定"高等教育的素质保证"，不过，由于就高等教育素质评鉴制度的相关讨论很多，而且也颇具争议性，立法者最后决定，作为一部纲要性法律，《高等教育制度》只是原则性地对高等教育的质量确立相关的保证，比如明确规定了所有高等院校和所有在澳门开设的高等教育课程，不论其性质如何都必须受鉴评制度的约束，而高等教育素质评鉴分院校评鉴和课程评鉴，同时也规定了评鉴的宗旨和评鉴要遵循公平、客观、公正无私及公开原则，详细评鉴制度则交由日后的补充性行政法规订定。

有关教育资源的投入，《高等教育制度》也有进一步的规定，其中最明显的一项就是在法律第三十三条提出了要设立具法律人格的高等教育基金以提供相关的高等教育资助。这是一项新的、能够让高等教育资源投入更有可持续性的举措，完全符合"为高等教育整体健康稳定的发展提供充足的资源保障"的立法目的，只可惜法案并没有对基金的组织、管理和运作做出任何具体规定，而是交由日后订定补充性行政法规去规定。至于对公立高校的资助及其方式基本上沿用旧制，公立高校向特区政府递交每年的财政预算建议，特区政府在可动用的预算资金范围内承担所有公立高校运作所需款项。至于对私立高校则是提供财政援助，但《高等教育制度》没有如"第11/91/M号法令"般详细规定对私立高校发放财政援助的主要形式，即代表特区政府未来在向私立高校提供资源时的自由裁量权会更大。

另外值得一起的是，虽然法律本身没有提及，但特区政府向立法会引介

《高等教育制度》时指出会设立"高等教育委员会"及重组现行主管高教范畴的部门，即改高等教育辅助办公室为"高等教育办公室"。这两项举措都与澳门高等教育的未来发展息息相关。高教政策关乎社会未来长治久安，不应该只由相关部门的官员闭门造车，成立委员会，集合教育领域中有分量的人士共同出谋献策，才能更有效更准确地把握住高等教育的发展方向。至于作为高教主管部门的高教办，成立于 1992 年，当时的机构性质是项目组，负责协调高教相关事务，在 1998 年经历了一次重组，性质变成为技术办公室，职能除了要协调处理相关高教事务外，也负责辅助、跟进及发展澳门高等教育。但技术办公室这个性质在法律定义上本身就不太明确，而且其与各高校之间的关系也不清晰，实在有重新组建的必要。

三 《高等教育制度》的颁布实施、待完善的方面及相关建议

《高等教育制度》实施后，澳门的高教体制已不仅局限于对高校及课程的治理，同时也包括了针对制定高等教育发展方向的各项举措。可是，《高等教育制度》是一部纲要性法律，其他的相关配套规范文件也需要及时填充，整个高教制度才能真正完善。因此，法律虽然在 2017 年 7 月 31 日公布，但正式生效日期是在一年后的 2018 年 8 月 1 日。这一年实际上就是整个高教体制改革的缓冲期，让各高校和相关部门在这段时间内完善配套体制，以期在 2018/2019 的新学年开始适用全新实施的制度。

高校对于新制度的颁布是期待已久，而且早有准备。就以公立高校澳门理工学院为例，因为清楚高教发展的趋势，亦预期新制度的一大重点会是教育质量的评鉴，学院内部早于数年前便开始致力开展对学院和课程的评鉴工作，并成为澳门首家通过国际级院校评鉴的高校。① 其内部早已制定好新的

---

① 见澳门理工学院官网：http：//www.ipm.edu.mo/zh/qa_ overview.php，2018 年 1 月 26 日访问。

章程，领导层多次与教职人员会面，听取关于学院整体发展方针、开设研究
生课程、人员管理制度的意见，法律通过后，更是马上开了多场针对章程修
改的讲解会，务求新章程能尽快在内部取得共识后上交主管部门通过，希望
透过修章让开办研究生课程成为可能，首先会在一批王牌学科、特色专业中
开展。① 其他高等院校也有类似计划，如同样是公立的旅游学院计划两年内
开设硕士课程，② 私立的澳门科技大学则期待学分制出台后可以突破掣肘，
与海外优学校合作培养人才③。

　　除了高校，相关的行政部门也需要在这一年内有所作为去完整新的制度
体系。《高等教育制度》引介时就说明，在法律通过后，特区政府需要出台
六个补充性行政法规，分别是《高等教育规章》《高等教育评鉴制度》《学
分制》《高等教育基金》《高等教育委员会》《高等教育办公室的组织》，以
与法律相配套。澳门特区行政长官崔世安于 2017 年 11 月 14 日发表的
《2018 年财政年度施政报告》中提到，特区政府会积极跟进相关配套法规的
立法工作，特别提及高等教育委员会及高等教育基金的组建，司长谭俊荣的
社会文化范畴报告中提及了与评鉴制度有关的《课程审视指引》已拟定并
会逐步完善各项评鉴指引，可是以上内容在施政报告中只是轻轻带过，并未
见到任何进度计划，也不见对法规出台日期的保证或预期。

　　有关评鉴制度的建立，应该明确三个问题：评鉴什么、谁来评鉴、怎样
评鉴。评鉴什么？《高等教育制度》已明确规定是院校评鉴和课程评鉴。谁
来评鉴？从评鉴主导机构来看，大学评鉴可以分为内部评鉴和外部评鉴，内
部评鉴由高校自己规划，由内部人员主导，订定目标、设计及实施评鉴的方
法，外部评鉴则由外面的权责机构负责实施，在大学内部人员提出自我评鉴
报告后进行。澳门高校如澳门大学、澳门理工学院等各自建立了一套自我评
鉴的系统，对院校的各个方面如行政管理、学术研究、教与学等进行教育质

---

① 《严谨办学赢稳定生源》，《澳门日报》2018 年 1 月 3 日。
② 《旅院拟两年内推出首个硕士学位课程》，《濠江日报》2018 年 1 月 8 日。
③ 《培育中葡双语人才新思路：联合葡语教学与优势学科——专访澳门科技大学刘良校长》，
　《澳门高等教育杂志》2017 年第 17 期，第 20～21 页。

量保障体系的建构。① 外部评鉴在各国各地的做法不尽一样，取决于政府与高校之间的关系。例如：在采用认可制度的美国，高教的质量保障主要由非官方组织的 Council for Higher Education Accreditation 来进行，因美国的高教事业如其经济运作般奉行利伯维尔场主义调节，大部分有名气的高校是私立的，通过保证教育质量而获得社会认同和经费，政府与高校，尤其是与私立高校间不存在管理与被管理的关系；在中国大陆则由主管教育的政府部门教育部直接进行评估，因为教育部对高教事业进行统一管理、规划及提供经费，民办高校虽然也不少，但整个高教体系仍是以公立院校为主，政府与高校有着上级领导下级的关系；在香港是由政府出资成立但相对独立运作的香港大学教育资助委员会负责，大部分欧洲国家情况也类似，因政府和高等院校算不上是直接的上下级关系，一般是通过评鉴再决定对高等院校的资助，政府在某种程度上是通过资助发放来对高校进行宏观治理的。澳门的高教体系最早源自葡萄牙，因此政府与高校之间的关系比较近似上述第三种，这一点由高教办的职能也能看出来。所以，外部评鉴不应该由高教办直接进行，而是应该如香港般由政府出资成立但相对独立运作的机构进行。怎样评鉴？这是一个涉及教育理论、法规订定的专业技术问题，整套评鉴方案的好坏随时会影响高等教育的整体发展，因此，评鉴系统的建立必须由专业人员经过深入研究来制定。2017 年完成的《课程审视指引》是高教办于 2016 年底委托葡萄牙高等教育评审及认证机构为澳门编制的，这个做法符合教育评鉴的科学规律，但长远来说澳门应该建立自己的评鉴机构，机构既应聘请外地有高等教育评鉴资历的专家，也应包括了解澳门高等教育实际情况的本地人员，再按照澳门的具体情况建立起一套符合本地高等教育发展的评鉴制度。

此外，特区政府已着手高等教育基金的组建，但这个基金的性质如何？资金来源是由特区政府从财政收入中进行拨备还是由其他渠道获得？其与经

---

① 阮邦球、刘静文：《回顾澳门高等教育的质量评审制度》，载于谢安邦、郑妙娴主编《高等教育质量保障体系建设研究》，澳门理工学院，2011，第 73~82 页；殷磊、谢安邦、张红峰：《澳门高校内部教育质量保障体系的建构——以澳门理工学院为例》，载谢安邦、郑妙娴主编《高等教育质量保障体系建设研究》，澳门理工学院，2011，第 7~18 页。

常为高校及其教研人员提供资助的澳门基金会及澳门科学技术发展基金的分别是什么？发放资助的标准又是怎样的？高等教育基金组建后，各公立高校的资助会由该基金发放还是依旧向社会文化司提交预算申请拨备？若公立高校的资助形式不变，那公立高校是否有资格额外向该基金申请资助？该基金向私立高校提供资助时有没有具体限制？毕竟私立高校与公立高校不同，特区政府不应对私立高校的财政运作采取大包大揽的方式。而且，私立高校分营利与非营利两种，营利的私立高校是否有权向该基金申请资助？毕竟按照《高等教育制度》的规定，营利与否，高校的活动都是公益性的。虽然特区政府曾强调，不会向营利的私立高校提供任何财政支持，但如何厘定私立高校属营利还是非营利在法律上并不清晰，似乎所有人是社团或基金的私立高校就被视作非营利，由公司拥有的则是营利。2018 年 1 月 15 日的《澳门特别行政区政府公报》上，行政长官办公室颁布第 45/2018 号行政命令，正式认可原被视为营利性质的私立高校中西创新学院的所有人从原来的一股份有限公司改为创新教育协会，这是否意味着该学院的性质从此变为非营利？而特区政府对于这种所有人改变的认可又是基于什么条件呢？以上所有的问题在设立高等教育基金时都必须仔细考虑并制定相应的标准，以避免法规不清，让心怀不轨者有机可乘，打着兴办教育的牌子做着利益输送的勾当。

"教育法治就是以一整套完备的教育法规为核心，包括相应的法律实践和法律文化在内的法律系统。"[1] 健全的教育法治系统应"有完善的立法制度和包括法律、行政法规、地方性法规在内的比较完备的教育法规体系，保证教育工作的各个方面都有法可依，不同法律效力的法规协调发展，真正发挥其调节作用"[2]。澳门高等教育若要有长足的发展，实在有赖一套完善的制度建立。特区政府在为高等教育投入资源的同时，也要适时跟进新制度实施情况，并检讨其效果，这样才能有效地保障澳门高等教育事业的稳健发展，让"教育兴澳、人才建澳"的施政理念转化为事实。

---

① 宋友荔、张丹主编《高等教育法规概论》，江西高校出版社，2011。
② 宋友荔、张丹主编《高等教育法规概论》，江西高校出版社，2011。

美国营利性私立院校的发展近况及启示

吴 玫*

摘　要： 美国营利性高等教育独具特色，规模庞大，是全球营利性私立高等教育发展的标杆。然而其一百多年的发展历史却呈现为一种起起落落、毁誉不断的波浪式状态。2010 年后，美国营利性高等教育在经历了近二十年的迅猛发展后又跌入低谷，陷入它发展史上的又一次危机。众多营利性院校倒闭，没有倒闭的学校招生人数骤减，营利性高校所属教育公司的股票大跌，营利性高校声誉扫地。究其原因，主要是营利性高校学生贷款违约率的恶化、营利性学校的虚假招生宣传与欺诈、低水平的教学质量与就业以及奥巴马政府对营利性学校的严厉审查和新规。大学逻辑与公司逻辑的冲突是营利性高校不可回避的理论与实践课题，对我国民办高等教育决策也产生了直接影响。

关键词： 营利性高校　发展　教育公司　大学逻辑

营利性院校（for-profit institutions/colleges）是美国高等教育的一个独特组成部分。它出现的时间很早，至今已有一百多年历史，但长期以来多为规模较小的培训类机构。具有学历资格的营利性私立大学的兴起是在 1980 年之后，发展迅速，盛极一时，被视为全球营利性高等教育的标杆。在 2008 年发展的顶峰期，美国营利性高中后教育机构高达 3500 余所，在校生 180

---

* 吴玫，教育学博士，华南师范大学政治与公共管理学院教授。

万人，占全美大学生总数的 11%，其中美国营利性大学的标杆——凤凰城
大学当年在校生达到 50 万人①，这在成熟的美国高等教育系统中是非常显
著的成绩。美国现有 150 多所营利性大学，有私人投资也有企业投资，多数
是大商业公司下属的子公司。美国营利性大学多采用商业模式经营，发行股
票、注重营销和规模，权力集中在董事会和首席执行官手中，被称为公司大
学（Corporate-owned universities）②。美国营利性大学招收了大量非传统学生
和弱势群体，为他们提供了便利的上课时间和学习地点，以及任何时间任何
地点即可就读的在线教育课程和学位。

但是，从美国营利性院校的历史来看，它对美国社会的影响除了扩大高
等教育多元性、为社会弱势群体打开通向高等教育的大门外，同时也带来了
非常恶劣的影响。它的发展轨迹并非一帆风顺，也不是一种由小到大、由弱
到强的循序渐进式发展，而是呈现为一种起起落落、毁誉不断的波浪式状
态。2010 年后，美国营利性高等教育在经历了近二十年的迅猛发展后又跌
入低谷，陷入它发展史上的又一次危机。

我国于 2016 年出台新的《民办教育促进法》，在民办教育分类管理的
主张下，首次提出允许举办营利性高等教育的政策，成为继美国之后世界上
为数不多的经法律允许举办营利性高等教育机构的国家之一。研究美国营利
性高等教育的发展态势，无疑会对我国营利性高等教育的管理和健康发展提
供思路和借鉴。

一 美国营利性院校的新危机

美国营利性大学的初始资本主要来源于机构投资者，包括国际银行，对

---

① Mendoza，Casey，Suneson，Grant. More For-Profit Schools Are Closing Because of Obama-Era
Regulations，http：//www. theindychannel. com/newsy/more – forprofit – schools – are – closing –
because – of – obamaera – regulations.

② Philip G. Altbach，Liz and Hans de Wit. Responding to Massification. Rotterdam：Sense
Publishers，2017. pp. 15 – 30.

冲基金，机构退休基金和国家退休基金。例如富国银行是科林斯学院（Corinthian Colleges，Inc.，CCi）的主要资助者，高盛为教育管理公司（Education Management Corporation，EDMC）投入了大量资金。[①] 建成后的营利性大学办学经费绝大部分来源于联邦的各项资助。然而，条件可谓得天独厚的美国营利性大学，在成立之后的短短二十年间，却从一个多样化教育的提供者逐渐退化成为赚钱机器。一些评论家将其称为"次级抵押贷款教育"，找到不知情的借款人，提供给他们负担不起的债务，然后将贷款证券化并转移给第三方的投资者。[②] 营利性院校飙升的学生债务和频现的欺骗性招生已造成严重的社会问题，美国联邦政府启动了对营利性院校持续五年多的审查。截至 2017 年，审查使许多营利性院校倒闭，没有倒闭的学校招生人数骤减，营利性高校所属教育公司的股票大跌，曾经辉煌一时的营利性院校陷入危机之中。

（一）院校倒闭

从 2011 年启动审查至 2017 年，美国营利性高校倒闭众多。其中，2015 年有 171 所倒闭，2016 年有 350 多所营利性大学倒闭。[③] 著名的七大营利性教育公司，即 G - 7 集团中的科林斯大学（Corinthian Colleges Group）于 2014 年倒闭，关闭了 100 多个校区，7.5 万名注册学生面临转学或失学。2016 年旧金山法院判决这个已倒闭的大学集团赔偿学生 8.2 亿美元和因非法广告罚款 3.5 亿美元。2016 年，ITT 技术学院（ITT Technical Institute）在十几个州及两个联邦机构对其欺诈招生做出调查后倒闭，关闭了 130 个校区，导致 4 万多名学生失学与 8000 名雇员失业。2017 年，

① David Halperin. Who Owns The Awful Corinthian Colleges? Wells Fargo, Marc Morial, Pension Funds, https：//www.huffingtonpost.com/davidhalperin/who - owns - the - awful - corint_ b_ 4101323. html.

② Herb Greenberg. For-Profit Schools … Subprime Redux？https：//www.cnbc.com/id/37896158.

③ Mendoza, Casey, Suneson, Grant. More For-Profit Schools Are Closing Because of Obama-Era Regulations, http：//www.theindychannel.com/newsy/more - forprofit - schools - are - closing - because - of - obamaera - regulations.

德弗锐大学（DeVry）关闭了 39 个校区，赔偿了 1 亿美元；凤凰城大学（University of Phoenix）也在 2017 年底宣布将关闭 20 个校区。[①] 此外，特朗普大学（Trump University）在 2010 年由于欺诈招生被学生上诉而遭到审查关闭，2016 年被法院判决赔偿 2500 万美元。[②] 另据美国联邦教育部调查，大概有 800 所营利性高校不能达到资助资格要求，面临关闭的危险。[③]

（二）招生人数骤降

自联邦政府对营利性高校进行全国性审查以来，营利性高校的招生人数开始直线下降。据统计，全美营利性高校学生总数由 2008 年的 180 万人下降到 2016 年的 110 万人，减少了近 40%。[④] 2017 年，营利性高校招生人数下降的势头更加迅猛，超过了 10%。在各个层次中，四年制营利性高校招生数下降最快，下降速率从 2015 年的 4.9% 到 2017 年的 10%（见表 1），而同期美国高校招生数仅下降了 1.5%。[⑤] G-7 营利性高校的招生人数下降得更是惊人。2017 年，凤凰城大学注册人数 17 万人，比 2016 年减少了 22%，比 2010 年减少了 70%；德弗锐大学注册人数为 2.65 万人，比 2016 年减少了 23%；护士学校集团洪德罗斯学院（Hondros College of Nursing）注册人数下降了 14%。

① Funke, Daniel. Former Corinthian Colleges to pay over ＄1B for defrauding students. http：//college. usatoday. com/2016/03/25/former – corinthian – colleges – to – pay – over – 1b – for – defrauding – students/.

② Trump Settles Trump University Lawsuit for ＄25 Million, https：//www. democracynow. org/2016/11/21/headlines/trump_ settles_ trump_ university_ lawsuit_ for_ 25_ million.

③ Feds Give 800 For-profit Colleges Failing Grades, https：//www. cbsnews. com/news/feds – give – 800 – for – profit – colleges – failing – grades/.

④ Binkley, Collin. Amid scrutiny, for-profit colleges see enrollment slide, https：//apnews. com/d1d6da3038eb4e188d898a610c8e9aee.

⑤ The National Student Clearinghouse Research Center. Current Term Enrollment-Spring 2017, https：//nscresearchcenter. org/currenttermenrollmentestimate – spring2017/.

表1　2015～2017年美国四年制营利性高校招生人数变化

年份	2015	2016	2017
招生人数	1217358	1104587	993169
增长比例(%)	-4.9	-9.3	-10.1

资料来源：The National Student Clearinghouse Research Center。

（三）股票下跌

曾经炙手可热的营利性教育公司股票在2008年后成为投资者最糟糕的投资之一。2014年，联邦消费者保护局（Federal Consumer Protection Agency, TCPA）指控ITT技术学院"通过夸大他们的工资和就业前景来误导学生"。美国证监会（USSEC）在2015年宣布对ITT技术学院前首席执行官凯文·莫德尼（Kevin Modany）和现任首席财务官丹尼尔·菲茨帕特里克（Daniel Fitzpatrick）做出欺诈指控，称两人隐瞒了ITT投资者对财务担保的两个学生贷款项目表现不佳的财务影响。此类调查不仅仅针对ITT，凤凰城大学所属的阿波罗教育集团（Apollo Education Group Inc.）的高管也接受了美国证监会的调查；德弗锐公司涉嫌欺骗学生的广告受到了联邦贸易委员会（USITC）的起诉，并要求他们必须发出6840万美元的信用证。一系列的调查使得公众对投资营利性教育公司丧失信心，股票大跌。2014年7月，科林斯大学集团曾经交易高达33美元的股票下降到2美分。APOL、EDMC、LINC、ESI和STRA五家教育公司在2011年2月至2015年的平均回报率为-83%（见图1）。

2017年初特朗普上台后，开始逐渐抛弃奥巴马政府时期严厉的审查，对营利性院校的监管趋于宽松。现任联邦教育部部长德沃斯（Betsy DeVos）表示，奥巴马政府对营利性院校的规定过于烦琐，会浪费大量公帑。联邦教育部将重新制定规则，在保护学生免受欺诈的同时也为大学提供清晰、公平和平衡的规则。特朗普政府的治理倾向使得营利性教育公司的股票有了很大的反弹。实际上，营利性教育公司的股票在特朗普赢得大选后的第二天就上涨了。DeVry（DV）和Strayer（STRA）的股价上涨约23%，凤凰城大学母

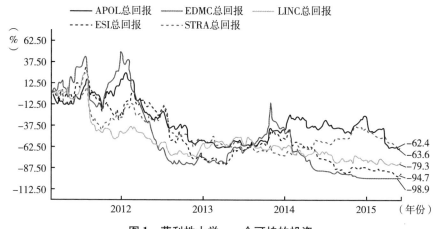

图1 营利性大学：一个可怕的投资

数据来源：Stocks to Watch in For-Profit Colleges, YChart, 2015. 6. 8。

公司阿波罗教育集团（APOL）股价上涨近8%，卡佩拉大学（CPLA）上涨约15%。《华尔街日报》甚至有股票投资建议认为，鉴于现任教育部部长是一位亲商业人士（the most business-friendly person），所以目前是抄底营利性院校股票，大赚一笔的最好时机。①

特朗普政府暂缓审查并试图放宽营利性大学的做法让营利性院校赢得了喘息之机，却无力挽回营利性院校大厦倾倒的现实。2017年底，营利性院校或校区关闭的消息仍然不断传来。因为此次危机暴露问题之多、影响范围之大、涉及贷款额之高，一时积重难返。奥巴马政府的审查只是营利性院校倒闭的外部因素，营利性院校自身所为才是导致此次危机爆发的直接源头。

二 美国营利性院校危机溯源

（一）营利性高校学生贷款违约率的恶化

此次危机的导火索在于营利性高校学生贷款的高违约率。目前美国学生

---

① Lutts, Timothy. 13 Best For-Profit Education Stocks, https：//cabotwealth. com/daily/growth - stocks/best - for - profit - education - stocks/.

贷款债务高达 1.2 万亿美元，美国社会普遍对此表示担忧，有社会人士甚至提醒，"如果说房产抵押债务是 2008 年经济问题的标志，那么这次学生贷款债务将会是未来十五年的危机"。①

营利性高校学生贷款数由 2000 年的 390 亿美元上升到 2014 年的 2290 亿美元，占美国学生贷款的一半。2011 年，美国参议院健康、教育、劳工和养老金委员会（HELP）对营利性院校与其他形式的高等教育进行了比较，结果发现，96% 的营利性院校学生依赖联邦贷款与资助，远远高于社区学院、公立大学和私立非营利机构（见图 2）。

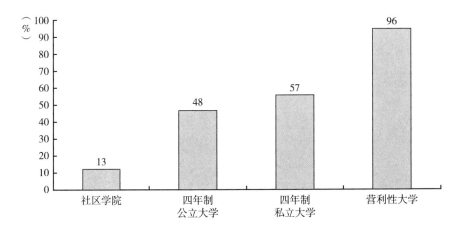

图 2　不同类型高校学生贷款额分布

数据来源：美国参议院健康、教育、劳工和养老金委员会《关于营利性院校的审查报告》，For Profit Higher Education：The Failure to Safeguard the Federal Investment and Ensure Student Success. United States Senate HEALTH, EDUCATION, LABOR AND PENSIONS COMMITTEE, HELP, 2012. 6. 30。

然而令人遗憾的是，营利性院校并没有善用联邦援助和贷款。根据 HELP 的研究，营利性大学生占联邦学生贷款违约率的 47%，超过 1/5 的学生在三年内违约。2000 年美国前 25 所学生贷款债务大学中，营利性高校只

---

① Targeted by Obama, DeVry and other for-profit colleges rebounding under Trump, http：//www. chicagotribune. com/business/ct – trump – for – profit – schools – 0423 – biz – 20170418 – story. html.

有 1 所，而到 2014 年则有 13 所，其中凤凰城大学占据第一位。① 营利性高校学生贷款违约率高达 44%，四年制营利性高校的学生贷款违约率是公立高校和非营利性私校的 2 ~ 3 倍。② 营利性高校学生贷款金额及其高违约率，极大地损害了联邦贷款和资助体系的可持续性，给美国经济埋藏了危机隐患，从而也引发了政府和社会的关注与批评。

（二）营利性学校的虚假招生宣传与低下的教学质量

如此高的贷款金额和违约率，与营利性高校的经费来源和虚假招生宣传以及低下的教学质量密不可分。

1972 年美国《高等教育法》修正案允许营利性高校的学生也能享受佩尔助学金（Pell Grants）和联邦学生贷款。2005 年修订的《高等教育法》规定营利性大学获得的联邦资助不得超过总收入的 90%。自此，营利性院校的生存发展和规模扩大所需的经费几乎完全依靠联邦拨款，包括退伍军人教育津贴、佩尔助学金和学生贷款。以 2009 ~ 2010 学年为例，营利性高校获得了 75 亿美元的佩尔助学金，约占全美大学份额的 25%，然而营利性大学的学生人数只占全美大学生总数的 11%。此外营利性院校还获得了 50% 的美国国防部提供的援助（Department of Defense Tuition Assistance Benefits）和 37% 的 "后 9·11 退伍军人补助金"（Post – 9/11 GI Bill Benefits）。根据 HELP 的调查，15 家上市营利性高校 86% 的利润来自联邦政府的学生资助。③

为了获取更多的联邦资助，营利性院校竭力扩大规模，为此将办学的主要精力放在招生宣传等市场营销行为上。2009 年，有 30 所营利性高校报告

---

① White，Gillian B. The Empty Promises of For-Profit Colleges，https：//www. theatlantic. com/business/archive/2015/09/the – failure – of – for – profit – colleges/405301/.

② Deming，David J. & Yuchtman，Noam & Abulafi，Amira & Goldin，Claudia & Katz，Lawrence F. The Value of Postsecondary Credentials in the Labor Market：An Experimental Study American Economic Review，American Economic Association，2016，vol. 106（3），pages 778 – 806，March.

③ HELP. For Profit Higher Education：The Failure to Safeguard the Federal Investment and Ensure Student Success. Volume 1 of 4—Parts Ⅰ – Ⅲ. Washington：2012.

其在市场、广告和招生上花费了 42 亿美元的投入，占总收入的 22.7%。[1]例如 2009 年凤凰城大学营销花费达到了惊人的 3.83 亿美元，招生人员高达8175 人，生均招生人数为 57 人。在过去的二十年中，营利性学院的招生人数增加了 225%。

营利性高校不仅投入大笔预算用于招生和广告，并且大都实行激励性有酬招生策略，导致产生虚假广告宣传与欺诈行为。他们利用美国联邦资助政策，专门针对符合资助与贷款的低收入者、女性和其他处境不利者展开诸如"文凭在手，工作不愁""学位获取率高，所花时间短"等虚假招生广告宣传；鼓励学生谎报他们的财务状况，以便有资格获得政府援助；甚至教唆贷款学生想方设法推迟还贷等。在强大的市场营销攻势下，很多不具备还贷和学习能力的学生入读了营利性高校。然而，大量学生在毕业后甚至无法找到最低工资标准的工作，投资回报率极低。

与高投入、运作积极的市场营销相比，营利性高校在教学上则压低成本。根据 HELP 的调查，以 2009 年为例，营利性教育公司的营销花费占到办学经费的 22.7%，教学费用却只占17.2%。[2]营利性院校在招生时，只注重学生是否有资格获取联邦贷款，却没有对他们的学习能力做出规定。在入学后，也没有针对这些处境不利的学生提供更好的教育服务，无法满足学生的学习需求，无法保证教育质量。因此营利性高校学生的学位获得率相当低，只有 46% 的学生拿到了学位，其中副学士专业中只有 37% 的学生拿到了学位。[3]这些学生由于新增加的债务、低毕业率以及工作待遇未改善，而陷入负债、赤贫困境中。据统计，美国营利性高校学生中 96% 的学生有贷款债务，生均债务达 3.27 万美元，这可能会影响他们的一生，带来巨大的压力甚至无法偿还的财务负担。[4]美国营

---

① HELP. For Profit Higher Education：The Failure to Safeguard the Federal Investment and Ensure Student Success ［R］. Volume 1 of 4—Parts Ⅰ - Ⅲ. Washington：2012.

② FOR PROFIT U. Fact Sheet，http：//forprofitu. org/fact - sheet/.

③ FOR PROFIT U. Fact Sheet，http：//forprofitu. org/fact - sheet/.

④ HELP. For Profit Higher Education：The Failure to Safeguard the Federal Investment and Ensure Student Success. Volume 1 of 4—Parts Ⅰ - Ⅲ. Washington：2012.

利性高校学生的困境，引发了大量对营利性高校的声讨和批评。美国大学职业教育协会（Career Education Colleges and Universities，CECU）主席史提夫·冈德森（Steve Gunderson）承认："营利性高校发展太快，招收了许多没有准备好上大学的学生，使他们中途退学，无法偿还债务。对此我们难辞其咎。"①

（三）奥巴马政府对营利性学校的审查

为了防止美国大学生贷款违约率高和营利性高校过度膨胀发展所带来的经济和社会危机，并促使其关注教育质量，从 2011 年开始，奥巴马政府启动了对营利性高校的审查与政策调整，主要包括以下四项措施。

第一，出台"成功就业"（gainful employment）的政策，把高校获取资助和贷款资格与学生的成功就业捆绑在一起，迫使包括营利性高校在内的所有高校重视教育质量与就业。2011 年出台的该项政策规定，任何专业如果连续三年有两年没有达到以下三条规定的任何一条，就失去获得联邦贷款资格：（1）毕业生每年还贷额与总收入比例不得高于 12%；（2）毕业生还贷额与可以任意支配收入的比例不得高于 30%；（3）毕业生和未能毕业者还贷违约率低于 30%。② 到 2015 年，上述政策规定更加严苛，把第一条的比例改为 8%，第二条的比例改为 20%，它会使营利性高校有84 万学生就读的 1400 个专业（2011 的规定仅可能涉及 193 个专业）面临被取消资格的危机。③ 这一政策，可谓扼住了营利性院校的命脉，若不能提高教育质量，帮助学生更好地就业，那么就会失去获得联邦资助的资格，其

---

① Puzzanghera，Jim and White，Ronald D. Closing of ITT Tech and other for-profit schools leaves thousands of students in limbo，https：//www. onenewspage. com/n/Business/759tttf5p/Closing - of - for - profit - schools - leaves - thousands - of. htm.

② U. S. Department of Education. Negotiated Rulemaking 2013 - 2014 - Gainful Employment，https：//www2. ed. gov/policy/highered/reg/hearulemaking/2012/gainfulemployment. html.

③ U. S. Department of Education. Fact Sheet：Obama Administration Increases Accountability for Low-Performing For-Profit Institutions，https：//www. ed. gov/news/press - releases/fact - sheet - obama - administration - increases - accountability - low - performing - profit - institutions.

后果只能是选择缩小办学规模或面临倒闭。

第二，要求州政府与各认证机构加大对受联邦资助高校（主要是营利性高校）的监管与认证力度，把对营利性高校办学资格监管与联邦资助资格监管结合起来。因为美国的营利性高校是由州政府批准建立的，而联邦资助资格的获取也与之有关。但是长期以来州政府只关注公立高等教育而忽视了对营利性高校的监管。2010 年，联邦教育部要求州政府在四年内完善对州内营利性高校加强监督，认真审批营利性高校的设立和处理来自公众的投诉，保护学生的利益。对那些不予配合的营利性高校则取消联邦资助资格。除此之外，联邦教育部对各认证机构也提出了加强对营利性监管的要求，对不符合的高校应取消其办学资格。鉴于认证机构的糟糕表现，联邦政府的一个小组建议关闭专门负责私立院校认证的全国独立学院与大学认证委员会（NAICU），切断营利性高校获得认证办学的最大源头。

第三，奥巴马政府还出台了一项被称为保护借款人（borrower defense）的规定，对涉嫌招生欺诈的院校（包括贸易学校、旗舰大学或研究生院）进行财务处罚。这一规定还使学生更容易起诉学校，如果他们所就读的学院确有欺诈舞弊行为，政府会赦免他们的学生贷款余额，取消他们的债务负担。截至 2017 年 1 月中旬，教育部已批准数以万计的借款人提出的索赔，将之前 ITT 和科林斯大学学生欠下的 6.55 亿美元悉数消除。这一鼓励学生起诉的政策，激发了学生的维权意识和行为。

第四，提议把"高校获得的联邦资助不得超过总收入的 90%"（90/10）的规定降为 85%（85/15），减少营利性高校对联邦资助的过度依赖，遏制由此带来的营利性高校欺诈的泛滥与贷款违约率的攀升。

第五，提高营利性高校办学数据的透明度，把营利性高校置于公众视野中，从而提升营利性高校学生学业成功率。为此，联邦教育部发布《美国大学记分卡》与《美国职业学院各专业毕业生收入数据》，为实施"成功就业"政策提供各专业的收入信息，也为学生选读学位课程提供选择依据。前者是 2014 年发布，包括大学的学费、债务、毕业率与收入等信息。后者则于 2016 年发布，包括 3700 所全美提供职业训练的高校。该数据显示，公立高校职业训练专业的毕业生收入整体上要比营利性高校好。公立高校本科毕业生要比营利性高校毕业生年收入多 9000 美元，公立高校的文凭毕业生比营利性高校毕业生更可能选择高收入的专业培训，有近 1/3 的营利性高校的文凭毕业生收入低于全职最低工资者年收入，而公立学校毕业生的这一比例只有 14%。[①]

三 美国营利性高等教育发展的反思

这次美国营利性高等教育危机还未结束，仍在继续发酵。面对这次危机并结合美国营利性教育机构的发展历史，我们可以从中观察并反思诸多问题。

（一）美国营利性院校发展的怪圈——"一抓就死、一放就乱"

在一百多年的发展历史中，美国营利性高中后教育机构几经兴衰起伏。19 世纪初，得益于杰弗逊总统的大力倡导和积极推动，营利性教育机构开始在美国传统人文色彩浓厚的拉丁化教育中崭露头角，提供不同于传统院校的应用性和实践性较强的技能培训，同时还以面向当时的边缘群体如女性、低收入家庭的学生见长。然而，19 世纪 60 年代《莫里尔法案》（Morrill Act）颁布，促成美国公立高等教育的迅速崛起和扩张，实用与古典教育并重的州，大学挤压了营利性高中后教育机构的办学空间，导致其日益萎缩。[②]

二战后，《退伍军人法》（Servicemen's Readjustment Act of 1944，或

---

① U. S. Department of Education. Education Department Releases New Graduate Earnings Data for Career College Programs，https：//www. ed. gov/news/press – releases/education – department – releases – new – graduate – earnings – data – career – college – programs.

② Fried，Vance H & Hill，Aaron D. The Future of For-Profit Higher Education ［J］. The Journal of Private Equity，2009，25（3），pp. 39.

G. I. Bill）允许营利性院校招收退伍军人并获得资助，营利性院校赢来了难得的发展契机。然而由于缺乏州政府监管，65%的营利性教育机构为了获取更多的退伍军人学费补助金，在招生和运营中出现了问题，包括夸大教育成本，虚报招生人数，招募学习能力不足、毕业概率不高的学生，[①] 从而被视为买卖文凭的工厂，声誉扫地。

20 世纪 80 年代，借助 1972 年《高等教育法》修正案给予营利性院校联邦资助的权利，以及当时里根政府新自由主义发展理念和市场化发展政策的推动，营利性院校的数目又开始持续增长。然而到了 80 年代后期，调查发现，74%的营利性院校涉嫌欺诈和滥用联邦资助。它们编造学生虚假收入数据，以使学生获得经济援助资格；招收没有学习兴趣和能力的学生，造成高辍学率和低就业率；教学管理松散混乱，学生出勤率极低却能获得合格成绩等。[②] 这些办学行为直接导致了 1992 年《高等教育法》规定的对联邦贷款额度和违约率的再度调整。该法案规定，学生贷款违约率连续三年不能超过 30%，且来自联邦贷款收入不能超过总收入的 85%。[③] 这项规定导致了众多营利性高校的倒闭。

20 世纪 90 年代末，营利性高校因得益于知识经济带来的成人学习者的学习需求、互联网信息技术的发展，特别是美国联邦政府的大力支持而再次兴起。小布什政府从政策和法律各层面对营利性大学予以特别优惠的条件，从而成就了营利性院校在 21 世纪初的辉煌。然而，好景依然不长，在奥巴马政府的严格审查下营利性院校重陷危机。

从美国营利性高校的起伏历程可以看出其发展受政策影响极大。几次兴衰的背后，都有政府的手在发挥着作用，或推动或抑制，呈现为"一抓就死、一放就乱"的怪圈。政府一旦给予政策的优惠，营利性院校就会爆发

---

① Beaver, William. Rise and fall of for-profit [J]. Academe; Washington vol. 103, Iss. 1, (Jan/Feb 2017), pp. 32–37.

② Beaver, William. Rise and fall of for-profit [J]. Academe; Washington vol. 103, Iss. 1, (Jan/Feb 2017), pp. 32–37.

③ 〔美〕丹尼尔·贝内特、亚当·卢凯西、理查德·维德：《美国政府对营利性高校的管理历史分析》，《高等教育研究》2004 年第 5 期。

出强劲的发展活力，但在繁荣的同时，也一定会重蹈欺诈的覆辙；政府一旦加强监管，则一定会有大批营利性院校倒闭。

此外，我们还可以从中观察到美国民主与共和两党对营利性教育机构不同的发展和管理思路。基本上，对营利性高等教育大开绿灯、给予各种发展机遇的都是在共和党总统执政时期；而严格监管和审查，维护学生利益的基本是在民主党总统任职期间。美国两党轮流执政在一些国计民生政策上的反复也充分体现在营利性院校发展的起伏兴衰中。对于自诩面向市场需求办学、采取市场竞争机制、低成本高效率的营利性院校而言，其运营和管理中的市场之手显然没有政府之手有力和强大。

（二）美国联邦政府对营利性院校资助——功与过

众所周知在美国，联邦政府主要是通过为学生提供助学金和贷款的方式来间接资助大学。这其中包括《退伍军人法》（Servicemen's Readjustment Act of 1944 / G. I. Bill）、《后9·11退伍军人法》（Post-9/11 GI Bill）中规定的退伍军人学费补助金，以及佩尔助学金（Pell Grants）和联邦学生贷款。自1972年美国《高等教育法案》修正案允许营利性院校的学生也能享受联邦资助以来，虽有政策调整，但美国政府对营利性院校的资助从未中断，其理由是营利性大学的学生很多来自社会底层，这些学生不应该受到歧视。美国联邦政府的这些资助项目在经济上保障了退伍军人和社会弱势群体享有高等教育的平等权利，为美国高等教育在二战后迅速实现大众化乃至普及化发挥了积极和重要的作用，也是美国营利性院校发展和崛起中不容忽视的推动力量。

然而从这次危机的爆发过程和情况来看，在营利性院校这一部分，联邦资助对弱势群体而言似乎并没有实现政策的初衷，反而诱发了营利性院校欺诈招生等一系列问题。这次危机爆发后，美国政界和学界对营利性院校的"联邦资助"展开了反思。实际上，类似的反思在20世纪80年代后期就已出现，当时任里根政府教育部部长的威廉·本内特（William Bennett）曾指出：联邦金融援助会导致大学提高学费，从而扰乱高等教育市场，这一说法后来被称为"本内特假说"（Bennett hypothesis）。① 对于这一假说是否成立一直存在激烈的争论，这一次美国营利性院校的危机使得这个话题再次成为热点。

2014 年，乔治华盛顿大学和哈佛大学的两位经济学教授斯蒂芬妮·切利尼（Stephanie Riegg Cellini）和克劳迪娅·戈尔丁（Claudia Goldin）撰文表示，他们的研究结论支持了"本内特假说"，但强调他们的研究只聚焦营利性院校，而不包括公立和私立非营利院校的情况。② 他们收集了大量美国营利性高中后教育机构的数据，将营利性院校分为有资格接受联邦经济资助的营利性院校（T4 Institutions）和没有资格接受资助的营利性院校（NT4 Institutions）。在对美国营利性高等教育机构首次全面调研的基础上，比较了 T4 和 NT4 机构之间的学费差异，以验证 T4 院校增加学费使其高于教育成本以获得联邦援助的说法。由于没有资格接受联邦资助的 NT4 营利性院校几乎没有学士学位课程和研究生学位课程，所以他们对比了 NT4 院校和 T4 院校在非学位课程上的收费，结果发现两类院校收取的学费存在巨大的差异。T4 院校的学费高过 NT4 院校在同一领域的非全日制（主要是证书）课程的学费，但他们的学生合格率几乎是相同的。两位研究者还发现类似的非学位课程在 T4 院校的学费要比 NT4 院校的学费高出 75% 左右——大致接近佩尔基金的多少。这一研究发现在某种程度上支持了所谓的"本内特假说"，即联邦学生援助使院校抬高了学费价格，至少在营利性院校是如此。

究其原因，是获得联邦资助资格需要经过联邦教育部认可的认证机构的认证，并得到其所在州的许可或授权，而满足认证要求是有代价的。为了遵守认证机构的各项规定和要求，学校的运作和管理受到间接管制，管理成本大增。这一方面导致 T4 院校大涨学费，另一方面也导致为了获取更多资助

---

① Cellini, Stephanie Riegg and Goldin, Claudia. Does Federal Student Aid Raise Tuition? New Evidence on For-Profit Colleges. American Economic Journal：Economic Policy, Vol. 6, No. 4 (November 2014), pp. 174 – 206.

② Cellini, Stephanie Riegg and Goldin, Claudia. Does Federal Student Aid Raise Tuition? New Evidence on For-Profit Colleges. American Economic Journal：Economic Policy, Vol. 6, No. 4 (November 2014), pp. 174 – 206.

金额而扩大招生规模，在招聘和市场营销方面花费更多，甚至走向欺诈招生，而大量招收没有经济条件和学习能力的学生，也为营利性院校的高贷款违约率和高辍学率埋下了祸患。

由此看来，联邦资助似乎是一把双刃剑，在保障弱势群体教育权利的同时也成为营利性院校眼中的蛋糕。联邦资助的初衷在于帮助处境不利的学生群体，却被营利性院校所利用使这群人陷入更加的贫困之中。

当年营利性院校欺骗、滥用退伍军人学费补助金事件暴露后，美国联邦政府就已经总结了经验教训：如果没有适当的规定和监管，政府资金将被滥用，欺诈一定会发生。然而教训之后，相同的剧目仍一再上演。背后的原因主要在于政府资助与监管之间的矛盾始终没有得到妥善解决。资助体现了政府所承担的保障教育机会平等的责任，监管则是为了保证资金的有效利用，但如何在两者之间找到合适的张力，既能保障弱势群体的受教育权，又能防止欺诈产生，同时还能不给院校增加过多的成本、不遏制其发展的活力，是美国营利性高等教育健康发展面临的重要课题。

（三）公司逻辑与大学逻辑——难以调和的冲突

营利性院校，特别是20世纪90年代发展起来的归属于上市教育集团的营利性大学本质上就是公司。查理德·鲁克在其《高等教育公司：营利性大学的崛起》一书中也明确了这一点。[①] 作为上市公司，营利性大学对其提供的教育服务进行收费、纳税与收入分配，而公立与非营利性私立高校则不包括后二者的经济活动。营利性院校必须重视利润，对投资者负责，给投资者回报。也就是说营利性院校的利益相关者主要是其股东，而不是教师和学生。这是一家上市公司的正常逻辑。

而大学的逻辑是围绕知识展开的，看重的是知识的传递、人才的培养、新知识的产出，其主要服务对象是教师和学生。这是大学运行的基本逻辑。

---

① 〔美〕查理德·鲁克：《高等教育公司：营利性大学的崛起》，于倍文译，北京大学出版社，2006。

在这个逻辑下，大学通过入学筛选来确定其学生是否具备学习的能力；大学需要固定的、持续的、递增的经费投入；在人才培养和科学研究方面，大学需要不计成本地运行，才可能有好的表现。

但正是这种专注知识、不计成本的逻辑在20世纪中后期引来了政府和社会对大学的严厉批评。在诟病大学"高成本低效率"的同时，缩减财政投入，加强问责考核，以及将市场化机制引入高等教育领域的新公共管理政策全面来袭。美国营利性高等教育公司在20世纪末的迅猛发展与政府认为私营机构能够适应市场、看重成本，而且"花费更少、做得更好"的思路分不开，但结局事与愿违，概因公司的逻辑与大学的逻辑在本质上的不同。

在当前高等教育发展的时空背景下，大学需要借鉴一些营利性企业市场化经营和管理的方式和做法，以改善自身效率低下的问题。但这并不意味着以利润为中心的公司逻辑可以与以知识为中心的大学逻辑合流，一所大学几乎不可能以公司的逻辑来运行并确保成功，即使是营利性大学也不行。

西蒙·马金森（Simon Marginson）在他的《高等教育市场化改革的局限》一文中指出，一个教育机构只有在卸下了与知识关联的所有角色后才能成为一个通常意义上的服务机构，但那时它也仅仅是一个发放证书或者托儿所之类的机构（a credentialing and/or childcare agency）。① 切利尼和戈尔丁的研究也揭示，此次陷入危机的营利性院校大多是20世纪90年代后经认证机构认证可以授予学位的营利性大学，那些不追求学位教育，而以市场需要的短期技能培训为主的小型营利性高中后教育机构，反而在危机中毫发未伤，保有持续的生命力。②

上述美国营利性院校的危机及其反映出来的问题大多具有浓厚的美国特色，但其中也有不少涉及营利性高等教育机构发展的本质问题，例如，如何

---

① Marginson, Simon. The limits of market reform in higher education. Higher Education Forum, 2010, 1, pp. 1 – 20.

② Cellini, Stephanie Riegg and Goldin, Claudia. Does Federal Student Aid Raise Tuition? New Evidence on For-Profit Colleges. American Economic Journal: Economic Policy, Vol. 6, No. 4 (November 2014), pp. 174 – 206.

在鼓励私人投资举办营利性高校的同时施以监管？在不伤害营利性院校活力的同时规范其发展？如何在一定程度上协调好营利性院校，特别是上市教育集团的公司逻辑和以知识为中心的大学逻辑？中国营利性高校的发展目前还在探路时期，防微杜渐，有助于更好地推进我国民办教育的可持续发展。

注：

　　美国大学生联邦贷款和资助比例在营利性高校如此之高，主要是由于营利性高校大量招收处境不利却符合联邦资助与贷款资格条件的学生，包括低收入、少数民族、女性等。美国营利性高校的市场营销策略就是游说、争取并招收这些符合联邦资助条件的学生。据统计，美国低收入家庭的学生就读营利性大学的比例是其他类型学生的 4 倍。

德国民办中等职业教育及其对广东的启示

邓素怡　胡劲松*

摘　要：　双元制，是德国职业教育的基本特征，它以企业或民办职业教育学校作为实施主体，以校企合作作为有效方式，以政府支持作为有力保障。德国的企业，作为办学主体承担了双元制职业教育总资金投入的70%左右，作为教学主体不仅具备招生自主性而且可以灵活调整教学内容，作为责任主体不仅具有法人地位而且要承担明确的法律义务。德国民办职业教育学校，近几年生源呈上升趋势，师生比较低且呈下降趋势，教学模式和财政来源多样，展现出较高的教学质量和较好的发展前景。德国各级政府完备的立法机制、有力的财政支持和适度的宏观调控，对德国职业教育的发展提供了有力保障。德国的民办中等职业教育经验，能够为广东民办教育尤其是逐渐式微的民办中等职业教育提供一些借鉴，例如，着力提升企业参与度、提高办学质量、加大政府扶持力度等措施。

关键词：　德国教育　职业教育　民办中职　技校　双元制

第二次世界大战以后，联邦德国的经济、工业和科技在短短几十年内得

---

* 邓素怡，华南师范大学教育科学学院教育领导科学专业硕士研究生；胡劲松，华南师范大学教育科学学院教授，博士生导师。

到迅速恢复与发展，很快成为高度发达的现代化国家。在这个过程中，成功的职业教育体系为联邦德国源源不断地输送了大批高素质技术人才，成为联邦德国战后迅速复苏的支柱和保障。德国职业教育起源于中世纪的学徒制，这种"师傅带徒弟"的教学方式适应了当时德国手工业的发展状况。19 世纪 60 年代以后，德国职业教育开始走向法制化。1869 年，北德意志工商联盟规定，"不足 18 岁的伙计、帮工和学徒，有进入补习学校接受职业补习教育的义务"①，这标志着德国双元制职业教育的形成。二战后，联邦德国于 1969 年颁行《联邦职业教育法》（Berufsbildungsgesetz，BBiG），成为德国职业教育的法律基础。随着工业化和现代化的进一步发展，2005 年 4 月 1 日，统一后的德国颁布并实施了新的《联邦职业教育法》，进一步明确了德国企业在职业教育中的主体地位，规范了职业教育的类型、质量、要求和考试标准，保障了德国技术人才的培养。德国联邦教育和科研部（BMBF）在 2018 年 4 月发布了《2018 年职业教育报告》（Berufsbildungsbericht 2018，以下简称《报告》），其中强调"职业教育与继续教育是德国经济增长、社会福祉以及社会团结的根本基础"②。

与联邦德国的发展轨迹类似，改革开放 40 年以来，广东省作为改革开放的排头兵，GDP 已连续多年排在全国各省份、自治区及直辖市的首位，已然成为全国经济最强省；与此同时，广东省的职业教育及其相关政策也率先发展和成熟起来，对经济的大发展起到了举足轻重的作用。然而，不可否认的是，相比较于北京、上海、浙江等地，广东省的民办教育，尤其是中等职业教育，近年来在规范化发展方面仍有一些不足，遇到了一些明显的困境。为适应经济和社会发展的新要求，满足市场对高质量技术型人才的新需求，广东省已经在职业教育的规范化、有序化和健康化发展方面做出了许多努力。例如，广东省教育厅于 2018 年 9 月 1 日颁布施行了《广东省职业教育条例》，明确指出要"发展职业教育，提高劳动者素质，培养创新型、技

---

① 黄日强：《战后德国职业教育研究》，新华出版社，2006。

② Bundesministerium für Bildung und Forschung. Berufsbildungsbericht _ 2018. http：//www. bmbf. de/pub/Berufsbildungsbericht_ 2018. pdf.

能型人才，促进就业创业，服务经济社会发展"。因此，我们拟通过对德国职业教育的分析，尤其通过对其民办中等职业教育的深入分析，为广东省民办中职的发展提供一些有益的借鉴。

一　双元制作为德国职业教育的基本特征

双元制，是德国职业教育的基本特征，它以企业为实施主体，以校企合作为有效方式，以政府支持为有力保障。

（一）企业作为实施主体

企业作为双元制职业教育的主体，是德国双元制的最显著特点，也是双元制职业教育的基础。在德国，只有那些通过相关行业协会的资格审查并获得认定的企业，才有资格参与双元制的职业教育体制中。双元制职业教育的时间为 2 ~ 3.5 年，缩短或延长教育期限的决定可由联邦职业教育研究所颁布准则。受教育者需要与具有从事职业教育资格的企业签订职业教育合同（Berufsausbildungsvertrag），每周 3 ~ 4 天在企业学习实用知识和职业技能，1 ~ 2 天在职业学校学习理论文化和专业知识。企业为受教育者提供实训场所和工作技能，这不仅保证了员工的质量和企业的生产，也扩大了企业的知名度和树立了良好的企业形象。

（二）校企合作作为有效方式

校企紧密合作是双元制职业教育的第二个显著特征，也是双元制职业教育的关键。职业学校与企业的合作并非单一死板的结合，而是在学校和企业严格分工的基础上，实现了合作形式的多样化，实现了合作内容的丰富性，被誉为是校企合作的典范。

首先，校企合作依据明确的制度安排。德国双元制职业教育有一套较为完善的法律体系。2005 年 4 月 1 日，德国颁布并实施新的《联邦职业教育法》，成为德国应对 21 世纪挑战、进一步大力发展职业教育的基本纲领。① 根据联邦的相关规定，企业教学必须遵循新《联邦职业教育法》以及《手工业条例》（Handwerksordnung），按照《职业教育条例》及其附件《职业教育框架计划》（Ausbildungsrahmenplan）实施实训教学。而根据各州的相关规定，职业学校则必须遵循《联邦职业教育法》及各州《学校法》和《义务教育法》所确立的基本行为规范。

其次，校企合作在特定时空中交替进行。按规定，双元制的教学分别在企业和职业学校之间交替进行，学生需要在企业和职业学校两个场所接受不同时长的培训。企业的培训场所一般根据企业的自身条件而定，大型企业有专门为培训技术工人实践操作技能的场所，即实训工场。② 根据培训地点的不同，中小企业一般有两种培训学徒的方式：一种是在生产车间，通过提供跟班操作和模拟训练的教学模式进行培训；另一种是在跨企业培训中心，企业需要将学徒派送到培训中心进行培训。

再次，理论与实践教学相结合。德国双元制的学生在企业接受职业技能培训，在职业学校接受普通文化知识和专业理论知识的学习。德国双元制对教育提供者和企业教师的资质有严格的要求，并且规定学校教师和企业培训师之间须定期进行沟通与协作。教学内容覆盖理论和实践两方面，这为培养高技能和高素质的职业技术人才提供了保障。

最后，双元统一评价确保培训质量。为确保双元制教育质量，德国建立了严苛统一的考核监督体系，国家制定统一考试标准，统一组织实施考试。考试包括技能考试和资格考试两种，考试内容包括职业必备的职业技能和职业知识。接受双元制职业教育的学生需要参加两次考试，分别是"中期考试"和"结业考试"。③《联邦职业教育法》第39条规定，主管机构成立的考试委员会主持结业考试，德国工商会（IHK）则负责组织监考、评分以及资格证书的颁发等事项。

---

① 姜大源：《德国联邦职业教育法译者序》，《中国职业技术教育》2012年第10期，第71~88页。
② 任婕：《德国职业培训中心办学模式的研究》，硕士学位论文，天津大学，2009。
③ 高向丽：《德国职业教育中政府角色及作用对我国的启示》，《现代商贸工业》2016年第34期，第428~429页。

（三）政府支持作为有力保障

政府支持是德国双元制职业教育的第三个特征，也是双元制得以实施的重要保障。双元制职业教育立法权属联邦一级，联邦享有职业教育的立法权及其相应的管理权。[①] 而各州对职业教育的支持，则不仅源于《联邦职业教育法》的相关规定，而且也源于各州《学校法》和《义务教育法》的相关规定。

德国职业教育法律法规，规定了双元制职业教育经费由国家、州政府、企业三方分担，保证了职业教育经费来源渠道畅通。[②] 其中，政府主要负责对职业学校进行拨款，是职业学校发展双元制教育的经济支撑。德国政府对双元制职业教育的支持体现在方方面面，保证了校企的有效合作，成为培养高技术高水平技术人才的有力保障。

二 德国民办职业教育的主体

在德国职业教育中，企业是民办职业教育的举办者，扮演着前提性的关键角色；民办职业学校则是民办职业教育的办学者，发挥着不可替代的作用；政府是民办职业教育的管理者，在发展民办职业教育中发挥重要的促进作用。

（一）企业作为职业教育的主体

2017 年，德国小型企业、中型企业及大型企业的职业教育参与率均有所提高。企业在职业教育中的主体地位主要表现在办学主体、教学主体和责任主体三个方面。

[①] 姜大源：《德国职业教育改革重大举措——德国新〈职业教育法〉解读》，《中国职业技术教育》2005 年第 14 期。

[②] 黄日强：《德国职业教育经费的主要来源》，《世界教育信息》2006 年第 10 期，第 37～39、64 页。

1. 办学主体

企业办学是双元制职业教育存在与运行的基本前提。在德国，双元制职业教育的经费来源主要是企业投入和政府资助，其中，企业主要承担企业培训费用。根据德国联邦职教所（BIBB）的统计，2016 年，德国企业对双元制职业教育的投资是 256 亿欧元，政府的投资是 47.5 亿欧元，企业投资的比例占到双元制职业教育总投入的 70%。企业的高投入，充分彰显了企业在职业教育中的主体地位。企业在职业教育中产生的教育费用可以分为四个方面。

第一，学徒津贴。学徒津贴，即学生在整个双元制学习期间所获得的生活津贴和社会保险。《联邦职业教育法》第十七条规定，教育提供者应为受教育者提供适当津贴，津贴金额根据受教育者年龄确定并随着职前教育的继续至少每年予以提高。根据 BIBB 的统计，2016 年企业投入的教育总费用平均为每名学徒 18000 欧元，学徒津贴占企业投资费用的 62%（见图 1）。

第二，企业教师费用。新《联邦职业教育法》将"实训教师"改称为"企业教师"，专指企业聘用并专职从事职业培训的施教者。企业教师费用包括专职和兼职教师的工资、报酬和社会保险。

第三，物资购置费用。物资购置费用包括用于培训的设备购置费和教材购置、劳保及管理费。① 当企业的专业分工细化到原有负责培训的部门无法满足现阶段的培训内容时，往往会投资建设专门用来企业实训的场所。

第四，行业基金。德国的行业协会在参与双元制职业教育中发挥着协调发展的作用。为了促进同一行业的整体发展，同一行业的所有企业须缴纳一定的经费，筹集的经费由各行业自行管理，主要用于扶持职业教育发展较差的地区。

2. 教学主体

作为双元制职业教育中的教学主体，企业的主体作用体现在招生和培训两个方面。

---

① 姜大源：《德国企业在职业教育中的作用及成本效益分析》，《中国职业技术教育》2004 年第 8 期。

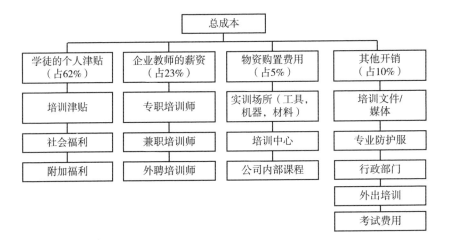

图1　2016年企业投资的总成本一览

资料来源：BIBB, Dual vocational education and training pays off。

一是企业具备招生的自主性，保障了生源的质量。德国企业对培训学生的学历背景不做烦琐的资格要求，主要招收的学生是结束义务教育的各类学校的毕业生。学生根据自己的意愿选择职业，向相关的企业提出申请，培训企业对申请学生的资料进行审查后进行行业能力考试，根据测试的结果来决定是否录用。《报告》显示，2017年，德国职业教育岗位需求和供给分别有60.35万个和57.22万个，约有5%的申请者没能进入双元制体系学习。

二是企业可以灵活调整教学内容。一方面，企业需要按照《职业教育条例》及其《职业教育框架计划》保障所有受训者达到统一的培训水准。另一方面，企业也可以根据具体情况和生产计划调整培训内容、补充教学大纲，综合安排各年级的培训重点和难点，培养更适合社会需求的技术人才。年级不同，教学重点也有所不同。第一学年主要进行课堂教学，第二学年主要侧重于技能培训，第三学年则由企业为通过"中期考试"的学生提供实习岗位，并要求其独立完成工作任务。

3. 责任主体

双元制职业教育在法律调整范围之内，企业作为双元制职业教育的主体，也是重要的法律责任主体。

首先，企业是职业教育的重要法律关系主体，具有独立法人地位。《联邦职业教育法》第2条第1款明确规定，职业教育在企业、职业学校以及企业和学校之外的其他培训机构中进行。显然，企业是职业教育法调整的对象，也是双元制职业教育的权利义务主体。《职业教育合同》明确了企业的签约方地位，职业教育合同则明确了企业和受教育者之间的权利与义务。法律制度让企业在参与职业教育的过程中有法可依，依法开展教学，也大大提高了企业参与职业教育的积极性。

其次，企业享有并承担培训的法定权利和义务。根据《联邦职业教育法》的规定，教育企业不仅享有实施职业教育、与受教育者签订教育合同以及评价受教育者的考试成绩等三项权利，而且必须履行实施职业教育教学、指派教师、承担津贴和教育经费、督促受教育者到职业学校参加理论学习等五项义务。培训企业必须严格按照这些要求开展教学和培训，这样一来企业的教学行为得到了规范，同时也保障了教学质量。

（二）民办职校作为职业教育的主体

《德意志联邦共和国基本法》（Grundgesetz，下称《基本法》）保证德国公民举办学校的权利，任何立法、司法和行政当局不得做出与此相悖的规定或裁决。基于职业教育促进经济增长、社会福祉以及社会团结的基础性地位，德国民办职校发挥着越来越重要的作用。

1. 民办职校的概念及分类

按办学主体划分，德国的职业学校分为公办职业学校和民办职业学校。德国民办职业学校通常由个人、教会、企业或协会所办。所有的民办学校均要经过州政府的严格审查及监管。[①] 如图2所示，德国民办职业学校根据类型大致可分为九类：双元制职业学校（Berufschulen im dualen System）、职业准备年（Berufsvorbereitungsjahr）、职业基础教育年（Berufsgrundbildungsjahr）、

---

① 1949年《德意志联邦共和国基本法》。

职业专科学校（Berufsfachschulen）、职业高级学校（Berufsoberschulen）、专科高级中学（Fachgymnasien）、专科高级学校（Fachoberschulen）、专科学校（Fachschulen）和专科学院（Fachakademien）。

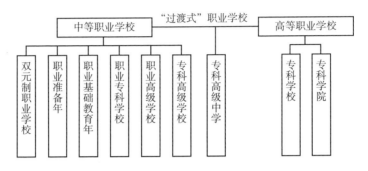

图 2　民办职业学校的分类

资料来源：BIBB, Dual vocational education and training pays off。

其中，德国的民办学校分为替代性学校（Ersatzschule）及补充性学校（Ergänzungsschule）两种。[①] 这两类学校的任务、目标和本质特征都不同。替代性学校，是指与学校法所规定的公立学校相适应的自由举办的学校，它必须满足基本法的要求，其教育目标、机构和设备以及教师的学术水平均不得低于公立学校。补充性学校，是指那些自由举办的不同于替代性学校的非公立学校。补充性学校的办学质量不要求与公立学校同质。这类学校几乎都是职业学校，它不仅是对公立学校系统的补充，而且还是德国学校重要构成系统的拓展。

2. 民办职校持续稳健增长

根据德国联邦统计局（Statistisches Bundesamt）的数据，1992 年德国民办职校只有 1241 所，占职业学校总数的 13.9%，截至 2016 年有 2214 所，占职业学校的 25.1%。

2012～2016 年，德国民办职业教育呈现稳步发展态势，学校、学生和

[①]　胡劲松：《试析德国非公立学校的法律地位》，《清华大学教育研究》2001 年第 1 期，第 65 页。

教师数量不断增加，如表1~表4所示①。德国民办职业教育呈现出以下五个特点。

第一，民办职业学校数稳步增长。如表1所示，近五年来，德国民办职业学校数稳步增长，职业专科学校、专科高级学校和专科高级中学等以就业为导向的全日制学校学生数量稳步增长，校均规模逐步扩大，平均增长幅度为3.2%。

表1　2012~2016年德国民办职业学校数

单位：所

年份 民办职业学校数	2012	2013	2014	2015	2016
双元制职业学校	203	196	197	206	204
职业准备年	82	80	79	85	103
职业基础教育年	33	35	33	6	6
职业专科学校	1042	1032	1030	1021	1018
职业高级学校	16	15	14	12	11
专科高级中学	97	106	112	114	117
专科高级学校	136	143	146	146	147
专科学校	481	499	521	529	538
专科学院	61	60	63	67	70
合计	2151	2166	2195	2186	2214
占职业学校比(%)	24.3	24.5	24.8	24.9	25.1

资料来源：Statistisches Bundesamt（Destatis）：Private Schulen. 2017. https：//www. destatis. de/DE/Publikationen/Thematisch/BildungForschungKultur/Schulen/PrivateSchulen. html。

第二，民办职校学生数量整体增加。通过表2可以看出，2015年民办职校学生总数为23.85万人，相比2005年增加了1.2万余人，民办职校学生数占比上升到9.6%。中职部分的民办学校仍然是德国民办职业学校的主体，其中职业专科学校学生数量最多，从2004年到2015年，在双元制职业学校的生源总数有所减少的情况下，双元制职业学校学生占比小幅增长了0.2%。

---

① 以下数据来自德国2017年私立学校年度报告，目前是德国官方最新数据，且考虑到国内习惯用法和书面表达的统一，以下统称为"民办"。

表2 2004～2005年、2015～2016年德国民办职业学校学生数及其构成

职校类型	各类民办职业学校学生数		各类民办职业学校学生占各类职业学校学生总数的比例（百分比,%）	
	2004～2005年	2015～2016年	2004年	2015年
双元制职业学校	41000	38274	2.5	2.7
职业准备年	7339	6091	9.1	7.5
职业基础教育年	1778	216	3.7	3.1
职业专科学校	113351	100241	20.9	23.2
专科高级学校	7758	13050	6.4	9.3
专科高级中学	1474	11171	1.3	5.7
职业高级学校	56	304	0.3	1.6
专科学校	49507	63063	31.9	33.0
专科学院	4182	6071	55.4	68.6
总　计	226446	238481	8.2	9.6

资料来源：https://www.destatis.de/EN/FactsFigures/SocietyState/EducationResearchCulture/Schools/Tables/PupilsPrivateSchools.html。

第三，民办职校教师与民办职校学生数呈正相关性。如表3所示，民办职校教师的数量随着学生数而变化，两者呈正相关性，2016年民办职校教师为1.65万人，相比2012年增加了0.9万人；合理的教师数量是保证其学校教学质量的基本条件。

第四，师生比偏低，教学质量得到保证。2012年双元制职业学校的教师数和学生数分别是2834人和40035人，师生比为1∶14.13，2016年则降到了1∶13.90。民办职业学校的师生比普遍偏低，并有不断下降的趋势，充足的师资力量让教师有更多的精力培养学生。

表3 2012～2016年德国民办职校教师数（专职＋兼职）

民办职业学校 ＼ 年份	2012	2013	2014	2015	2016
双元制职业学校	2834	2742	2711	2666	2679
职业准备年	33	346	318	381	494
职业基础教育年	95	128	119	12	11
职业专科学校	7118	7079	6663	6912	6875

续表

民办职业学校 ＼ 年份	2012	2013	2014	2015	2016
职业高级学校	30	35	41	37	26
专科高级中学	708	793	874	967	1044
专科高级学校	655	681	743	769	785
专科学校	3161	3239	3632	3703	3768
专科学院	635	692	737	766	795
合计	15569	15735	15838	16213	16477

资料来源：https：//www. destatis. de/EN/FactsFigures/SocietyState/EducationResearchCulture/Schools/Tables/PupilsPrivateSchools. html。

最后，德国各州民办职业教育发展呈现多样化发展态势。如表 4 所示，柏林、图林根州、萨克森州等州级新行政区域的民办学校全职教师的比例要高于其他地区，北部的州级旧行政区域的民办职校所占比重小于五个联邦新州（包括农村地区）的民办职校所占比重。据 Max-Traeger-Stiftung 的一份最新咨询报告披露，较老的石勒苏益格 - 荷尔施泰因州当前共有职业学校学生约 10000 名，其中，只有 2000 名在民办职业学校就读。

表4 2016～2017 年德国各州民办职业学校教师数量一览

州名 ＼ 数据	全职教师		部分时间制教师		小时制教师	
	人数	占公办和民办学校教师的比例（%）	人数	占公办和民办学校教师的比例（%）	人数	占公办和民办学校教师的比例（%）
巴登 - 符腾堡	1484	10.1	1742	21.1	3755	55.0
巴伐利亚	1495	12.6	1679	31.4	3051	36.9
柏林	460	12.6	547	36.0	917	84.8
勃兰登堡	165	9.5	168	37.2	132	72.9
不莱梅	23	2.8	9	2.7	49	35.3
汉堡	69	4.1	78	8.6	127	39.9
黑森	209	3.2	257	8.3	380	35.4
梅克伦堡 - 前波莫瑞	148	13.0	150	35.5	520	92.4
下萨克森	489	5.5	756	20.2	1659	52.1
北莱茵 - 威斯特法伦	1632	8.8	1347	16.7	226	20.0
莱茵兰 - 普法尔茨	240	6.3	320	16.9	103	6.3
萨尔	29	2.5	16	4.4	6	9.7

续表

州 名 / 数据	全职教师		部分时间制教师		小时制教师	
	人数	占公办和民办学校教师的比例(%)	人数	占公办和民办学校教师的比例(%)	人数	占公办和民办学校教师的比例(%)
萨克森	1063	24.6	787	51.0	2098	90.0
萨克森－安哈尔特	166	9.2	201	44.8	462	89.9
石勒苏益格－荷尔施泰因	52	1.7	95	6.6	93	18.3
图林根	322	12.9	279	30.8	900	87.3
全国总计	8046	9.3	8431	21.8	14478	50.2

资料来源：Statistisches Bundesamt，Fachserie 11 Reihe 1.1，Bildung und Kultur，Private Schulen im Schuljahr 2016/2017。

3. 民办职校的内涵发展不断深化

民办职校作为民办职业教育的主体，在办学规模上连年实现了稳中有升的增长，为职业教育提供了多元化的选择，有利于促进德国职业教育顺利转型。

一是教学模式多样化，办学行为更加灵活。德国民办职校的教学模式大致有两种。第一种教学模式是民办职校提供的"全学校式"的职业教育，最典型的是职业专科学校。这类学校成为职业教育的主体，承担主要的教学内容，并往往出现在专业性和理论性较强的专业，例如商业助理、儿童护理、卫生事业等。学校在进行理论教学的同时，也配有实习场所及配备实践设施供学生的学习实操。第二种教学模式是民办职校提供双元制职业教育，这类教学模式多是为社会弱势群体、残疾人提供接受职业教育的机会，或提供职业准备教育、职业改行及进修教育。[1] 这种教学模式更多是提供一种"联合职业教育"，即多个企业与民办职校共同教学，在节约培训成本的同时也提高了培训质量，已经成为很多中小企业参与职业教育最有利的途径。

二是经费来源有保障，办学环境不断优化。首先，办学者如企业、协

---

[1] 任婕：《德国职业培训中心办学模式的研究》，硕士学位论文，天津大学，2009，第14页。

会、基金会等是民办职业学校财政经费的主要承担者。其中"联合职业教育"的培训经费主要由多个企业负责，每个企业须向培训中心缴纳一定的会费以保障教学的开展。其次，学费是民办职业学校的重要经费来源。民办职业学校每年的招生情况会直接影响民办学校的财政状况。最后，国家补助和社会集资是民办职业学校经费的主要保障。与此同时，私人、家长及一些慈善机构的捐助也是民办职业学校的经费来源。

（三）政府在民办职业教育中发挥重要促进作用

德国政府历来重视职业教育，政府是协调企业和民办职校之间最重要的中枢。德国政府在扶持民办职业教育方面已经形成了一套完整的体系。

1. 完备的立法机制

德国政府历来重视职业教育，政府在职业教育中起着协调企业和职业学校关系的统筹作用。德国政府部门可以分为联邦政府和州政府两个层级，联邦政府通过政策和法律引领职业教育的发展，州政府在联邦法律和政策框架下对企业进行经济扶持，政府管理则贯穿于职业教育的始终。除了在政策方向上对企业的指引，联邦政府还直接管辖职业教育中的企业培训。

2. 有力的财政支持

政府拨款是职业教育经费的重要来源。政府对于民办职校的支持程度取决于民办学校的性质。政府对"代替学校"和"补充学校"所给予的支持和帮助是不一样的。对于"代替学校"，政府采取"民办公助"的形式支持办学，由私人管理学校，但是政府会承担大部分的经费。对于"补充学校"，则学校必须负担超过一半的经费，州政府对民办学校采用"按需资助""定量资助""补贴资助"三种方式。

双元制职业教育隶属于德国联邦的每个州政府，[1] 州政府对于企业的经费支持体现在拨款和免税两个方面。

首先，州政府对主管企业培训的行业协会进行拨款。行业协会负责监督

---

[1] 冯琳娜：《德国职业教育质量保障机制研究》，硕士学位论文，陕西师范大学，2010。

企业职业培训的运行，州政府对行业协会的拨款体现了对企业培训的重视和支持。

其次，州政府对参与职业培训的企业给予免税政策，政府以失去部分税收的形式来承担培训费用。[①] 德国法律规定，凡是不参与职业教育或者是培训规模不达标的企业都要交纳一定数量的"罚金"，然后统一发放给参与职业教育的企业用于企业培训。[②]

通过上述两种方式，在很大程度上激发了德国企业参与职业教育的积极性。

3. 适度的宏观调控

政府坚持对双元制校企合作实施"帮助"原则。按《基本法》的规定，民办学校事业由州管理，即由各州教育行政当局负责监管民办学校事业的发展。各州对民办学校一般实行三级管理制，即通过州政府文化教育部、各大区教育局及各县、区和城市的教育局进行管理。各州政府对企业和私校给予诸多的自主权和帮助。政府每年须颁布年度职业教育报告，统计分析年度职业教育的数据并预测下一年的职业教育走向，并将结果发布给社会各界，企业和私校也能针对职业教育走向调整专业设置和教学。

三　德国经验及其借鉴

党中央国务院非常关心和重视职业教育的发展。在立法层面，我国于1996 年颁行《职业教育法》（以下简称《职教法》），将职业教育纳入法律的调整范围。现如今，《职教法》已实施了二十二年，其修订工作也正在进行中。作为地方立法尝试，2018 年 5 月 31 日广东省通过了《广东省职业教育条例》，明确强调发展职业教育应当坚持产教融合、校企合作、工学结合、知行合一，创新职业教育模式。在政策层面，继 2005 年国务院发布

---

① 李婷婷：《德国"双元制"职业教育模式成功的关键因素——企业与职业教育法律法规》，《继续教育研究》2015 年第 10 期，第 120～123 页。
② 任婕：《德国职业培训中心办学模式的研究》，硕士学位论文，天津大学，2009，第 19 页。

《国务院关于大力发展职业教育的决定》之后，中央政府又在《国家中长期教育改革和发展规划纲要（2010～2020 年)》《关于加快发展现代职业教育的决定》《现代职业教育体系建设规划（2014～2020 年)》等文件中明确要求，提高全社会对职业教育的认识，形成全社会关心、重视和支持职业教育的良好氛围，以加快发展现代职业教育。2016 年新修订的《民办教育促进法》的修订以及 2017 年 1 月国务院出台《关于鼓励社会力量兴办教育促进民办教育健康发展的若干意见》，强调社会力量应成为我国发展职业教育的重要力量。为了更好地促进广东省民办教育的发展，2018 年 5 月 4 日，广东省政府公布了《广东省鼓励社会力量兴办教育促进民办教育健康发展的实施意见》，旨在促进广东省民办教育健康发展。这些措施的出台，有利于民办职业教育的发展。

（一）广东省民办中等职业教育现状及其存在的问题

广东省是我国经济第一大省、外贸第一大省。在产业结构升级换代、大力发展高新技术产业的背景下，亟须发展职业教育以满足社会各方面对人力资源的多元需求。但是近五年来，广东省民办中等职业教育规模逐步萎缩，民办中职学校数呈稳中减少的趋势，与职业教育的发展需求不相适应。

1. 广东省民办中等职业教育的现状

经过三十余年的发展，全省 2017 年民办中等职业学校达到 116 所，在校生达到 16.14 万人，学校数和在校生数分别占全省中职教育总数的 25.27% 和 16.24%。在过去五年间，广东省民办中职教育的发展呈如下变化趋势。

第一，广东省民办中职与全国民办中职发展趋同：呈稳步萎缩趋势。无论是全国还是广东省的数据，民办中职的占比不高。根据图 3[①] 所示，全国民办中职学校数不断下降，但学生数不降反升。通过图 4 可以看出，全省中职学校和民办中职学校数不断下降。其中，民办中职的下降幅度相对较小。

---

① 本节图和表的资料来源均为作者根据资料自制，图和表下不再标明。

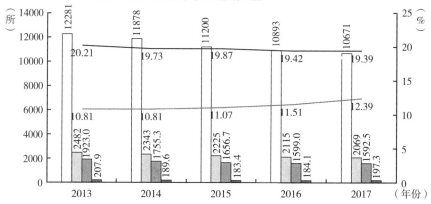

图3 2013～2017年全国民办中等职业教育发展情况

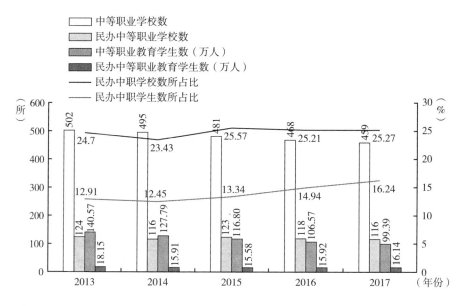

图4 2013～2017年广东省民办中等职业教育发展情况

第二，民办中职在民办高中阶段形式较为严峻。通过图 5 可以看出，2013~2017 年，全国民办中职学校占全国民办高中的比例和广东省民办中职学校占全省民办高中的比例分别下降 10.30 个百分点和 8.83 个百分点，均呈明显下降趋势。其中，广东的下降幅度虽然相对较小，但民办中职占民办高中的总量则降到了四成以下。可以看出，在广东省民办高中阶段学生数不断增加的情况下，越来越少适龄学生选择就读民办中职。

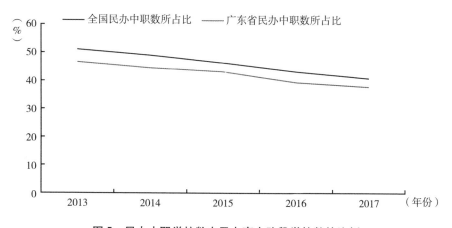

图 5　民办中职学校数在民办高中阶段学校数的比例

第三，民办中职教职工和专任教师流失严重。通过表 5 可以看出，2016 年与 2010 年相比，全省民办中职教职工减少了 0.32 万人，减少的教职工人数是 2010 年教职工的 30%；专任教师数减少了 0.18 万人，减少的人数是 2010 年教职工的 26%。民办中职教师的严重流失会引发教学质量下滑、生源减少等问题。

第四，民办中职教育"回春"的关键期。根据表 5 所示，2016 年的招生数、在校生数、教职工数、专任教师数分别为 17.35 万人、14.93 万人、12.72 万人和 11.28 万人，分别比上一年增长 8.49%、2.19%、1.25% 和 2.52%。值得庆幸的是，在全省中职学生数不断减少的情况下，民办中职学生数正逐步提高，这是民办中职发展的转型期和关键期。

表5　广东省2010、2015、2016年民办中职的基本情况

年份	2010		2015		2016		2016年比2015年		2016年比2010年	
	计	占全省比例（%）	计	占全省比例（%）	计	占全省比例（%）	增加数	增长率（%）	增加数	增长率（%）
学校数（所）	156	27.56	123	25.57	118	25.21	-5	-4.07	-38	-4.55
毕业生数（人）	55514	16.73	50771	12.17	50053	12.86	-718	-1.41	-5461	-1.71
招生数（人）	132092	17.82	56291	14.24	61069	17.35	4778	8.49	-71023	-12.07
在校生数（人）	279753	18.07	155759	13.29	159168	14.93	3409	2.19	-120585	-8.97
教职工数（人）	10507	17.88	7219	12.50	7309	12.72	90	1.25	-3198	-5.87
专任教师数（人）	6809	15.64	4925	10.95	5049	11.28	124	2.52	-1760	-4.86

2. 广东省民办中职教育发展的困境

（1）企业参与度不高

首先，企业难以独立发挥主体作用。广东省民办中职是以学校为主的办学体制，企业往往是配合民办中职学校的教学，所谓的校企合作常常成为教学任务中单独一个部分，例行组织学生见习、实习。

其次，企业参与积极性不高。据对110家500强企业的调查显示，企业真正参与校企合作、共建产学研中心和开展技能大赛的比例偏少，分别只有22.34%和13.6%。[1] 名企参与职业教育的积极性不高，无法带动整个市场经济与民办中职教育的衔接。

最后，行业协会发展不够。行会组织是以自愿为原则、以实现所属行业会员共有利益为目的而成立的社团组织。[2] 在德国，行会在职业教育中的职

---

[1] 徐珍珍、刘晓：《500强企业参与职业教育的社会责任调查——基于我国110家500强企业社会责任报告的面上分析》，《职教论坛》2015年第13期，第55～59页。

[2] 丁红玲、石慧慧：《德国行会组织参与职业教育的文化及制度保障》，《职教论坛》2018年第7期，第167～171页。

能和作用是全方位的、有效的。但是，广东省行会起步晚，行会组织发展尚不规范和有待完善，在职业教育中参与度也不高。

（2）学校办学质量不高

民办中职学校办学质量不高，丧失招生优势，因生源不足导致教学经费短缺，继而办学质量更加难以提高，许多民办中职学校都进入了这样的恶性循环中。

第一，生源的数量和质量下降。数据显示，在全省民办高中阶段学生数增加的背景下，越来越少的人选择就读民办中职。在激烈的生源竞争中，民办中职招生入学"零门槛"现象已经习以为常，造成了民办中职生源质量下降。

第二，课程设置与市场需求不相适应。学校在不了解企业实际需要的情况下，根据《中等职业学校专业目录》的十九个职业类别设置专业，并根据往年招生情况确定招生人数。其课程也是按部就班地进行，脱离了当前市场的需求。

第三，教学支持条件不足。其中，经费短缺一直是困扰民办教育发展的主要问题。[①] 目前广东民办中职的教育经费主要来源于学生的学费。近年来民办中职招生情况不容乐观，学校缺少发展经费，民办中职学校的硬件办学设施比不过公立学校，失去了招生优势的民办中职院校运行更为艰难。

第四，师资力量不足，"双师型"教师严重匮乏和专任教师流失严重。2016 年广东民办中职的师生比为 1∶32，严重高于教育部在 2010 年发布的《中等职业学校设置标准》中规定的师生比 1∶20，师生比过高，教师教学压力大，教学质量堪忧。

第五，就业情况堪忧。教育部职教所对 135 家企业进行了关于校企合作的抽样调查表明，51.11% 的企业认为"职业院校的人才培养水平达不到企业用人要求"[②]。生源危机，其实就是质量危机，也是就业危机。[③]

---

① 河南省民办教育协会课题组、胡人白、王建庄：《河南民办教育发展报告（2017）》，《黄河科技大学学报》2018 年第 1 期，第 1～12、14 页。

② 李玉兰：《2013 高招已近尾声——本科录取率上升　高职生源告急》，《光明日报》2013 年 8 月 22 日。

③ 胡劲松、欧阳恩剑：《职业教育校企合作的法律制度建构——法律制度生成理论的视角》，《教育研究》2018 年第 1 期，第 74～82 页。

（3）政府扶持不足

第一，立法关注不够。广东省于2018年5月31日通过的《广东省职业教育条例》明确了对职业教育的重视，但是对民办中职的关注不够。在该条例中，涉及民办职业教育的条款仅有三条，除了第四十五条明确规定"非营利性民办职业学校与公办职业学校享受同等的税收优惠政策"之外，其余两条都是使用了"可以"这类授权性词语，可以看出民办中职的地位并不高。

第二，政策支持不足。政府出台了关于大力发展职业教育和民办教育的系列政策，但是涉及民办中职的条款少之又少。民办中职成了"架空层"，无法保障其利益。

第三，经费支持不够。政府对民办中职学校的经费投入和专项资金支持不足。各类经费支持与民办中职"擦肩而过"，申报专项资金要求高。在广东省财政厅于2017年9月印发的《关于建立完善我省中等职业学校生均拨款制度的实施意见》中，以及广东省政府在2018年5月4日公布的《广东省人民政府关于鼓励社会力量兴办教育促进民办教育健康发展的实施意见》中，民办中职院校都不符合资助条件。

（二）德国经验的借鉴

德国双元制职业教育经验表明，发展职业教育可有效弥补公共财政投入的不足，减轻政府负担，保障中职教育的社会供给，满足广大民众多元化的职业教育需求。[①] 民办中职作为职业教育的重要组成部分，存在自身的潜力和市场需求。

1. 明确企业作为职业教育的主体地位

企业作为职业教育的主体是职业教育成功的关键。广东省在打造经济强省的过程中，应该全面布局，发展好全省的民办职业教育，打造全省高水平

---

① 侯小雨、闫志利：《近十年民办中职教育规模变化趋势及其发展对策》，《职教通讯》2017年第16期，第63~67页。

高技术人才高地。

首先，认识产教融合的意义，落实校企合作的制度。产教融合要求企业作为职业教育的主体，《广东省职业教育条例》中强调：职业教育校企合作实行校企主导、政府推动、行业指导、学校企业双主体实施的合作机制。加强民办职业教育与市场紧密联系，全面落实校企合作制度。

其次，鼓励民企带头参与民办中职教育。《广东省职业教育条例》鼓励国有资产参与举办非营利性民办学校，然而，民企作为市场经济的重要组成部分，数量多，范围广，发挥着越来越重要的作用。鼓励民企参与民办中职教育，鼓励民办企业去培养民办中职的学生，这是民办中职教育发展的重要契机。

最后，企业应根据自身需要培养人才。企业在贯彻"坚持产教融合、校企合作，坚持工学结合、知行合一"精神的同时，根据自身需要积极投身于职业教育之中，作为主体地位培养内部人才。例如，中航国铁教育集团利用自身资源优势与广东华文航空艺术职业学校合作办学，把学校作为企业的干部人才储备基地，积极开展实习与就业相结合的"订单式"培养以保障系统内就业。

2. 提升民办中等职业学校的教学质量

第一，在扩招的基础上保障生源质量。生源的数量和质量很大程度上决定了民办中职的发展。民办中职可以先找到知名企业进行校企合作，开展"订单式培养"，吸引学生就读民办中职。

第二，学校应通过提高办学质量谋求发展。以质量求生存，以特色求发展，这已为各民办学校达成的共识。[①] 培养质量高和专业特色强的民办中职学校往往能够获得学生和家长的青睐，也能够吸引专业对口企业的资助。全省有一些民办中职学校在创校之初就基本确立了自己的办学特色和主打品牌专业，例如，广州涉外经济职业技术学院中职部是一所以外语外贸专业为特

---

① 李倩、汤光伟：《民办中等职业学校的发展研究——以海南省为例》，《职教通讯》2013 年第 1 期，第 67 ~ 72 页。

色的职业学校，广东红蕾艺术学校是以舞蹈专业为特色的职业学校，广东华文航空艺术职业学校则以航空类专业为特色。

第三，重视师资队伍的建设。加大力度引进专任教师和"双师型"教师，保证就职前的岗位培训和教师定期实践制度，鼓励民办中职教师加入行业协会组织。学校要不断提高教师的待遇，既要做到"引进来"，又要确保"留得住"。

第四，升学与就业两手抓。中职生毕业面临着升学和就业的选择，既要保持中高职升学的衔接，更要保证中职毕业生的就业去向。升学方面要保障中高职三二分段选拔考核工作的落实，就业方面落实好"订单式"培养方案，让中职生在升学与就业两方面都有保障。

3. 加大政府对民办职业教育的扶持力度

走在国际职业教育前列的德国经验告诉我们，发展职业教育必定离不开政府的扶持。

第一，加大立法关注。民办中职的发展离不开地方立法的关注，《广东省职业教育条例》中强调，县级以上人民政府应当健全财政保障机制，逐步分类推行中等职业教育免除学杂费制度，具体办法由省人民政府另行制定，但是对于民办中职所提及的甚少。广东省经济发达，但是区域经济水平差距较大。政府应该鼓励社会力量兴办职业教育，根据各市的特点加大经费投入，努力建成全省职业教育各有特色、齐头并进的未来。

第二，加大政策扶持。政府对于公办和民办中职应该一视同仁，在响应国家加大力度发展职业教育的号召下，民办中职作为中职教育的一大"短板"，更需要政府的政策扶持。政府应该看到民办中职学校的困境，当好校企合作间的媒介。政府可以制定一个部门或组织来加强与企业和民办中职的沟通与联系，将校企合作中遇到的困难和需求反映给政府，同时校企也要接受政府的监管。

第三，加大财政支持。在德国，国家投资和社会集资是民办职业学校办学的主要经费来源。据联合国教科文组织有关部门研究，同层次职业教育所需经费是普通教育的153%。高昂的办学经费和运行经费以学费为主是远远不足的，亟须政府和社会的扶持。就目前来看，广东省民办中职教育不仅没有生均经费，专项资金也少之又少。

总之，广东省民办中职学校在学校系统中处于劣势，迫切需要企业的积极参与，急迫需要各级政府部门在财政税收和法律法规等方面的大力支持，当然，中职院校自身也应当努力提升教学质量和办学条件。

图书在版编目（CIP）数据

广东民办教育发展报告. 2019 / 范冬萍主编. -- 北
京：社会科学文献出版社，2020.3
　　ISBN 978 - 7 - 5201 - 6025 - 4

　　Ⅰ.①广…　Ⅱ.①范…　Ⅲ.①民办学校 - 发展 - 研究
报告 - 广东 - 2019　Ⅳ.①G522.74

　　中国版本图书馆 CIP 数据核字（2020）第 014904 号

广东民办教育发展报告（2019）

主　　编 / 范冬萍

出 版 人 / 谢寿光
组稿编辑 / 祝得彬
责任编辑 / 张苏琴

出　　版 / 社会科学文献出版社·当代世界出版分社（010）59367004
　　　　　　地址：北京市北三环中路甲 29 号院华龙大厦　邮编：100029
　　　　　　网址：www. ssap. com. cn
发　　行 / 市场营销中心（010）59367081　59367083
印　　装 / 三河市东方印刷有限公司

规　　格 / 开　本：787mm × 1092mm　1/16
　　　　　　印　张：21.75　字　数：333 千字
版　　次 / 2020 年 3 月第 1 版　2020 年 3 月第 1 次印刷
书　　号 / ISBN 978 - 7 - 5201 - 6025 - 4
定　　价 / 168.00 元

本书如有印装质量问题，请与读者服务中心（010 - 59367028）联系